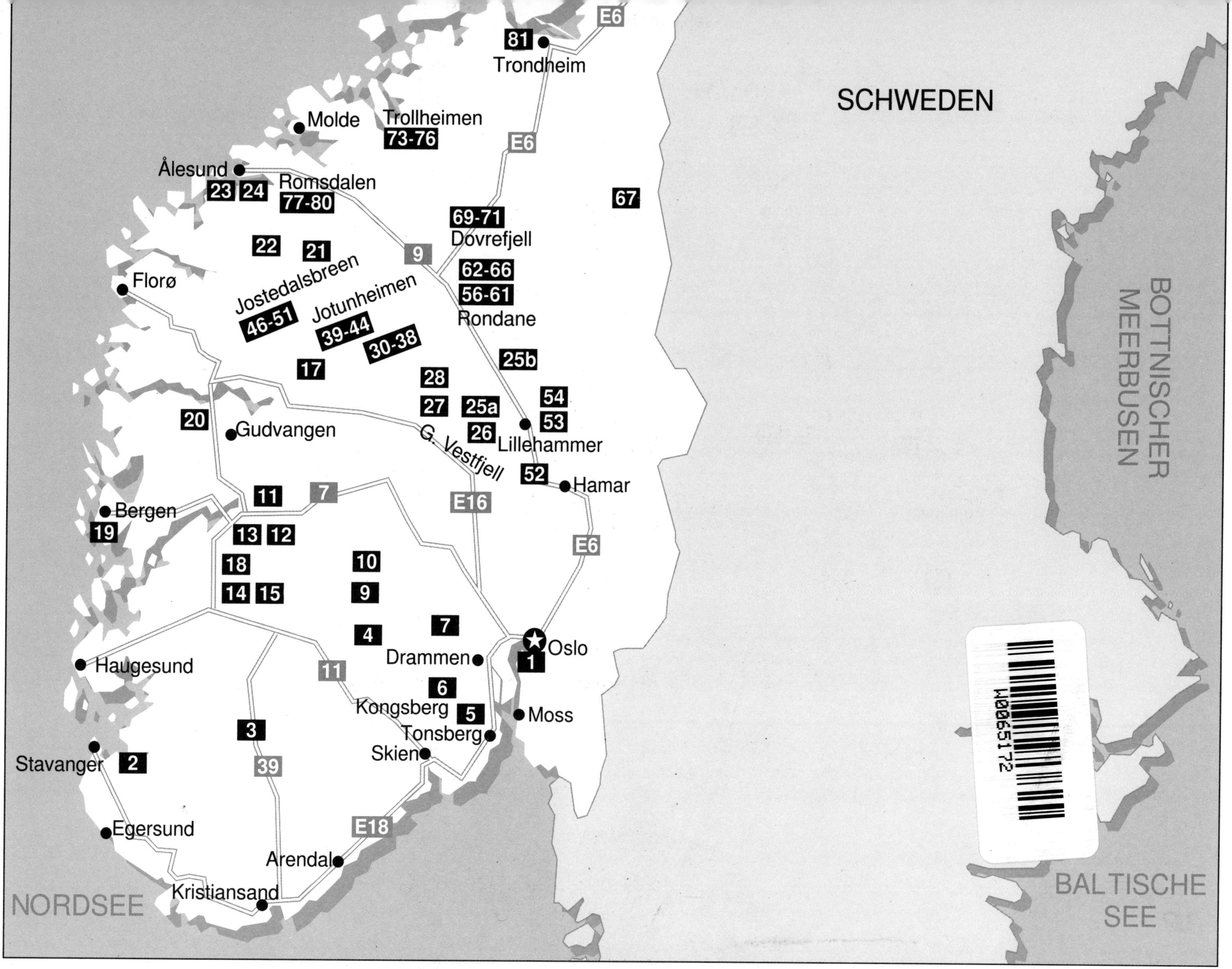

BOTTNISCHER MEERBUSEN

BALTISCHE SEE

SCHWEDEN

W0065172

NORDSEE

Trondheim
81

Molde
Trollheimen
73-76

Romsdalen
77-80

Ålesund
23 24

Dovrefjell
69-71

62-66
56-61
Rondane

67

Jostedalsbreen
46-51

Jotunheimen
39-44

30-38

22

21

28
27

17

25b

54
53

Lillehammer
25a
26
G. Vestfjell

Hamar
52

Oslo
1

Moss

Drammen
7

Kongsberg
6

Tønsberg
5

Skien

Arendal

Kristiansand

Egersund
2

Stavanger

Haugesund

Bergen
19

20

Florø

Gudvangen

11

13
18
14

12

15

10
9
4

11

3

39

E6
E6
E6
9
7
E16
E18

Urlandschaft
NORWEGEN

**Mit 100 Farbabbildungen,
davon 50 in Panoramaformat**

Ingrid Pilz

Urlandschaft NORWEGEN

100 Wanderungen und Bergtouren, Tips für Radfahrer

Verlag Styria

Bildnachweis:
S. 16: Jürgen Weber; S. 134: Frank Sommariva
S. 140: Eli Ketilsson: Norwegen, Heimat der Trolle, Verlag Medusa, Oslo.
Alle weiteren Abbildungen: Ingrid Pilz, Graz.

Die Deutsche Bibliothek – CIP-Einheitsaufnahme
Pilz, Ingrid:
Urlandschaft Norwegen : 100 Wanderungen und Bergtouren ;
Tips für Radfahrer / Ingrid Pilz. – Graz ; Wien ; Köln :
Verl. Styria, 1994
ISBN 3-222-12287-3
NE: HST

© 1994 Verlag Styria Graz Wien Köln
Alle Rechte vorbehalten
Printed in Slovenija
Graphische Gestaltung: Hans Paar, Graz
Lithographie: Reproteam Graz
Satz: Druck- und Verlagshaus Styria, Graz
Druck und Bindung: Gorenjski tisk, Kranj
ISBN 3-222-12287-3

Symbole der Tourenskizzen

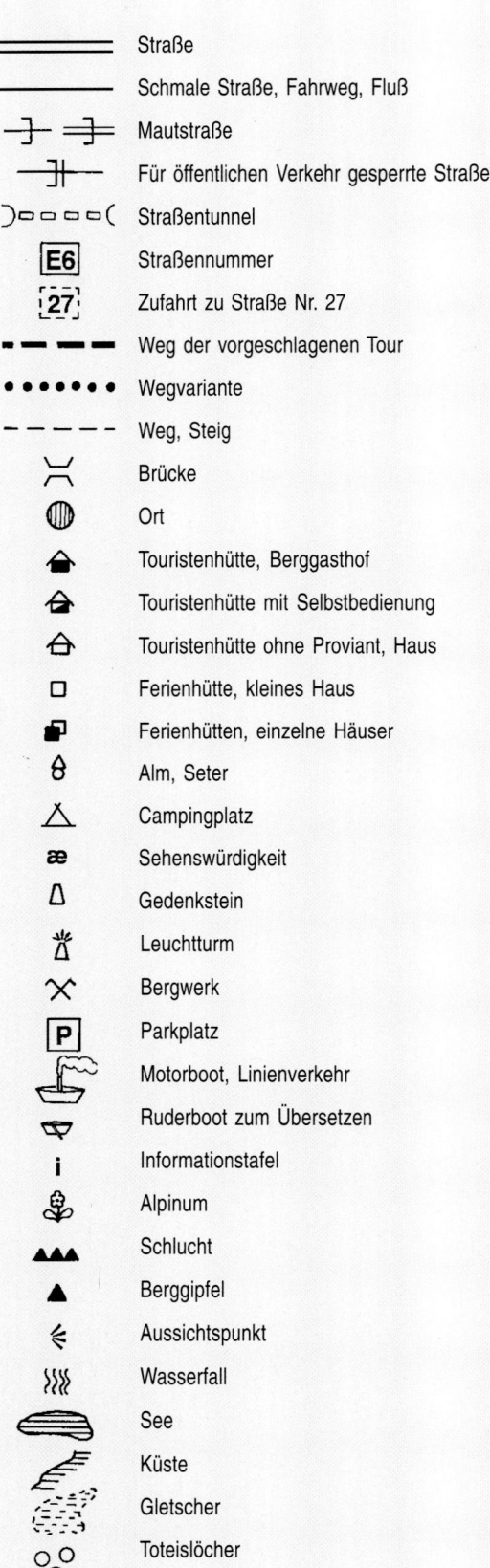

Straße

Schmale Straße, Fahrweg, Fluß

Mautstraße

Für öffentlichen Verkehr gesperrte Straße

Straßentunnel

Straßennummer

Zufahrt zu Straße Nr. 27

Weg der vorgeschlagenen Tour

Wegvariante

Weg, Steig

Brücke

Ort

Touristenhütte, Berggasthof

Touristenhütte mit Selbstbedienung

Touristenhütte ohne Proviant, Haus

Ferienhütte, kleines Haus

Ferienhütten, einzelne Häuser

Alm, Seter

Campingplatz

Sehenswürdigkeit

Gedenkstein

Leuchtturm

Bergwerk

Parkplatz

Motorboot, Linienverkehr

Ruderboot zum Übersetzen

Informationstafel

Alpinum

Schlucht

Berggipfel

Aussichtspunkt

Wasserfall

See

Küste

Gletscher

Toteislöcher

Auf dem markierten Weg von der Hütte Kalhovd zum aussichtsreichen Bergrücken Mårsbrotet (s. Tour Nr. 9). Sommerliche Wärme und eisige Winde können auf der Hochfläche der Hardangervidda rasch wechseln. Wege sind in Norwegen einheitlich mit rotem „T" markiert.

Zum Geleit

An verregneten Sonntagen durften wir Kinder in der Früh in das Bett der Eltern kriechen und den Geschichten aus ihrer Jugend lauschen. Meine Mutter erzählte immer wieder von einer Norwegenreise mit einem Kreuzfahrtschiff, die sie als Belohnung für die bestandene Matura 1926 unternehmen durfte. Durch ihre Schilderungen sind mir die engen Fjorde, in denen das riesige Schiff viele Stunden zum Umdrehen brauchte, die Gletscherzungen, die fast bis zum Meer reichten, und die Mitternachtssonne seit frühester Kindheit ein Begriff und weckten meine Sehnsucht.

Petrus war bei unserer ersten Norwegenreise sehr galant. Bei strahlend schönem Wetter ließ er die Bilder meiner Jugend Wirklichkeit werden. Spätere, teils verregnete Urlaube konnten die Liebe zu dieser grandiosen Urlandschaft, die sich in ständig wechselndem Licht immer anders präsentiert, nicht mehr schmälern. Nur das Zelt habe ich im fortgeschrittenen Alter durch einen regenfesteren Camper ersetzt. Ein Wiener Ehepaar, das ebenfalls mit einem Camper unterwegs war, fragte ich vor einigen Jahren anfangs Juni auf den Lofoten, wie lange sie noch Urlaub in Norwegen machen. „Ach, wir fahren erst im September zurück", war die verblüffende Antwort. „Wir übersommern seit unserer Pensionierung immer in Norwegen. Wir fahren und wandern und entdecken das Land Stück um Stück. Und es tut uns gut." – „Man regeneriert die Seele", präzisierte ein Norweger, als wir über das unvergleichliche Erlebnis des Wanderns in der vielfach noch unberührten Bergwelt – fern von Trubel und Hektik – sprachen.

Nicht jeder Mitteleuropäer wird die begrenzte Zeit des Urlaubes verwenden wollen, um tagelang von Hütte zu Hütte zu wandern, wie es die Norweger gerne tun und Wanderführer empfehlen. Die meisten Urlauber wollen viele verschiedene Landschaften aktiv erleben und Wandern, Rad- und Autofahren zum Kennenlernen des Landes kombinieren.

Deshalb werden in diesem Buch überwiegend Halbtages- und Tagestouren beschrieben und ergänzend einige Tips für Radtouren auf einsamen Nebenstraßen und autofreien Fahrwegen gegeben.

Die Ausgangspunkte der ausgewählten Touren liegen meist an vielbefahrenen Routen. Die Palette reicht von Süd- bis Nordnorwegen mit Schwerpunkten in den beliebtesten und schönsten Wandergebieten. Die vorgeschlagenen Touren führen über weite Hochebenen, auf Berggipfel, zu Gletschern, durch Moore, an den Küsten und Seen entlang und vermitteln die Faszination dieser vielgestaltigen Urlandschaft.

Ein wesentlicher Teil der ausgewählten Touren führt durch unberührte Nationalparks. Hinweise auf einige besonders eindrucksvolle Routenabschnitte und Kulturdenkmäler runden das Bild Norwegens ab. Das Buch soll anregen, den Zauber der nordischen Landschaft aktiv zu erleben, einer Landschaft, deren Großartigkeit und weitgehende Unberührtheit ein in Europa selten gewordener Schatz ist.

Wissenswertes über Norwegen

Das Land – Fjorde, Fjell und Gletscher

Das Königreich Norwegen ist mit 324.000 km^2 Bodenfläche das fünftgrößte Land Europas. Aber nur 4,2 Millionen Menschen bewohnen das zum Teil extrem dünn besiedelte Land. Das auffallendste Merkmal Norwegens ist seine gewaltige Nord-Süd-Ausdehnung, die 13 Breitengrade von 58° bis 71° umspannt. Auch Rom und Hamburg trennen 13 Breitengrade. Die Längsausdehnung des norwegischen Festlandes beträgt 1700 km, und auf der Straße sind von Kristiansand im Süden bis zum Nordkap fast 3000 km zu bewältigen. Wer stolz „In drei Wochen zum Nordkap und retour" auf seinen Camper pinselt, dürfte in erster Linie die Straßen des Landes kennengelernt haben.

Fjorde prägen das Land

Ein Blick auf die Landkarte zeigt, wie sehr Norwegen mit dem Meer verwachsen ist. Mit unzähligen Verästelungen, oft wie die Finger einer Hand, greift das Meer in das Land. Die norwegische Küste hat die kaum vorstellbare Länge von rund 21.000 km. Käme jemand auf die Idee, die gesamte Küste Norwegens – Fjord um Fjord, Bucht um Bucht – abzufahren, so hätte er eine Strecke zurückgelegt, die etwa dem halben Erdumfang entspricht.

Viele Fjorde reichen mehr als 100 km in das Landesinnere, der Sognefjord sogar über 170 km. Die Fjorde sind das monumentale Wahrzeichen Norwegens geworden. Eine Postkarte mit einem Kreuzfahrtschiff im Geirangerfjord, das inmitten dieser grandiosen Landschaft wie ein kleiner Spielzeugdampfer anmutet, wird wohl am häufigsten mit Urlaubsgrüßen heimgeschickt. Warum entstan-

den gerade hier in Norwegen so urgewaltige Fjorde? Um diese Frage zu beantworten, ist ein kurzer Blick auf die Geologie des Landes nötig.

Eine mächtige Gebirgskette durchzieht das Land

Norwegen ist geprägt durch das Kaledonische Gebirge, die Skanden, die das Land von Südwesten nach Nordosten durchziehen. Das Auffalten dieses mächtigen Gebirges erreichte vor rund 400 Millionen Jahren den Höhepunkt. Später wurde dieser gewaltige Gebirgszug stark eingeebnet und bildet heute überwiegend sanft gewellte Mittelgebirgsformen und ausgedehnte Plateaus – als vidda oder flya bezeichnet –, die typisch sind für das norwegische Fjell.

Man nimmt an, daß es im Tertiär sozusagen als eine Fernwirkung der Gebirgsbildung im Alpenraum auch in Skandinavien zu einer Hebung kam, die das heutige Gebirgsrelief Norwegens gestaltete. Auffallend ist der steile Abbruch des Gebirges gegen Westen zum Atlantik, während es nach Osten zum Bottnischen Meerbusen sanft abfällt.

Die Gebirgskette der Skanden, die durch Skandinavien zieht, schließt auch die höchsten Berggipfel Galdhøppigen und Glittertind in Jotunheimen ein. Sie bildet im Norden die Grenze zwischen Schweden und Norwegen und teilt Norwegen im Süden in das dem Atlantik zugekehrte Vestlandet und das der Ostsee zugewendete Ostlandet.

Gletscher formten das Land

Während der Eiszeiten im Quartär war ganz Skandinavien von Eis bedeckt. Die Eisdecke erreichte eine Mächtigkeit von bis zu 3000 m, und nur die höchsten Gipfel ragten heraus. Die

Morgenstimmung am Nordfjord. Von hier leiten die Täler Olde- und Lodalen zu den berühmten Brigsdals- und Kjenndalsbreen, Gletscherzungen des mächtigen Plateaugletschers Jostedalsbreen (s. Touren Nr. 50 und 51).

*Der Nigardsbreen ist eine
vielbesuchte Gletscherzunge des
Jostedalsbreen. Im Jahre 1743
begrub der Gletscher den Hof
Nigard unter sich. Seither zieht
sich das Eis langsam zurück
(s. Tour Nr. 47).*

Gletscher, und vor allem das darin eingefrorene Gesteinsmaterial, waren sehr effektive Gestalter der norwegischen Landschaft. Sie hobelten und polierten die Gesteinsoberfläche; die eindrucksvollen Zeugen der Eiszeiten sind bei keiner Fjellwanderung zu übersehen. Durch das Ausschürfen mächtiger Kare und Trogtäler modellierten die Gletscher im harten Gestein manche Gipfel zu eindrucksvollen Hörnern und Spitzen mit scharfen Kanten.

Welch gewaltige Kräfte hier entfaltet wurden, zeigen die Fjorde am eindrucksvollsten. Die Eisströme flossen durch die Täler hinunter zum Meer. Die von oben nachdrängenden Eismassen übten so einen gewaltigen Druck aus, daß manche Täler bis über 1000 m unter dem Meeresspiegel eingetieft wurden, im Sognefjord sogar 1300 m. Die Wassertiefe in den Fjorden ist oft viel größer als im offenen Meer vor der Küste, und die Tiefe der Fjorde übertrifft manchmal die Höhe der umliegenden Berge.

Die Täler bekamen ein U-förmiges Profil mit fast senkrechten Wänden. Wo die Fjorde das Meer erreichten, wurden die Erosionskräfte des Eises viel schwächer. Die Täler wurden weniger ausgeschürft, und durch Auftrieb und Abschmelzen wurden große Mengen an Gesteinsmaterial am meerseitigen Ende der Fjorde abgelagert, die hier oft nur eine Tiefe von 100 bis 200 m haben.

Am Ende der letzten Eiszeit, vor etwa 10.000 Jahren, begann das Eis zu schmelzen, und die Gletscher zogen sich in die höheren Regionen im Landesinneren zurück. Die tiefen Trogtäler an den Küsten wurden vom Meer überflutet – die ertrunkenen Täler wurden zu eindrucksvollen Fjorden. Die Gletscher formten auch die Täler im Landesinneren und hobelten Becken aus, in denen sich später Binnenseen bildeten. Auch diese Seen werden oft, wenn ihr Erscheinungsbild den Meeresfjorden gleicht, „Fjorde" genannt. Durch das Abschmelzen der 2000 bis 3000 m dicken Eisdecke wurde das Land von dem gewaltigen Druck des Eises befreit und begann sich langsam zu heben. Noch heute steigt Skandinavien rund 1 cm pro Jahr aus dem Meer empor.

Die Gletscher nach der Eiszeit

Die Küste war vor etwa 8000 Jahren auch im Norden Norwegens schon eisfrei. Es muß zeitweise wärmer als heute gewesen sein, und nach neueren Forschungen gab es in dieser Epoche in Norwegen keine größeren Gletscher mehr. Die mächtigen Gletscher, die wir heute bei einer Norwegenreise bewundern, sind keine Relikte der Eiszeit, sie haben sich erst später gebildet. Breen, jøkel oder fonn sind die norwegischen Wörter für Gletscher.

Vor rund 2500 Jahren wurde es wieder kälter, und die Gletscher begannen erneut zu wachsen. Die Gletscherzungen der mächtigsten Gletscher, die sich weit zurückgezogen und fruchtbares Land freigegeben hatten, begannen sich wieder vorzuschieben. Sie bedeckten kultiviertes Land mit ihren Eismassen, schoben sich über Bauernhöfe, und die Chronik berichtet von verheerenden Hungersnöten. Mitte des 18. Jahrhunderts erreichten die Gletscher ihre größte Ausdehnung. Seit dieser Zeit ziehen sie sich – von einigen kurzen Vorstößen unterbrochen – wieder zurück.

Fjell – die Bergwelt Norwegens

Der Begriff „Fjell" ist sehr vielfältig. Im deutschen Sprachraum verbindet man mit diesem Namen vor allem weite baumlose Hochflächen mit Flüssen, Seen, Mooren und sanften Bergrücken. Man denkt an eine für Norwegen typische Landschaftsform. Geographen gliedern das norwegische Fjell in ein allgemeines, ein Plateaufjell und ein Hochgebirgsfjell.

Für die Norweger ist das Fjell jener Teil eines Gebirges, der oberhalb der Baumgrenze liegt oder, etwas präziser ausgedrückt, oberhalb der Nadelbaumgrenze, denn vor allem Zwergbirken bilden neben Weiden eine typische Vegetationsdecke des Fjells. Der Begriff Fjell umspannt die von Gletschern in den Eiszeiten überformten Hochebenen und Bergrücken ebenso wie alpine Gebirgsformen mit scharfen Graten und eleganten Felsgipfeln. Zum Fjell gehören aber auch die Gletscher, viele kleine, mittlere, große und die gewaltigen Gletschergebiete des Jostedalsbreen und Svartisen.

Wenn ein Norweger sagt, er unternimmt eine „Fjelltur", dann wird das wohl meist eine Wanderung über eine Hochebene von Hütte zu Hütte sein. Es kann aber auch eine Gletscheroder eine Klettertour sein. Das Wesentliche ist aber, daß man sich meist in weitgehend unberührter Natur bewegt. Und das ist wohl der bemerkenswerteste Unterschied zu den zum Teil „übererschlossenen" Alpen.

Norwegen ist ein Gebirgsland, denn mehr als die Hälfte des Landes liegt über 500 m hoch, etwa ein Viertel über 1000 m, und die höchsten Gipfel erreichen 2400 m. Nur drei Prozent des bergigen Landes können als kultivierte Agrarflächen genutzt werden. Fast die Hälfte des Landes besteht aus baumlosem Kahlfjell, und die Flächen, die begeisterten Fjellwanderern in ganz Norwegen in fast jedem Landesteil zur Verfügung stehen, sind nahezu unbegrenzt.

Die Flora

Die Vegetation unter der Baumgrenze

In einem Land, das eine so gewaltige Nord-Süd-Ausdehnung hat wie Norwegen, wird sich die Baumgrenze naturgemäß stark verschieben. Die Waldgrenze, die das baumlose Fjell

von den bewaldeten Tälern trennt, sinkt von Süden nach Norden stark ab. In Jotunheimen oder Rondane erreicht sie rund 1000 Höhenmeter, beim Polarkreis fällt sie unter 500 m ab, um noch weiter nördlich bis auf Meereshöhe zu sinken. Den Übergang zum baumlosen Fjell bildet meist ein Gürtel von Fjellbirken, der die Baumgrenze noch um 100 bis 200 m anhebt. Das sind natürlich nur grobe Richtwerte, lokale Klimaeinflüsse können die Waldgrenze erheblich nach oben oder unten verschieben. Auch nördlich des Polarkreises finden sich in den klimatisch begünstigten, küstennahen Gebieten noch ausgedehnte Wälder.

Rund ein Viertel Norwegens ist mit Wald bedeckt: in Süd- und Ostnorwegen herrscht die Fichte vor, in Westnorwegen und den nördlichen Gebieten die Kiefer. In Küstennähe der

Der Schwedische Hartriegel (Cornus suecica) bedeckt nördlich des Polarkreises oft große Flächen. Aus den aparten Blütensternen werden im Herbst intensiv rot gefärbte Früchte.

Fjorde gedeihen auch Laubbäume, u. a. Ulme, Esche, Eiche, Winterlinde, Rotbuche, Erle, Weiß- und Moorbirke und Traubenkirsche. In Südnorwegen dominiert artenreicher Laubwald. An den Ufern des Hardanger-, Sør- und Sognefjordes entfalten Ende Mai unzählige Apfel- und andere Obstbäume ihre Blüten.

Wo die Täler ein wenig breiter waren, rodete man schon frühzeitig den Wald und legte kleine Felder und Mähwiesen an. Diese Wiesen leuchteten früher im Mai gelb von unzähligen Löwenzahnblüten, gefolgt von einem bunten Blumenflor, in dem violetter Storchschnabel und Scharfer Hahnenfuß dominierten, aber auch Orchideen nicht fehlten. Leider sind diese Mähwiesen heute größtenteils verschwunden, da Heu als Futter kaum noch Verwendung findet. Man baut ein viel ertragreicheres Silogras an, und das intensive Grün des Grases und die in weißes Plastik gewickelten Ballen mit Silofutter gehören längst zum Landschaftsbild der Täler. Sie wirken in der norwegischen Landschaft, die von zarten Pastelltönen beherrscht wird, wie Fremdkörper, aber die Landwirte sind unabhängig von den Launen des Wetters bei der Heuernte geworden.

So findet man in den Tälern die meisten Blumen an Straßen-, Weg- und Flurrändern und auf den wenigen noch vorhandenen alten Mähwiesen. Die intensivsten Farbtupfer setzt das Schmalblättrige Weideröschen. Es besiedelt Straßen-, Wegränder und Kahlschläge, säumt Küsten und Ufer der Seen und ist ein beliebtes Vordergrundmotiv für norwegische Landschaftsfotos.

Pflanzen des Fjells als Überlebenskünstler

Die wahren Überlebenskünstler unter den Pflanzen finden wir über der Baumgrenze im Fjell. Sie bringen es fertig, auch dort noch zu

wachsen, zu blühen und zu fruchten, wo die Schneedecke in extremen Fällen nur einen Monat im Sommer verschwindet. Und die vielen warmen, manchmal sogar heißen Tage, die man im Fjell beim Wandern erleben kann, dürfen nicht darüber hinwegtäuschen, daß die Durchschnittstemperatur auch im Sommer sehr niedrig ist, in höheren Lagen nur wenige Grad über Null. Frost und Schneefall sind auch während der Blütezeit in solchen Höhen keine Seltenheit, und auf den kargen, steinigen Böden müssen die Pflanzen oft mit sehr geringen Wassermengen auskommen.

Um mit diesen widrigen Lebensbedingungen fertig zu werden, haben die Pflanzen verschiedene Strategien entwickelt. Extreme Kälte wird überdauert durch rechtzeitige Bildung von Frostschutzmitteln in Blättern und Sprossen. Die geringe Bodenwärme wird genützt, indem sich die Pflanze möglichst dicht, oft durch kriechenden Wuchs an den Boden drückt

und dem Wind so wenig Angriffsfläche wie möglich bietet. Viele erfolgreiche Gebirgspflanzen bilden Polster, Rosetten und Teppiche, um sich gegenseitig zu schützen. Zwergwuchs bessert die Überlebenschance; es ist vorteilhaft für die Pflanzen, daß das intensivere UV-Licht im Fjell das Längenwachstum hemmt.

Eine Fähigkeit müssen alle Pflanzen im Fjell perfektioniert haben, nämlich die wenigen schneefreien Sommermonate oder oft nur -wochen intensiv zu nutzen. Einjährige Pflanzen, die in einem Jahr den gesamten Lebenszyklus vom Samen bis zur Frucht durchlaufen müssen, haben unter solchen Bedingungen kaum Chancen. Auch viele der mehrjährigen Pflanzen verlassen sich nicht darauf, daß sie es in so einem kurzen Sommer schaffen, die Samen zur Reife zu bringen. Sie sichern den Fortbestand ihrer Art auch durch ungeschlechtliche, vegetative Vermehrung, indem sie Brut-

Septemberstimmung am See Steinsetfjorden bei Fagernes – eine typische Landschaft Südnorwegens. Für die auffallend schlanken Fichten sind auch größere Schneemengen kein Problem.

Eine Elchkuh weidet Unterwasserpflanzen ab. Elche lieben naturbelassene Gewässer und Wälder. Beides bietet Norwegen im Überfluß.

knospen und Ausläufer bilden. Es ist verständlich, daß bei so extremen Lebensbedingungen die Artenvielfalt viel kleiner ist als in den Alpen. Man trifft viele gute Bekannte der Alpenflora, aber eher die unscheinbaren, anspruchsloseren, die den hochalpinen Bereich der Alpen besiedeln. Und wir entdecken auch neue, unbekannte Blumen, die es in den Alpen nicht gibt. Die üppigen Blumenmatten der Kalkalpen fehlen, aber das Rare gewinnt an Reiz – man freut sich über jede einzelne Blume.

Wo nur noch die letzten Fjellbirken ums Überleben kämpfen und das baumlose Fjell beginnt, beherrschen vor allem Zwergbirken, Weidensträucher und dichte Teppiche von Beerensträuchern das Bild. Neben den auch in den Alpen vorkommenden Heidel-, Preisel- und Moosbeeren sieht man sehr häufig die anspruchslose, am Boden kriechende Krähenbeere, deren schwarze Beeren so dicht stehen, daß es fast so aussieht, als hätte man einen Korb voll Beeren auf den Boden ausgeschüttet. Die größte Wertschätzung in Norwegen genießt die wohlschmeckende Moltebeere, eine Verwandte unserer Brombeere, die allerdings nur 10 bis 20 cm hoch wird. Sie gedeiht bis in Höhen von 1400 m, während die Brombeer- und Himbeersträucher die Waldränder der tieferen Lagen bevorzugen. Beeren und Pilze gibt es im Spätsommer und Herbst in Norwegen in unglaublicher Fülle, sie säumen die Wege wie im Schlaraffenland.

Typisch für das norwegische Fjell sind Moore, die vor allem von Moosen, Seggen und den attraktiven Wollgräsern besiedelt werden, die raffinierte Methoden entwickelt haben, um mit diesen „ständig nassen Füßen" fertig zu werden. Ein perfekt konstruiertes Durchlüftungsgewebe oder ein Zusammenleben mit sauerstoffbedürftigen Pilzen im Wurzelbereich ermöglicht ihnen die Wurzelatmung.

Auch in den höchsten Bergregionen entdecken wir noch Blütenpflanzen. Schnee-, Zwerg- und Gletscherhahnenfuß und viele Steinbrecharten sind hier beheimatet. Ein Spezialist für Böden, wo der Schnee extrem lange liegen bleibt, ist die Krautweide. Eigentlich gehört sie zu den Bäumen, aber die wenigen schneefreien Wochen im Sommer erlauben nur so minimale Zuwachsraten, daß ein 60jähriger Baum noch in einer Zündholzschachtel bequem Platz findet. In den höchsten Lagen sind nur noch die perfektesten Überlebenskünstler, die Flechten, anzutreffen (s. S. 114).

Die Blütenpflanzen werden im Rahmen der Tourenbeschreibungen näher vorgestellt. Ihre lateinischen Namen sind neben den deutschen auf Seite 189 zusammengefaßt.

Die Fauna

Elch, Ren und Moschusochse

DER ELCH:

Das berühmteste und größte Tier Norwegens ist zweifellos der Elch. Auf den dreieckigen Warnschildern am Straßenrand, die Elchwechsel anzeigen, und als Aufkleber an Wohnwagen begegnet er jedem Norwegenfahrer unzählige Male. Und tatsächlich sieht man Elche am häufigsten, wenn sie Straßen überqueren. Bei Nebel oder in der Dämmerung wirkt ein Elch, der plötzlich am Waldrand auftaucht und die Straße passiert, noch größer als bei Tageslicht. Elche leben in ganz Norwegen, auch jenseits des Polarkreises, solange sie Schutz und Versteck in Wäldern finden können.

DAS REN:

Größere Bestände an Wildrenen gibt es in der Hardangervidda und in den Rondanen; auch in Trollheimen und Jotunheimen habe ich bei Wanderungen größere Herden gesehen. Da ihre natürlichen Feinde – Raubtiere wie Wolf, Bär und Luchs – nahezu ausgerottet sind, werden sie, um zu starke Vermehrung und Schädigung der Vegetation zu vermeiden, auch in den Nationalparks gejagt und sind dementsprechend scheu. In Lappland, im Norden Norwegens, der eigentlichen Heimat der Rene, findet man fast nur noch halbdomestizierte Tiere, die feste Besitzer haben.

DER MOSCHUSOCHSE:

Zu den urigsten Tieren Norwegens gehört der Moschusochse, dem man mit sehr viel Glück im Dovrefjell begegnen kann. Nach der Eiszeit galt er in Europa als ausgestorben. Mit einer Schulterhöhe von maximal 1,3 m ist der Moschusochse kein Riese, aber durch sein dichtes, langes Fell, das am Hinterteil mit Haarlängen von 60 bis 90 cm bis zu den Hufen reicht, wirkt er wie ein Urbild an Kraft. Die breiten Hornplatten auf der Stirn und die hellen Hörner verstärken diesen Eindruck noch. Kälte kann den Moschusochsen kaum etwas anhaben und Schneestürmen trotzen sie, indem sie ihr dichtbehaartes Hinterteil gegen den Wind kehren und die Jungtiere im Windschatten der Alttiere Schutz finden.

Aber ihre Verteidigungsstrategie ist ganz auf ihre natürlichen Feinde, z. B. Wölfe, ausgerichtet. Bei Annäherung eines Feindes bilden die Alttiere einen Kreis und stellen sich mit den Hörnern nach außen; die gefährdeten Kälber sind im Inneren des Ringes sicher. Gegen das größte und brutalste zweibeinige Raubtier unseres Planeten, den Menschen, nützte das aber nichts. Oft erlegte man alle Alttiere, um die Kälber fangen und verkaufen zu können. 1917, als die Moschusochsen knapp vor der Ausrottung standen, erließ man strenge Schutzbestimmungen und versuchte, grönländische Moschusochsen in verschiedenen Gebieten anzusiedeln. Im Dovrefjell lebt heute eine kleine Herde (Abb. S. 134).

ROTFUCHS, HERMELIN, DACHS, SCHNEEHASE UND REH:

Relativ häufig wird man bei Wanderungen Rotfüchse sehen, und wenn man sich zu einer kurzen Rast niederläßt, kann es durchaus passieren, daß man von einem neugierigen, aufrecht stehenden Hermelin beobachtet wird. Reh, Dachs und Schneehase wird man nur gelegentlich zu Gesicht bekommen.

DER LEMMING:

Mit großer Wahrscheinlichkeit wird man bei Fjellwanderungen Berglemminge sehen, die zu den Wühlmäusen gehören. Die Lemminge vermehren sich alle drei bis vier Jahre sehr stark. In diesen „Lemmingjahren" wird die Populationsdichte so groß, daß Nahrungsknappheit und Streß sie veranlassen, in großen Zügen abzuwandern, um neue Gebiete zu suchen. Dabei werden auch Flüsse und Seen durchquert, denn die Lemminge sind gute Schwimmer. Aber viele geschwächte Tiere überleben die strapaziöse Wanderung nicht, und ertrunkene Lemminge werden oft an die Ufer gespült oder verenden am Land. Diese Tatsache hat zu den absurdesten Gerüchten Anlaß gegeben: „Tote Lemminge fielen im Platzregen vom Himmel" oder „Lemminge stürzten sich aus Todessehnsucht zur Beendigung der Überbevölkerung zu Tausenden ins Meer". Dabei ist es ganz einfach der Drang zum Überleben, der sie zu diesen Wanderungen veranlaßt.

Norwegen – Kinderstube vieler Vögel

Zahlreiche Vögel, vor allem Seevögel, kommen nach Norwegen, um in den Küstenfelsen oder im Fjell zu brüten und ihre Jungen aufzuziehen. Am eindrucksvollsten für uns Mitteleuropäer sind die brütenden Meeresvögel, die bei den Wanderungen zu Vogelbrutkolonien näher vorgestellt werden (s. S. 67). An den Küsten des nördlichen Norwegen (s. S. 165) kann man oft Seeadler beobachten, und in den Meeresbuchten tummeln sich die schwarzweißen Eiderenten.

Auf Binnenseen und Tümpeln dreht gelegentlich das reizende kleine Odinshühnchen seine Kreise. Durch dieses Kreiselschwimmen wirbelt es den Untergrund auf und pickt die hochgewirbelten Kleinlebewesen heraus. Der Alpenstrandläufer sucht gern in Mooren, Schlickflächen und sumpfigen Wiesen nach Nahrung, die er mit seinem pinzettenartigen Schnabel herausholt. Der viel kleinere Temminckstrandläufer ist vor allem im nördlichen Norwegen beheimatet, wo auch der Austernfischer ein häufiger Gast ist.

Im Fjell brüten Mornell- und Goldregenpfeifer,

die man wohl eher selten zu Gesicht bekommt. Am häufigsten wird man bei Wanderungen im Fjell den Alpenschneehühnern begegnen, wenn sie mit lautem Schnarren plötzlich vor einem auffliegen. Auch im Fjell „steigen gelegentlich Lerchen an ihren Liedern selig in die Luft" und stellen die Gesangsdarbietungen anderer Singvögel – wie Wiesenpieper, Steinschmätzer, Sporn- und Schneeammer – in den Schatten. Sporn- und Schneeammern sind oft ausgesprochen neugierig und zutraulich, vor allem wenn man ruhig sitzen bleibt. Einer der reizendsten Brutvögel des Fjells ist das Blaukehlchen, dessen blaue Kehle noch ein rostroter Fleck ziert.

Falke, Rauhfußbussard und Kolkrabe sind gelegentlich Gäste des Fjells. Einem Auerhahn, der die waldreichen Regionen bevorzugt, wird man nur mit viel Glück begegnen. Verglichen mit der großen Zahl der Meeresvögel bekommt man im Landesinneren Vögel eher selten zu Gesicht.

Fische – silberner Reichtum des Landes

Die fischreichen Küstengewässer waren und sind Lebensgrundlage vieler Norweger. Am berühmtesten ist auch heute noch der Kabeljaufang auf den Lofoten (s. S. 172), der von Januar bis April zahllose Fangboote anlockt. Hering, Kabeljau, Dorsch und Schellfisch werden als beliebte Speisefische aus dem Meer geholt und größtenteils exportiert. Die kleinen Fischkutter werden seltener, dafür nehmen die technisch modern ausgestatteten Fangschiffe, die Fischschwärme mit Echolot orten können, immer mehr zu. Der Fischbestand wurde durch diese kommerzialisierten Fangmethoden vielerorts bereits dezimiert. Das Angeln im Meer und in den Fjorden ist frei, und viele Norweger fahren rasch mit dem Boot aus, um ein billiges Mittagessen zu fangen.

Reich an Fischen, vor allem an Saiblingen und Forellen, sind die Binnenseen und Flüsse, ein Paradies für Hobbyangler. Manche Fjellwanderer tragen anstelle von Lebensmitteln gleich eine Angelrute mit. Für das Fischen im Süßwasser braucht man eine Angelkarte.

Wasserfälle reißen viele Insekten mit, und im ruhigeren Wasser unterhalb der Fälle wird man meist Regenbogenforellen sehen, für die der Tisch hier reichlich gedeckt ist. Auch Lachsflüsse gibt es noch, obwohl schon mehrere der Energiewirtschaft zum Opfer gefallen sind. Die meisten Lachse, ein wichtiger Exportartikel Norwegens, werden heute in Fischfarmen gezüchtet (s. S. 181).

Die Norweger und ihre Geschichte

Wikinger – Meister des Bootsbaus

Mit dem Abschmelzen der Eismassen vor 10.000 bis 15.000 Jahren kamen die ersten Menschen – Jäger, Fischer und Sammler – nach Norwegen. Auf ungefähr 9000 v. Chr. datiert man die ersten Besiedlungsspuren steinzeitlicher Menschen. Entlang der ganzen Küste hat man Felszeichnungen gefunden, die jagende Menschen, Bären, Rentiere und Elche darstellen. Besonders gut erhalten sind die berühmten Felsgravuren bei Alta, die auch Menschen in Booten zeigen. Die norwegische

Küstenform hat ihre Bewohner geradezu gezwungen, Boote zu bauen, sie waren das einzig mögliche Verkehrsmittel bei den oft senkrechten Felswänden der Fjorde.

Zu einer wahren Meisterschaft im Bootsbau brachten es die Wikinger im 9. Jahrhundert. Auf der Museumsinsel Bygdøy (s. S. 35) bei Oslo sind drei in mühsamer Kleinarbeit restaurierte Wikingerschiffe ausgestellt, die als Gräber gedient hatten. Man kann sich kaum vorstellen, daß die Wikinger mit diesen Schiffen die Meere durchquerten, manchmal sogar mit Pferden an Bord.

Es waren wohl der magere Boden in den Fjorden, die zahllosen oft blutigen Fehden zwischen den vielen Kleinkönigreichen und der Wunsch, sich die Freiheit zu bewahren, die viele Wikinger veranlaßten, auf Landsuche zu gehen. Mit ihren Langbooten erreichten sie Schottland, England und die Normandie. Sie entdeckten Island, Grönland und fast 500 Jahre vor Christoph Kolumbus Amerika. Schon um das Jahr 1000 erreichten die Wikingerschiffe unter Leif Erikson die Küste Nordamerikas.

Der Nimbus der Wikinger reicht von nordi-

Riesige Trockengestelle mit Stockfischen säumen die Küsten der Lofoten – die reiche Ausbeute des berühmten Lofotfischfanges. Große Kabeljauschwärme kommen im Spätwinter, um in den Gewässern der Lofoten abzulaichen.

Die Stabkirche von Borgund wurde um 1150 dem Apostel Andreas geweiht. Neben dem Kreuz zieren Drachenköpfe den Giebel.

im Zuge der Christianisierung auch die berühmten hölzernen Stabkirchen Norwegens. Man nimmt an, daß es einst mindestens 750 Stabkirchen gab, von denen heute leider nur noch 26 existieren. Im Kirchenbau hatten die Wikinger keinerlei Erfahrung, aber sie waren Meister im Schiffsbau, und die Stabkirchen besitzen viele Elemente der Wikingerschiffe. Holz war zu dieser Zeit das Baumaterial in Norwegen, und noch heute wohnen die Norweger am liebsten in Holzhäusern.

Allen Stabkirchen gemeinsam ist, daß sie aus senkrecht stehenden Holzstämmen und Planken errichtet wurden, die man als Stab bezeichnete. Die Wohnhäuser wurden dagegen meist aus querliegenden Stämmen erbaut. Viele Kirchen sind mit Tiermotiven geschmückt, und auf den Dachfirsten ist das christliche Kreuz oft von Drachenköpfen flankiert, die an die Schnäbel der Wikingerschiffe erinnern.

Der Weg zum unabhängigen Staat

Nach der Blütezeit unter den Wikingern folgten viele Jahrhunderte, die geprägt waren von Bündnissen und Fehden zwischen den drei skandinavischen Ländern Dänemark, Schweden und Norwegen. Norwegen verlor zunehmend an Bedeutung. Das wichtigste Ereignis der neueren Geschichte nach den Wirren der Napoleonischen Kriege war die Einberufung einer Nationalversammlung in Eidsvoll am 17. Mai 1814, in der Norwegen zur freien, selbständigen und unteilbaren Monarchie erklärt wurde. 1905 wurde die noch bestehende Union mit Schweden auf friedlichem Weg gelöst, und seither ist Norwegen eine unabhängige, parlamentarische Monarchie. Der König ist Staatsoberhaupt, hat aber nur symbolische Pflichten. Die Exekutivgewalt liegt beim Ministerpräsidenten und der Regierung, die von der Nationalen Versammlung „Stortinget" ernannt wird. Die 155 Mitglieder des Stortinget werden alle vier Jahre als Vertreter der politischen Parteien gewählt.

Vom Land der Jäger, Fischer und Bauern zum modernen Industriestaat

In den letzten hundert Jahren hat Norwegen den großen Sprung von einem armen, unterentwickelten zu einem reichen Land geschafft. Ende des letzten Jahrhunderts arbeiteten etwa 70 Prozent der Bevölkerung in der Landwirtschaft, Holz- und Fischindustrie. Heute sind es nur noch 8 Prozent. Von sehr großer Bedeutung für Norwegen war der Ausbau der Wasserkraft. Dieser billige elektrische Strom wird zur Erzeugung energie-intensiver Produkte, wie

schen Helden bis zu plündernden Horden. Im Grunde genommen waren sie Menschen ihrer Zeit, sie suchten neues Land, konnten es aber wegen ihrer geringen Bevölkerungszahl nur selten in Besitz nehmen. So begnügten sie sich oft mit Raubzügen und plünderten und brandschatzten mit Vorliebe Klöster in England.

Christianisierung und Stabkirchen

König Olav II., der Heilige, einigte Norwegen und verhalf der Christianisierung in den ersten Jahrzehnten nach dem Jahr 1000 zum Durchbruch. Im 11. und 12. Jahrhundert entstanden

z. B. Aluminium, Düngemittel oder Trockeneis, verwendet. Reichtum brachten aber vor allem die Erdöl- und Erdgasfunde vor der norwegischen Küste, die eine große Zulieferindustrie, z. B. die größte Werft zur Erzeugung von Ölplattformen, entstehen ließen.

Norwegen ist groß und besitzt so viel unberührte Natur, daß einem dieser Wandel zum Industriestaat gar nicht besonders bewußt wird. Im Gebirge, im Fjell, fallen nur gelegentlich Staumauern auf, die Kraftwerke sind meist im Bergesinneren versteckt. Wenn man Norwegen gut kennt, wird man schon manchmal mit Bedauern feststellen, daß ein einst gewaltiger Wasserfall nur noch eine „Restwassermenge" führt, ein Fluß ausgetrocknet ist oder ein schönes Tal überflutet wurde.

Auch heute noch ist Norwegen ein Land der Schiffe. Unter seiner Flagge fährt die viertgrößte Handelsflotte der Welt, und ohne die unzähligen Fährschiffe wäre der Verkehr im Land selbst nicht zu bewältigen. Das Straßennetz wird ständig mit gewaltigem Aufwand unzähliger Tunnels ausgebaut und verbessert, ein Binnenflugnetz verbindet die Orte.

Klima und Reisezeit

Der Golfstrom –
Wärme aus dem Golf von Mexiko

Norwegens Küste besitzt eine gigantische Warmwasserheizung, den Golfstrom oder präziser gesagt den Nordostatlantikstrom, eine nordostwärts gerichtete warme Meeresströmung entlang der norwegischen Küste, die durch die vorherrschenden West- und Südwestwinde erzeugt wird. Es ist kaum vorstellbar, daß diese Wassermassen im Golf von Mexiko aufgeheizt werden und die südliche Sonnenwärme rund 12.000 km über den Atlantik nach Norwegen transportieren. Ohne die abnormal hohe Speicherfähigkeit des Wassers für Wärme – sie ist etwa fünfmal so groß wie bei Alkohol – wäre dieses Wunder nicht möglich. Der Golfstrom bewirkt, daß die Temperaturen an Norwegens Küste im Jahresdurchschnitt 9° C höher liegen als es dem Mittelwert dieser Breitenkreise entspricht.

Die Häfen Norwegens sind – von Extremsituationen abgesehen – bis in den höchsten Norden ganzjährig eisfrei, und nirgends auf der Welt können so hoch im Norden noch Ackerbau und Viehzucht betrieben werden. Auch der Name Norwegen, der „Weg nach Norden", weist auf diese Gunst des Klimas hin; es war der günstigste eisfreie Seeweg nach Norden. Schwedische und finnische Häfen am Bottni-

schen Meerbusen, dem die Golfstromheizung fehlt, sind oft viele Monate im Jahr zugefroren, obwohl sie viel südlicher liegen. Das ist auch der Grund, warum das schwedische Erz von Kiruna über den norwegischen Hafen Narvik verschifft wird.

Es ist ein Irrtum zu glauben, daß im Sommer im Norden Norwegens arktische Temperaturen herrschen. Im Juli betragen die Durchschnittstemperaturen entlang der gesamten Westküste zwischen 12° und 14° C, in Oslo sogar 17° C. Viele andere europäische Städte haben deutlich niedrigere Werte. Wenn die Sonne in den Sommermonaten nicht oder nur für kurze Zeit hinter dem Horizont verschwindet, fehlt die starke nächtliche Abkühlung. Hochsommerliche Temperaturen sind bei Fjellwanderungen keine Seltenheit; andererseits kann man auch im Hochsommer eisige Winde erleben.

Gebirgszug der Skanden –
eine gewaltige Klimascheide

Als gewaltige Klimascheide wirkt der mächtige Gebirgszug, die Skanden, der die ganze skandinavische Halbinsel von Südwesten nach Nordosten durchzieht. Bei den vorherrschenden Westwetterlagen fällt der meiste Niederschlag an der dem Atlantik zugekehrten Seite. Im Regenschatten der Bergkämme im Osten sind die Niederschlagsmengen oft ausgesprochen niedrig. Der Gebirgszug der Skanden verursacht den auffallenden Gegensatz zwischen maritimem und kontinentalem Klima, der regenreichen Westküste und dem viel trockeneren Osten.

Im Tal Gudbrandsdalen etwa hat jeder Bauer seine eigene Bewässerungsanlage, und im Ottadalen, dem größten Nebental, mißt man bei der Station Ulstad jährlich nur ca. 270 mm Niederschlag, das ist nur rund ein Drittel der Menge von Wien oder München.

Die Westwinde bringen feuchte, aufgewärmte Luftmassen ins Land. Wo diese Luftmassen durch Bergketten gezwungen werden aufzusteigen, kühlen sie sich ab und regnen sich aus. Je höher die Berge sind, umso größer sind die Niederschlagsmengen, die in einigen exponierten Regionen bis 4000 mm pro Jahr erreichen. Die intensiven Niederschläge, die in höheren Lagen rund neun Monate als Schnee fallen, nähren auch die gewaltigen Gletschergebiete des Jostedalsbreen und Svartisen. Berggruppen, die im Regenschatten dieser mächtigen Gebirgszüge liegen, wie z. B. die Rondane, haben geringere Niederschlagsmengen als die meisten Regionen der Alpen.

Reisezeit und das Wetter – ein ewig aktuelles Thema

Der mächtige Gebirgszug, der Süd- und Mittelnorwegen durchzieht, ist natürlich auch eine ausgeprägte Wetterscheide. Bei Westwetterlagen kommt es oft vor, daß es an der Küste regnet und über den Bergen der Rondane die Sonne scheint. Bei Ostwind dagegen kann man in der Rondane Dauerregen erleben und an der Küste die strahlendsten Tage. Ich habe mir längst angewöhnt, die Zugrichtung der Wolken in Norwegen zu beobachten und gegebenenfalls das Tourenprogramm von Westen nach Osten oder umgekehrt zu verlegen.

Hilfreich ist in diesem Zusammenhang ein kleiner Fernseher, der nach den Hauptnachrichten um 19.30 Uhr ein detailliertes Wetterbild mit deutlichen Symbolen zeigt, das man auch ohne norwegische Sprachkenntnisse versteht. Auch in der Zeitung „Tagbladet", die alle Kioske und Supermärkte führen, findet man auf der Rückseite die Wettervorhersage für die einzelnen Gebiete in eindeutigen Symbolen. Grundsätzlich muß man sagen, daß das Wetter in Norwegen vor allem an den Küsten recht wechselhaft ist. Sonnenschein und Regengüsse folgen oft rasch aufeinander, und von Tal zu Tal, von Fjord zu Fjord ändert sich das Wetter. Wenn im Süden des Landes die Sonne scheint, ist es im Norden oft regnerisch und umgekehrt, was bei einer Längenausdehnung von über 1700 km kein Wunder ist. Wenn die atlantischen Tiefdruckgebiete im Sommer ihren Weg über Mitteleuropa nehmen und uns verregnete Sommer bescheren, ist es in Norwegen häufig wochenlang strahlend schön. Schlagen die Tiefdruckgebiete dagegen eine nördlichere Bahn ein, weil sie von einem Hochdruckgebiet über Mitteleuropa abgeblockt werden, muß man mit recht mäßigem Wetter in Norwegen rechnen.

MAI:

Nach langjährigem Durchschnitt findet man die geringsten Niederschläge und wenigsten Regentage im Mai und Anfang Juni. Wer sich in erster Linie an den Küsten aufhalten und die Apfelblüte in den Fjorden erleben will, wird in der zweiten Maihälfte oft traumhaft warme Frühlingstage ohne Verkehr genießen. Die Hauptverkehrswege sind in der Regel ab Anfang Mai offen. Im Fjell wandern kann

man um diese Jahreszeit allerdings meist nur mit Schiern. Ab ca. 1000 m Seehöhe liegt in Mittelnorwegen noch eine geschlossene Schneedecke; gegen Norden sinkt sie immer tiefer.

JUNI:

Ein idealer Reisemonat ist der Juni. Der Verkehr ist noch gering, in niedrigen Lagen, südseitigen Berghängen oder schneearmen Gebieten, wie z. B. den Rondanen, kann man schon gut wandern. Gegen Mitte Juni öffnen die meisten Hütten. In hohen Lagen über 1400 m, etwa am berühmten Sognefjell, muß man noch im Juli mit einer geschlossenen Schneedecke rechnen. Aber in Küstennähe kann man sogar schon auf den Lofoten wandern, bei Tag oder bei Nacht, denn die Sonne geht nicht mehr unter.

JULI:

Ende Juni, Anfang Juli beginnen die Schul- und Industrieferien in Norwegen, und dann ist fast alles, was in Norwegen vier Räder und zwei Beine hat, unterwegs. Dazu kommen von

Jahr zu Jahr immer mehr ausländische Touristen. Im Juli muß man auch in dem sonst so idyllisch ruhigen Norwegen auf den meistbefahrenen Routen und in den Fremdenverkehrszentren mit Massentourismus rechnen. Die Quartiere entlang der attraktivsten Routen sind oft ausgebucht, und bei den frequentiertesten Fähren muß man manchmal Wartezeiten in Kauf nehmen. Wer etwas abseits der touristischen Hauptanziehungspunkte fährt und wandert, wird auch in diesem Monat, dem wärmsten des Jahres, die Schönheit und Weite des Landes in Ruhe genießen können.

AUGUST/SEPTEMBER:

Im August, vor allem in der zweiten Hälfte, nimmt der Tourismus deutlich ab, und schon Ende August, Anfang September hält hoch im Norden und im Hochgebirge der farbenprächtige Herbst Einzug. Mitte September schließen die meisten Hütten und Herbergen – es wird einsam. Viele empfinden den September als die schönste Jahreszeit zum Wandern. Im Hochgebirge haben die Schneeflächen vom Vorjahr ihr Minimum erreicht, die Mücken sind verschwunden, und den verschiedenen

Typische Fjellstimmung auf der Valdresflya im östlichen Jotunheimen (s. Tour Nr. 31). Regen und Sonnenschein wechseln sehr rasch.

köstlichen Beeren am Wegesrand kann man selten widerstehen. Es ist schon deutlich kühler, aber man genießt die Wärme der Sonnenstrahlen und kann an windstillen Tagen noch eine Gipfelrast mit selten schöner Aussicht genießen.

SEPTEMBER/OKTOBER:

Ende September, Anfang Oktober treten in höheren Lagen oft schon strengere Fröste auf, die der herbstlichen Farbenpracht ein Ende setzen. Die Blätter der Birken und Zwergsträucher werden über Nacht braun und fallen ab. Im September hat die Sonne meist noch genug Kraft, den ersten Schnee, der gelegentlich die Berge anzuckert, rasch wegzuschmelzen. Anfang Oktober fehlt ihr diese Kraft, und der Winter hält im Gebirge Einzug. In den küstennahen, tieferen Regionen kommt der Herbst deutlich später, aber hier ist die Verfärbung auf die wenigen Laubbäume be-

schränkt und kann keinem Vergleich mit dem herbstlichen Fjell standhalten.

Mitternachtssonne und Polarlicht

Mitternachtssonne und Polarlicht in einem Atemzug zu nennen, ist gar nicht so abwegig. Denn in früheren Zeiten nahmen die Bewohner des Nordens an, daß die Schneeflächen und Gletscher das Licht der Mitternachtssonne im Sommer speichern und in den langen Winternächten wieder abstrahlen.

Um die Mitternachtssonne in Norwegen zu erleben, muß man keineswegs zum Nordkap fahren und dort Eintritt zahlen. Gut ein Drittel des Landes – bezogen auf die Süd-Nord-Ausdehnung – liegt nördlich des Polarkreises, das sind rund 600 km als gerade Strecke und viele tausend Kilometer Küstenlinie. Sowohl an der Küste als auch bei Bergtouren wird man zahllose ruhige, malerische Plätze finden, um das

unvergeßliche Schauspiel der Mitternachtssonne zu erleben. Die Mitternachtssonne ist
auf den Lofoten vom 28. Mai bis 15. Juli und
am Nordkap sogar vom 15. Mai bis 1. August
– fast 80 Tage – zu sehen.
Jenseits des Polarkreises kann man um die Zeit
der Sommersonnenwende an klaren Tagen fast
24 Stunden wandern. Aber auch südlich des
Polarkreises, sogar in Mittelnorwegen, sind die
Tage viel länger als in Mitteleuropa, und Ende
Juni, Anfang Juli bleibt es fast die ganze Nacht
dämmrig.
Im September sind die langen Sommertage
endgültig vorbei. Aber dieser Monat beschert
nicht nur die Farbenpracht des Fjells, sondern
auch die ersten Lichtspiele am Firmament, die
Nordlichter. Ein wirklich überwältigendes Erlebnis war das erste Polarlicht, das ich Ende
September abends bei der Heimfahrt in Mittelnorwegen erlebte. Ich hielt das Auto am Straßenrand an und schaute fast atemlos zu den

hellen, grünlichen Schleiern und Bändern auf,
die über das ganze Firmament wehten, sich zu
Strahlenbündeln formierten und in Sekunden
wieder verschwanden, während andere Licht-
muster entstanden. Nicht nur in den Winter-
monaten und hoch im Norden kann man Nordlichter erleben, auch südlich des Polarkreises
sind sie keine Seltenheit.

Nützliche Hinweise für Wanderer

In diesem Buch werden vorwiegend ausge-
wählte Halbtages- und Tagestouren im ganzen
Land vorgestellt. Ausgangspunkt und Endpunkt sind Parkplätze an Straßen oder Mautwegen. Fast alle vorgeschlagenen Touren folgen markierten Wegen oder viel begangenen
Steigen.
Süd- und Mittelnorwegen sind von einem dichten Wandernetz durchzogen, das die einzelnen
Hütten verbindet. Der überwiegende Teil der

*Blick vom Gipfel des
Fannaråken über das Sognefjell.
Der Fannaråken ist einer der
schönsten Aussichtsberge
Jotunheimens und auf einem
markierten Weg leicht zu
ersteigen (s. Tour Nr. 40).*

markierten Wege sind Weitwanderwege im wahrsten Sinn des Wortes. Man durchquert weite Hochflächen mit meist nur geringer Steigung. Die markierten Wege verbinden vor allem die Hütten, denn die Norweger lieben es, in mehrtägigen Fjelltouren ganze Gebirgsstöcke zu durchqueren. Mit kurzen Abstechern sind von markierten Hüttenübergängen schöne Aussichtsgipfel zu erreichen, und auf einige der schönsten Gipfel führen markierte Steige.

Schwierigkeit der Touren und Markierung der Wege

Die technische Schwierigkeit der meisten Fjelltouren ist nach alpinen Maßstäben als „leicht" zu bezeichnen. Das gilt auch für die überwiegende Zahl der in diesem Buch vorgeschlagenen Touren. Die Schwierigkeit einer Fjelltour ist für Bergsteiger aus den Alpen eher ungewohnt – sie ist nämlich meist „flüssiger Natur". Bei sehr vielen Fjelltouren muß man Bäche und moorige Passagen queren.

Auf den markierten Wegen führen über größere Bäche Stege oder Hängebrücken. Aber die Unzahl kleinerer Bäche kann je nach Wetterlage aus dürftigen Rinnsalen oder aus Bächen bestehen, deren Trittsteine weit unter dem Wasserspiegel liegen. Hier hilft nur „Schuhe ausziehen" oder geeignetes Schuhwerk, auf das im Kapitel Ausrüstung näher eingegangen wird. Meist lohnt es auch, den Bach ein Stück entlangzugehen, um nach einer trockenen Möglichkeit, ihn zu überqueren, Ausschau zu halten. Im steileren Gelände sind die Bäche meist tiefer eingeschnitten und daher schmäler und leichter zu überspringen als in flacheren Abschnitten.

Ungewohnt ist auch, daß man selbst in steilen Hanglagen völlig unerwartet auf Moore stößt. Abstecher und Abkürzungen lohnen sich ohne sehr genaue Karten selten. Bei nassem Wetter können in der Blockzone die mit Flechten und Moosen überzogenen Steine rutschig wie Schmierseife werden.

Markierte Wege sind einheitlich mit einem roten „T" bezeichnet, das für „tur", Tour, steht (Abb. S. 9). Auch Steinmänner dienen zur Markierung, aber sie sind vor allem in touristisch sehr frequentierten Gebieten mit einiger Vorsicht zu genießen. Manche Norweger scheinen geradezu mit Begeisterung Steinmänner zu errichten.

Mitternachtssonne über dem Nordmeer. Die landschaftlich großartige Küstenstraße R17 bietet, so wie hier bei Grimstad, viele Möglichkeiten, die Mitternachtssonne zu erleben (s. Tour Nr. 91).

Ausrüstung

Das größte Problem bei Bergtouren in Norwegen ist das richtige Schuhwerk. Bergschuhe sind für „trockene" Gipfeltouren ideal, für Fjelltouren oft zu wenig wasserfest und zu niedrig. Viele Norweger sind mit Gummistiefeln, die eine Profilsohle haben, unterwegs. Bei uns in Österreich gibt es sogenannte Jagdstiefel mit Profilsohle zum Schnüren, so daß man einen guten Halt hat: Für eine kurze Tour eine sehr brauchbare Alternative – man bleibt trocken. Wer gut mit diesen Jagdstiefeln geht, hat das für norwegische Verhältnisse ideale Schuhwerk gefunden. Spezialgeschäfte, die Expeditionsausrüstung führen, bieten oft aus Lappland importierte sogenannte Alaska-Stiefel an. Der untere Teil des Lederstiefels ist durch einen Gummiüberzug völlig wasserdicht, und der auch weitgehend dichte Schaft ist über 30 cm lang.

Ich persönlich bevorzuge für längere Touren im Fjell Bergschuhe mit einem möglichst hohen Schaft und mache sie durch eine Behandlung mit bienenwachshältiger Creme möglichst wasserdicht. In der Regel sind es ja nur wenige Schritte, die man durch das Wasser muß, und dafür reicht es meist. In den Tourenbeschreibungen wird auf nasse Passagen hingewiesen; aber je nach Wetterlage und Jahreszeit können die Verhältnisse so verschieden sein, daß es wirklich nicht mehr als ein unverbindlicher Hinweis ist.

Die übrige Ausrüstung unterscheidet sich kaum von der in den Alpen gebräuchlichen. Für Regengüsse und stärkeren Wind sollte man immer vorsorgen. Goretex-Anorak und Überhose sowie ein Poncho, der auch den Rucksack schützt oder eine Rucksackhülle sollten immer dabei sein, denn das Wetter kann sehr rasch wechseln. Bei Fjellwanderungen kann es so warm sein, daß man gern in kurzer Hose geht. Es kann aber auch ohne Vorwarnung ein eisiger Wind auffrischen. Das Mitnehmen von warmer Kleidung einschließlich Handschuhen und Mütze ist auch bei kürzeren Touren unerläßlich. Ideal zum Wandern in Norwegen sind die Vliesjacken, die leichter und winddichter sind als die schicken Norwegerpullover. Für genußvolle Gipfelrasten ist ein Stück Schaumstoff, wie ihn viele Rucksäcke ohnehin als Rückenfutter haben, als warme Sitzunterlage sehr angenehm.

In den Alpen verwenden immer mehr Bergsteiger zusammenschiebbare Stöcke aus Leichtmetall, um die Gelenke bei steilen Abstiegen zu entlasten. Da das Gelände in Norwegen meist wesentlich flacher ist, kommt diese Funktion seltener zum Tragen. Beim Überqueren von Blockhalden und Schneefeldern, beim Balancieren über die Steine eines Bachbettes oder über tragfähige Grashorste in moorigen Passagen sind Stöcke aber oft recht hilfreich. Wer plant, die höchsten Berge Norwegens, den Galdhøppigen und Glittertind, zu ersteigen, sollte steigeisenfeste oder zumindest bedingt steigeisenfeste Schuhe und Steigeisen oder wenigstens Grödeln mithaben. Man kann sich aber auch für eine geführte Tour auf den Galdhøppigen entscheiden und Steigeisen – falls erforderlich – ausleihen.

Mit Getränken muß man den Rucksack in Norwegen in der Regel nicht belasten, sofern man mit Wasser zufrieden ist. Die Bäche und meisten Seen Norwegens haben Trinkwasserqualität, und wer will, kann ja isotonisches Getränkepulver mitnehmen. Bei kühler Witterung im September ist ein heißes Getränk in einer stoßfesten, leichten Bergsteiger-Thermosflasche zu empfehlen.

Mücken

Im Mai, Juni und September hatte ich in Norwegen noch nie Probleme mit Mücken. Im Juli und der ersten Augusthälfte können sie in Waldgebieten bis zum Fjellbirkengürtel manchmal recht lästig sein. Moorige Gebiete des Fjells mit vielen Tümpeln sind für sie ideale Brutstätten, und an windstillen Tagen stürzen sie sich hier auf jeden Warmblütler. Norwegische Mückenstifte, die man in allen Supermärkten erhält, sind das beste Abwehrmittel.

Hütten

Wer längere Touren plant und öfter auf Hütten übernachten will, hat als Mitglied des Norwegischen Bergwandervereines DNT viele Vorteile. Der DNT unterhält ca. 300 Hütten und bietet seinen Mitgliedern große Preisvorteile. Auch viele private Berghütten gewähren DNT-Rabatt. In Norwegen unterscheidet man drei Kategorien von Hütten: vollbewirtschaftete Hütten, Selbstbedienungshütten mit Proviant und Hütten ohne Proviant. Ein Hüttenschlafsack aus Baumwolle ist wie in Österreich aus hygienischen Gründen vorgeschrieben.

Die vollbewirtschafteten Hütten

entsprechen in ihrer Ausstattung, aber auch in ihren Preisen häufig Berg- oder Sporthotels. Sie können auch von DNT-Nichtmitgliedern benützt werden.

Die nichtbewirtschafteten Hütten

sind DNT-Mitgliedern vorbehalten. Der DNT sendet interessierten Mitgliedern auf Wunsch einen Zentralschlüssel, der alle Hütten sperrt. Dieser Zentralschlüssel ist auch in bewirtschafteten DNT-Hütten und Touristenbüros erhältlich.

Die Selbstbedienungshütten

sind voll ausgestattet und mit Heizmaterial, Bettzeug und Proviant versehen. Man nimmt, was man braucht, und zahlt gleich in jeder Hütte; in Norwegen funktioniert das. Man muß allerdings selbst Feuer machen, kochen und putzen, und der DNT bittet alle Gäste, auch immer einige allgemeine Arbeiten mit zu erledigen, wie Fensterputzen, Bodenwischen, Holzmachen etc. Das Motto heißt: „Verlasse die Hütte immer sauberer, als du sie angetroffen hast." Es gilt die Regel, daß jeder nach Möglichkeit nur eine Nacht bleibt. Wer eine zweite Nacht bleiben will, muß Neuankommenden bei Bedarf das Bett überlassen.

Selbstversorgerhütten ohne Proviant

Für diese Kategorie von Hütten gilt die gleiche Regel, nur muß man den Proviant selbst mitbringen; Holz oder Gas ist vorhanden, Wasser immer in der Nähe.

Neben den DNT-Hütten gibt es viele private Unterkünfte im Fjell, die sich Fjellstue (Bergstube) oder Seter, Sæter, Stöl (Alm) nennen.

Tips für Autofahrer

Autofähren und Straßen

Der kürzeste Seeweg mit zwei Fährpassagen führt über die sogenannte Vogelfluglinie, die die Zugvögel seit Jahrhunderten wählen. Diese Strecke über Rødby und Helsingborg in Dänemark ist allerdings zeitaufwendig und nur zu empfehlen, wenn man auch die sehenswerten Städte Kopenhagen und Stockholm besuchen will.

Die schnellsten Verbindungen nach Norwegen führen von der Nordspitze Dänemarks, nämlich von Frederikshavn oder Hirthals, nach Oslo, Larvik, Kristiansand, Egersund und

Stavanger. Man kann wählen, wo man die Reise in Norwegen beginnen will. Liebhaber langer Schiffsreisen können auch eine direkte Fähre von Kiel nach Oslo benützen.

In jedem Fall ist es lohnend, sich über das Reisebüro die Prospekte der einzelnen Schifffahrtslinien (Larvik-, Color-, Fjord-Line u. a.), die diese Routen befahren, zu besorgen und zu studieren. Denn die Preise variieren nicht nur nach Saison, sondern auch nach Wochentag erheblich.

Die weit in das Landesinnere reichenden Meeresarme und die zahllosen Inseln erfordern auch in Norwegen selbst viele Fährstrecken. Alle küstennahen Straßen sind immer wieder durch Fährpassagen unterbrochen. Wobei „unterbrochen" nicht der richtige Ausdruck ist, denn in Norwegen bilden Land- und Seeweg eine Einheit – die Straße hat vor und nach der Fährpassage die gleiche Nummer.

Das Norwegische Fremdenverkehrsamt in Hamburg (Adresse s. S. 34) übersendet auf Wunsch kostenlos ein Heft mit den Fahrplänen und Preisen aller Bahnstrecken und Fährver-bindungen einschließlich der für Wanderer wichtigen Autobuslinien und Schiffsverbindungen auf Binnenseen.

Vor einigen Jahrzehnten waren in Norwegen praktisch nur die Hauptstraßen asphaltiert. Heute besitzt Norwegen ein gut ausgebautes, dichtes Straßennetz. Bedingt durch das bergige Gelände sind die Verkehrswege – von einigen Hauptstraßen abgesehen – meist kurvenreich und schmal. Einige Straßenabschnitte sind daher für Wohnwagengespanne nicht zu empfehlen. Beim Norwegischen Fremdenverkehrsamt erhält man ebenfalls kostenlos die Spezialstraßenkarte „Wohnwagenurlaub in Norwegen".

Straßenmaut

Straßenmaut wird auf den kurzen Autobahnabschnitten, einigen neuen Tunnels und bei einigen Stadteinfahrten eingehoben. Viele private Bergstraßen, die der Fjellwanderer benutzen wird, um zum Ausgangspunkt der Tour zu gelangen, sind Mautstraßen (Bomveg). Neben dem Schranken (bom) steht meist ein kleines

Die Schärenküste mit ihren unzähligen Inseln und Halbinseln jeder Größe ist typisch für Süd- und Mittelnorwegen. Das Bild entstand bei Bergen.

Holzhäuschen, gelegentlich auch nur ein aufklappbarer Metallbehälter. Man entnimmt einen Umschlag, füllt ihn mit Durchschrift aus (Name, Adresse, Kfz-Nr. [„Bil-Nr."]), reißt das Deckblatt ab und legt es gut sichtbar hinter die Windschutzscheibe. In den Umschlag steckt man die geforderte Mautgebühr, meist 10 bis 30 Kronen, selten mehr. Man sollte immer einen größeren Vorrat an 10-Kronen-Münzen bei sich haben. Dann öffnet man den Schranken und schließt ihn wieder hinter dem Fahrzeug. An sehr frequentierten Mautwegen heben in der Hauptsaison Kassierer den Betrag ein, der zur Wegerhaltung dient.

Verkehrszeichen, Geschwindigkeits-beschränkung und Straßennummern

Die Verkehrszeichen Norwegens entsprechen jenen in Mitteleuropa. Ein weißes M auf blauem Grund markiert eine Ausweiche auf engen Straßen. Ein Nadelbaum mit Tisch kündigt einen Rastplatz an. Auf Almstraßen steht öfter „ferrist", das ist ein Gitter aus Stahlröhren, quer über die Straße gelegt, das das Weidevieh nicht überschreitet. „Gardstun" kündigt eine Hofdurchfahrt an und erfordert besondere Vor-

sicht. Auf Bergstraßen muß man immer mit Weidevieh, vor allem mit Schafen, rechnen. Die Höchstgeschwindigkeit beträgt in Orten 50 km/h, sonst generell 80 km/h, nur auf kurzen Autostraßenabschnitten sind 90 km/h erlaubt, Übertretungen sind teuer. Das Tankstellennetz in Süd- und Mittelnorwegen ist reichlich. In Nordnorwegen sollte man abseits der E6 jede Gelegenheit zum Tanken nutzen. Manche Tankstellen haben nur vormittags geöffnet. Außerhalb dieser Zeit, auch nachts, kann man nur mit einer Chip-Karte tanken. Benzin ist wesentlich teurer, Diesel wesentlich billiger als in Österreich und Deutschland. In einem so dünn besiedelten Land kommt den Straßennummern eine sehr große Bedeutung zu, die Beschilderung ist in Norwegen vorbildlich. Europastraßen sind durch rechteckige Tafeln mit grünem Grund und weißer Schrift (E und Straßennummer) gekennzeichnet. Reichsstraßen haben eine schwarze Nummer auf weißem Grund. Eine durchgehende weiße (bei Europastraßen) oder schwarze Umrahmung (bei Reichsstraßen) gibt die Nummer der Straße an, auf der man sich befindet. Schilder mit strichlierter Umrandung geben an, in

welche Straße die jeweilige Straße einmündet. Da die Straßennummern die beste Orientierung in Norwegen bieten, werden sie auch zur Beschreibung der Touren angegeben (im Jahr 1992 wurden viele Straßennummern geändert!).

Viele Mitteleuropäer unterschätzen bei der Reiseplanung den Zeitaufwand für die Fahrstrecken in Norwegen. Wer in drei oder vier Wochen zum Nordkap fährt, wird die meiste Zeit hinter dem Steuer verbringen müssen, an den schönsten Gegenden vorbeifahren und in erster Linie seinem Auto Bewegung verschaffen. Der Spruch „weniger ist mehr" gilt für dieses Land ganz besonders.

Einkaufen und Unterkunft

Einkaufen ist in Norwegen zwar sehr teuer, aber sehr einfach, da alle größeren Orte Supermärkte und selbst die kleinsten Selbstbedienungsläden besitzen. Post und Telefon sind in Norwegen getrennt. Telefonieren kann man nur von Münzfernsprechern, nicht von Postämtern. Englisch wird fast überall verstanden. Wer nicht mit eigenem Camper, Wohnwagen oder Zelt durch Norwegen reist, findet auf fast

jedem Campingplatz in Norwegen Campinghütten (hytter), kleine Holzhüttchen für zwei bis sechs Personen, oft in Blockwerksbau mit unterschiedlichem Komfort. Interessenten erhalten vom Norwegischen Fremdenverkehrsamt ein Verzeichnis über die Campingplätze und Campinghütten sowie deren Ausstattung.

Tips für Radfahrer

Der einmalige Reiz der Fjorde ist mit dem Fahrrad viel intensiver zu erleben als mit dem Auto. Auf Nebenstraßen und in der Nebensaison wird man vom Verkehr wenig gestört. Auf Hauptstraßen und in der Hauptsaison ist das Befahren der oft recht schmalen Straßen weniger zu empfehlen. Grundsätzlich meiden sollte man den Freitagnachmittag, wenn die Norweger die Städte verlassen, um das Wochenende in ihren „hytter" zu verbringen, und den Sonntagnachmittag, wenn sie die Rückreise antreten.

Ein Problem für Radfahrer können die Tunnels sein. Einige sind überhaupt für Radfahrer und Fußgänger gesperrt, aber auch in nicht gesperrten ist vom Durchfahren, vor allem der länge-

Südöstlich von Jotunheimen liegt die weite freundliche Hochebene Gausdal-Vestfjell, die nur von wenigen Bergkegeln überragt wird. Der markanteste Gipfel, der einen umfassenden Rundblick bietet, ist das Skaget (s. Tour Nr. 27).

ren, abzuraten. Mangels guter Belüftung kann der Kohlenmonoxydgehalt sehr hoch sein. Viele Tunnels haben schwarze Wände und nur eine sehr dürftige Beleuchtung, so daß Radfahrer schlecht zu sehen sind. Man sollte anhand der Karte die Strecken genau aussuchen. Im Einzugsbereich größerer Städte gibt es für Radfahrer und Fußgänger eigene Wege, die die Tunnels umgehen. Oft sind es die alten, malerischen Straßen, die sich außen am Fjord entlangwinden, während die neue Trasse durch den Berg verläuft. In diesem Buch finden sich vor allem Vorschläge für kurze Radtouren auf verkehrsarmen oder autofreien Straßen. Die Tourenvorschläge sind in erster Linie für Autofahrer gedacht, die das Fahrrad mitnehmen.

Auf vielen gesperrten Mautstraßen wird das Befahren mit dem Rad geduldet. Diese Straßen sind unseren Forststraßen ähnlich, nur meist viel flacher. In vielen Nationalparks und Wandergebieten befindet sich an der Nationalpark-

grenze ein Parkplatz; die Weiterfahrt zur Hütte ist gesperrt. Zu Fuß geht man oft mehrere Stunden auf dem Fahrweg, bis die eigentliche Tour beginnt. Ein Fahrrad verkürzt diesen Streckenabschnitt erheblich und spart oft eine Hüttenübernachtung. Auch ohne Wanderung ist das Befahren dieser Transportwege in den landschaftlich schönsten Gebieten ein Erlebnis. Da es sich um Fahrstraßen handelt, ist kein Mountainbike nötig.

Man sollte allerdings unbedingt auf diesen Fahrwegen bleiben und keineswegs Fußwegen folgen oder gar verbotenerweise im Gelände fahren. Norwegens Vegetationsdecke ist sehr empfindlich. Ein herausgerissenes Flechtenpolster kann schon Ansatzpunkt für den Wind und in weiterer Folge für Erosion sein.

Wer mit öffentlichen Verkehrsmitteln reist, hat in der Regel keine Probleme, das Fahrrad in der Bahn oder in Überlandbussen mitzunehmen.

Tips für Zeltler und Camper

In Norwegen gibt es rund 1400 Campingplätze mit unterschiedlichster Ausstattung. Beim Norwegischen Fremdenverkehrsamt kann man kostenlos ein Campingverzeichnis beziehen. Auch „wildes Zelteln" ist erlaubt; es gilt das sogenannte Jedermannsrecht (allemannsretten). Grund und Boden, sowohl privat als auch Staatsbesitz, stehen allen zur Verfügung, sofern kein Verbotsschild dies ausdrücklich untersagt. Das Jedermannsrecht gilt nur im nichtkultivierten Ödland, und man muß mindestens 150 m vom nächsten Haus entfernt sein. Dieses Recht ist eigentlich nur für eine Nacht gedacht. Wer an einem idyllischen Plätzchen länger bleiben will, sollte auf jeden Fall den Besitzer um Erlaubnis fragen. Verantwortungsbewußtsein gegenüber der Umwelt wird vorausgesetzt. Das Jedermannsrecht gilt nicht für Camper und Caravans.

Kartenmaterial, Bezugsquellen und wichtige Adressen

Cappelens Straßen- und Tourenkarte

Als Straßenkarten und für die Groborientierung sind Cappelens Tourenkarten ideal (Cappelens kartinstitut; Kümmerly + Frey). Drei Blätter im Maßstab 1 : 325.000 für Süd- und Mittelnorwegen und zwei Blätter 1 : 400.000 für die nördlichen Gebiete decken das Land ab. Diese Karten enthalten wichtige Informationen für Bergwanderer und Radfahrer. Alle Bergstraßen und Fahrwege sind eingezeichnet; ferner ist zu ersehen, ob es frei befahrbare Straßen, Mautstraßen oder für den öffentlichen Verkehr gesperrte Straßen sind. Die Karten verzeichnen alle Berghütten, geben an, ob sie bewirtschaftet sind, und enthalten sogar markierte Wege mit Gehzeiten. So nützlich diese Karten als Übersichtskarten sind, als Wanderkarte ist der Maßstab viel zu groß.

Die bunten Holzhäuser des kleinen Ortes Hafslo, südlich des Jostedalsbreen gelegen, gruppieren sich um den lieblichen See Hafslovatnet (s. Tour Nr. 48).

Wanderkarten

Für die beliebtesten Wandergebiete gibt es folgende Karten (Turkart) im Maßstab 1:100.000 bzw. 1:80.000:

Cappelens kartinstitut: Jotunheimen Nr. 45, Rondane Nr. 46, Hardangervidda vest Nr. 47 und øst Nr. 48.

Statens kartverk: Jostedalsbreen, Trollheimen, Snøhetta, Saltfjellkartet.

Utgitt av Norges Geografiske Oppmåling: Romsdalen, Suldal-Setesdalsheiene, Sirdal-Setesdalsheiene.

Zitiert wird immer der Name des Gebietes ohne die nur bei einigen Karten vorhandene Nummer.

Solange man auf markierten, viel begangenen Wegen bleibt, sind diese Karten in Verbindung mit den Kartenskizzen des beigelegten Führers ausreichend.

Topographische Karten

Wesentlich genauer und beim Wandern auf nicht markierten Pfaden unerläßlich sind die topographischen 1:50.000-Karten, die von der staatlichen Karthographieanstalt Statens kartverk herausgegeben werden. 727 Blätter werden benötigt, um ganz Norwegen abzudecken. Sie geben eine gute Geländeübersicht, sind aber oft nicht auf dem neuesten Stand, einige sind jahrzehntealt; markierte Wanderwege sind selten eingetragen.

Bezugsquellen

Cappelens Straßenkarten (1:325.000 bzw. 1:400.000) sind im deutschsprachigen Raum im Buchhandel und in Norwegen in Supermärkten und an Tankstellen erhältlich. Die Wanderkarten (1:100.000 bzw. 1:80.000) und die topographischen Karten können beim norwegischen Bergsteigerverband DNT und bei Nordis (Adressen s. unten), teilweise auch im österreichischen und deutschen Buchhandel bestellt werden. Bei DNT und Nordis kann man Listen der verfügbaren Wanderkarten sowie eine Übersichtskarte bestellen, die zeigt, welche Nummer die topographische Karte hat, die das gewünschte Gebiet abdeckt.

Im vorliegenden Buch und dem Tourenführer sind für jede Tour die günstigsten verfügbaren Karten angegeben. Bei den topographischen Karten sind die fünfstellige Nummer (vier arabische und eine römische Ziffer) und der Name angeführt.

Wichtige Adressen:

DNT, Den Norske Turistforening (Norwegischer Fjelltourenverein), Postboks 10963 Vika, N-0125 OSLO 1; Telefon 02-832550

NORDIS, Buch- und Landkartenhandel, Böttgerstraße 9, D-40789 Monheim; Telefon 02173/56665

Angelika Haardiek
Postfach 5,
D-49586 Neuenkirchen
Telefon 05465/476

Norwegisches Fremdenverkehrsamt, Mundsburger Damm 27, D-22087 Hamburg 76; Telefon 040/22720810

Pannenhilfe: Der NAF (Norges Automobilforbund), der norwegische Automobilverband, fährt alle Reichsstraßen einmal täglich ab, um Pannenhilfe zu leisten. Telefon 02/429400

Gegen Westen bricht das Hochplateau der Hardangervidda steil ab, und die Flüsse stürzen als Wasserfälle zu Tal. Einer der mächtigsten Fälle ist der Låtefossen südlich von Odda (s. Tour Nr. 14).

Südnorwegen
Land der Gegensätze

Im Norwegischen Volksmuseum auf der Insel Bygdøy bei Oslo bringen junge Norweger Leben in die alten Gebäude. Sie tragen die schönen Trachten der jeweiligen Region.

1. Museumsinsel Bygdøy

Die Museumsinsel Bygdøy zählt zu den bedeutendsten Sehenswürdigkeiten Oslos und Südnorwegens. Das Norwegische Volksmuseum (Norsk Folke-Museum), das Wikinger-Schiffe-Museum, das Fram- und Kon-Tiki-Museum und das Norwegische Seefahrtsmuseum sind weitläufig auf der Insel untergebracht.

Im Norwegischen Volksmuseum hat man eine Stabkirche und alte Bauernhöfe mit ihren Wohnhäusern, Stallungen, Speichern, Mühlen und Almhütten – insgesamt 170 Gebäude – aus ganz Südnorwegen zusammengetragen und detailgetreu wieder aufgebaut. Staunend bewundert man die perfekte Holzverarbeitung und die reichen Schnitzereien. Studentinnen und Studenten schlüpfen oft für einen Sommerjob in die wunderschönen alten Trachten der jeweiligen Region, erfüllen die Häuser mit Leben und demonstrieren alte Arbeits- und Herstellungsmethoden.

Im Wikinger-Schiffe-Museum sind drei Wikingerschiffe aus dem 9. und 10. Jahrhundert zu sehen, die als Gräber gedient hatten. Die Erdmassen, die sie bedeckten, hatten zwar durch ihr Gewicht die Schiffskörper zerdrückt, aber zugleich durch Luftabschluß konserviert, so daß die Schiffe und Grabbeigaben in mühevoller Arbeit restauriert werden konnten. Auch als Laie erkennt man, daß die Wikinger Meister der Schiffsbaukunst gewesen sein müssen. Abgehärtete Seebären waren sie wohl auch, denn Deckaufbauten gab es in der Regel nicht. Bei ihren weiten Entdeckungs- und Eroberungsfahrten waren sie Wind und Wetter ausgesetzt. Ihre Seekisten dienten zugleich als Ruderbänke.

Im Fram-Haus ist das Polarschiff Fram ausgestellt, mit dem Fridtjof Nansen 1893 bis 1896 seine Polarexpedition zum Nordpol unternahm. Roald Amundson benützte das Schiff 1910 bis 1912, als er in dem tragischen Wettlauf mit Robert F. Scott als erster den Südpol erreichte.

Die lange und erfolgreiche Seefahrtsgeschichte Norwegens wird ergänzt durch Thor Heyerdahls berühmtes Balsafloß Kon-Tiki, mit dem er 1947 von Peru bis Polynesien 8000 km über den Pazifik fuhr. Auch das Papyrusboot Ra II, mit dem Heyerdahl 1970 in 57 Tagen von Marokko nach Barbados fuhr, wird im Kon-Tiki-Museum sehr publikumswirksam präsentiert.

Wegbeschreibung:

Die Museumsinsel Bygdøy ist von Oslo mit eigenem Pkw rasch über die E18 Richtung Drammen zu erreichen. Ausführliche deutschsprachige Museumsführer sind erhältlich. Für die Fülle des Gebotenen sollte man sich einen ganzen Tag Zeit nehmen.

2. Prekestolen – „Predigtkanzel" über dem Lysefjorden

Die Süd- und Südwestküste Norwegens fasziniert durch unterschiedlichste Landschaftsformen. Die inselreiche Küstenplattform mit ihren malerischen Schären und Sandbuchten ist die Riviera der Norweger. Die Küstenstraße Nr. 44 „Nordsjøvegen", die von Flekkefjord nach Stavanger leitet, erschließt diese reizvolle Küste.

Fjorde greifen weit in das Gebirge im Landesinneren und trennen die Hochfjell-Regionen. Eine Touristenattraktion ist der 42 km lange, schmale Lysefjorden; fast senkrecht brechen die Felswände zu beiden Seiten viele hundert Meter zum dunklen Wasser des Fjordes ab. Eine quadratische Felskanzel springt aus diesen Wänden hervor, der Prekestolen (Preikestolen), die „Predigtkanzel". Auf dem Bauch liegend, wagen die meisten einen Blick in die Tiefe: 600 m senkrechter Fels und unten der glitzernde Fjord – ein atemberaubender Tiefblick.

Tour auf einen Blick

Besuch der Museumsinsel Bygdøy.

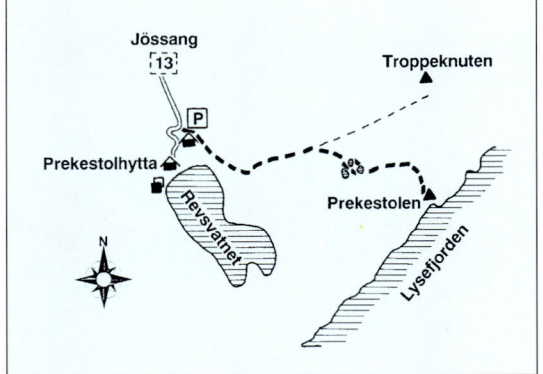

Tour auf einen Blick

Zufahrt: Von der Straße Nr. 13 bei Jørpeland zum Parkplatz oberhalb der Prekestolhytta.

Wegverlauf: Parkplatz (ca. 310 m) – Prekestolen (ca. 700 m), $1^3/_4$ Std.

Leichte Wanderung.

Karte: 1212 I Høle.

Eine Schiffahrt über den Fjord zeigt eine nicht weniger großartige Perspektive. Unvergeßliche Eindrücke beschert auch eine Fahrt auf der Straße Nr. 45, die etwas südlich von Ålgård abzweigt und nach Østre Sirdal ausgeschildert ist. Eine Nebenstraße dieser Ost-West-Verbindung führt zum Lysefjorden und leitet in zahllosen Serpentinen durch den steilen Hang hin-

unter zum Fjordende bei Lysebotn. Vom vielbesuchten Parkplatz, der einen Blick hinunter zum Fjord und auf die beeindruckenden Straßenserpentinen gestattet, erreicht man auf unmarkiertem Steig den Gipfel des Kjerag, der rund 1000 m mit einer fast senkrechten Wand zum Fjord abbricht.

Wegbeschreibung:

Von Sandnes, einem Vorort der Ölmetropole Stavanger, wählt man die Panoramastraße Nr. 13, den „Ryfylkevegen", nach Jørpeland und folgt wenige Kilometer vor diesem Ort bei Jössang der deutlich beschilderten Abzweigung („Prekestolen") zum großen Parkplatz, wo der vielbegangene Anstieg beginnt. Die Hütte Prekestolhytta, deren Grasdach im Juni eine einzige Blumenwiese ist, liegt etwas tiefer am schönen See Revsvatnet. Hier kann man sogar ein Zertifikat über die Prekestolen-Besteigung erwerben.

Der teils mit viel Aufwand gebaute Weg leitet zuerst durch lichten Buchenwald und über alte Bahnschwellen durch kleine Moore und bietet immer wieder einen reizvollen Blick über die zahllosen Inseln und Halbinseln der Küste. Eine kurze, steile Rinne führt zu einem felsigen Plateau mit kleinen Seen. Wir wandern über flachgeschliffene Felsplatten zu der Felskante, die senkrecht zum Lysefjorden abbricht. Schwierigere Stellen sind durch Holzbrücken entschärft, und in $1^1/_2$ bis 2 Stunden haben wir die berühmte Felskanzel des Prekestolen erreicht. Als ich die Kanzel das erste Mal sah, ragte sie über einem bodenlos scheinenden Nebelmeer aus der Tiefe auf – ein unvergeßlicher Anblick. Eine kleine Holzleiter bringt uns noch ein Stück höher zu einem Aussichtsplatz über der Felskanzel und dem Fjord.

3. Svarvarnuten – Aussichtsgipfel der Setesdalsheiene-Hochfläche

Östlich von Stavanger erhebt sich eine riesige, einsame Hochfläche in rund 1000 m Höhe mit zahllosen Seen, Flüssen, Bächen und Mooren. Die Berggipfel sind meist abgerundet, und die einzelnen Regionen werden als „Heiene" bezeichnet. Einige Gipfel, wie der Svarvarnuten, überragen die einsame Hochfläche um einige hundert Meter und bieten einen weiten Blick über das Land.

Der Fluß Otra durchschneidet das Hochland von Norden nach Süden und durchfließt das Setesdal, das von fast senkrechten schwarzen Felswänden auf beiden Talseiten flankiert wird. Es gehört zu den großartigsten Tälern Norwegens, war durch Jahrhunderte sehr isoliert und ist bis heute einsam geblieben. Im

600 Meter senkrechter Fels trennt die berühmte Felskanzel Prekestolen vom dunklen Wasser des Lysefjorden, der weit ins Landesinnere greift.

Tour auf einen Blick

Zufahrt: Von der Straße Nr. 12 im Setesdal zu den Bauernhöfen Berg und über Mautstraße zum kleinen Parkplatz.

Wegverlauf: Parkplatz (ca. 670 m) – Stavskarhytta (994 m), 1¹⁄₂ Std. Stavskarhytta – Svarvarnuten (1377 m), 1 Std.

Leichte Bergtour; Gipfelanstieg nicht markiert.

Karten: Sirdal-Setesdalheiene, 1413 II Valle.

Westen des Tales erhebt sich die Setesdalsheiene mit unserem Tourenziel, dem aussichtsreichen Svarvarnuten. Eine neue und einzigartig schöne Panoramastraße (Nr. 39) verbindet den Lysefjorden mit dem Setesdal und ist Ausgangspunkt für zahlreiche Wanderungen.

Wegbeschreibung:

Über die Straße Nr. 12, die von Kristiansand an der Südspitze Norwegens nach Norden zieht, oder die schon erwähnte Straße Nr. 39, die Stavanger mit Valle verbindet, erreicht man das wilde Setesdal. Südlich von Valle werden die Felswände an der Westseite des Tales durch extrem steile Wiesen unterbrochen, auf denen sich einige Bergbauern angesiedelt haben. Der Name „Berg" für die verstreuten Höfe ist sehr treffend.

Die Straße zu der winzigen Siedlung Berg überquert den Fluß Otra oberhalb eines Was-

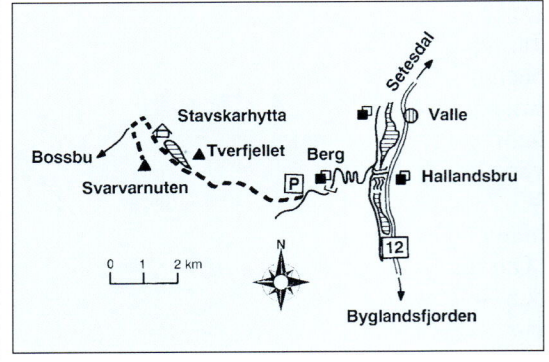

serfalles und erklimmt in einigen Serpentinen den steilen Hang. Vom letzten Hof führt eine Mautstraße an den Rand der weiten Hochfläche. Die fast senkrechten Wände des Tales werden hier abrupt von weiten, eher runden Formen abgelöst. Am Rand der Hochfläche beginnt ein markierter Weg zur Stavskarhytta (994 m) und der Selbstversorgerhütte Bossbu (1030 m).

Der Weg führt zunächst fast eben durch das Tal. Fjellbirken, Wacholder, Heide und Heidelbeeren begleiten uns, kleine Moore erfordern wasserdichte Schuhe. Auch Elche lieben diese üppige Vegetation, wie ihre Losung (s. S. 88) verrät.

Wir lassen die letzten verkrüppelten Bäume hinter uns, das Gelände wird alpiner. Der „Querberg" Tverrfjellet sperrt das Tal und hat den See Rennevatnet aufgestaut. Wer nur eine kurze Tour plant, kann den „Querberg", der den See nur um 120 m überragt, rasch über seine Südflanke weglos in einer Viertelstunde erreichen. Man blickt hinunter zum See, der von der eindrucksvollen Felswand des Svarvarnuten überragt wird. Im Juni saß ich hier ganz einsam inmitten rosafarbener Polster von Gamsheide und entdeckte zu meiner Überraschung auf einem Firnfeld frische Bärenspuren.

Der markierte Weg folgt dem Seeufer zu der nicht bewirtschafteten Stavskarhytta (1$^1/_2$ Stunden), überwindet eine Stufe im Talschluß und führt weiter zur Selbstbedienungshütte Bossbu. Wir verlassen den markierten Pfad und folgen Steigspuren über den flachen Nordwesthang zum 1377 m hohen Gipfel des Svarvarnuten. Als höchster Gipfel im weiten Rund bietet er eine prächtige Aussicht über die zahllosen Berge und Seen der Setesdalsheiene (2$^1/_2$ Stunden insgesamt).

4. Gaustatoppen – Fudschijama des Nordens

Bei Wanderungen im Südosten der Hardangervidda tauchte plötzlich vor uns am Horizont eine elegante Felspyramide auf. Karte und Kompaß identifizierten diese eindrucksvolle Berggestalt als Gaustatoppen, „Fudschijama

Das Setesdal mit seinen dunklen Felswänden zählt noch heute zu den einsamsten Tälern Norwegens. Die blühenden Wiesen beim Weiler Berg sind Ausgangspunkt für die Tour auf den Svarvarnuten.

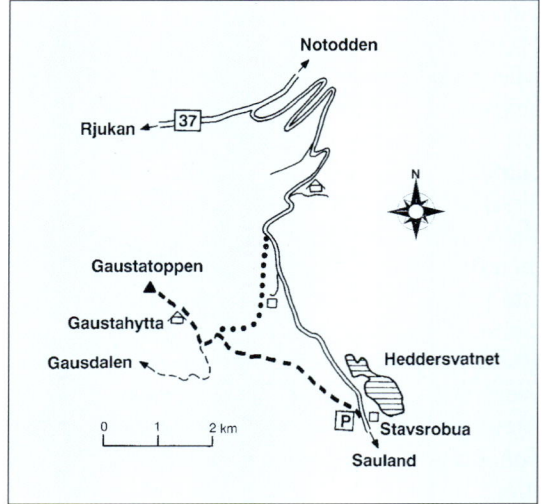

Tour auf einen Blick

Zufahrt: Straße Nr. 37
von Kongsberg nach Rjukan.
Östlich Richtung Sauland zum
Parkplatz Stavsrobua unter der
Paßhöhe.

Wegverlauf: Parkplatz
(ca. 1220 m) – Gaustahytta
(1840 m) – Gaustatoppen
(1883 m), 2 Std.

Leichte Wanderung.

Karten: Hardangervidda øst,
1614 IV Rjukan.

des Nordens", wie er oft genannt wird. Mit
1883 m Höhe überragt er deutlich alle Gipfel
der Hardangervidda und die umliegenden
Bergstöcke (Abb. S. 46); angeblich überblickt
man von seiner Spitze rund 50.000 km^2.

Wegbeschreibung:

Wer vom malerischen See Tinnsjø über die
Straße Nr. 37 gegen den Industrieort Rjukan
durch das Vestfjorddalen fährt, erblickt vor
sich den mächtigen, aus hellem Quarzit aufge-
bauten Bergrücken des Gaustatoppen, der das
ganze Tal beherrscht. Östlich von Rjukan
schraubt sich eine neu ausgebaute Straße in
vielen Serpentinen den felsigen Talhang gegen
Süden hinauf. In ca. 1000 m Höhe zweigt ein
markierter Weg auf den Gipfel ab, der aber
länger und steiler ist als der im folgenden beschriebene Normalweg.

Der meist benützte und bequemste Anstieg
beginnt erst knapp unterhalb der Paßhöhe bei

einem großen Parkplatz mit Kiosk (Stavsrobua) oberhalb des Sees Heddersvatnet in 1220 m
Höhe. Dieser Anstieg ist streckenmäßig zwar
weiter, aber man erspart sich über 200 Höhen-

meter. Sehr flach, teilweise eben, quert der breite, vielbegangene Weg erst durch Alm-wiesen und dann über gigantische Blockfelder zum Gipfel. Der aus der Entfernung wie eine in Fels gemeißelte Pyramide wirkende Gipfel entpuppt sich in der Nähe als ein riesiges, stei-les Blockfeld. Der Berg ist über und über mit Verwitterungsschutt bedeckt. Auf dem Weg hat man das grobe Blockwerk beiseite geräumt.

Auf dem exponierten Gipfel ist eine kleine Hütte, die Gaustahytta, in den Felsen des Ber-ges gebaut worden, die von Juli bis September Wegzehrung und Unterstand bietet. Hier oben kann das Wetter plötzlich umschlagen. Bei Sonnenschein begann der zweistündige An-stieg, am Gipfel überraschte uns im August ein Schneeschauer und ließ alle Kurzbehosten blitzartig in der Gaustahytta, die nur 40 m un-ter dem Gipfel liegt, verschwinden.

Ein Berg, der im weiten Umkeis alles überragt, ist natürlich auch ein idealer Standplatz für

Sender, und die großen Sendeanlagen dominie-ren im Gipfelbereich.

5. Lågen – malerischer Lachsfluß

Zahllose Seen und Flüsse prägen das vorwie-gend von Wald bedeckte Berg- und Hügelland Südnorwegens. Das Erscheinungsbild der meist naturbelassenen Flüsse wechselt ständig. Ruhige Strecken mit Seen werden oft abrupt von Geländestufen mit Wasserfällen unterbro-chen. In den Altarmen der Flüsse und den Seen leuchten im Frühsommer die gelben Blüten der Teichrosen.

Einer der längsten Flüsse Südnorwegens ist der Lågen, der bei Larvik ins Meer mündet. Sein bräunliches Wasser verdankt er, wie viele an-dere Flüsse Norwegens, nicht den Abwässern

Im südlicheren Teil Norwegens können nur die meist engen Täler für Ackerbau genutzt werden. Die Mautstraße von Vågåmo auf den Aussichtsgipfel Blåhø bietet einen schönen Blick in das Ottadalen (s. Tour Nr. 21).

Tour auf einen Blick

Zufahrt: Von Larvik Straße Nr. 40 ca. 50 km Richtung Kongsberg.

Wegverlauf: Parkplatz beim Campingplatz Brufoss (ca. 50 m) – Naturlehrpfad „Natursti Brufoss", Rundweg, $^1/_2$ Std.

Leichte Wanderung, Spazierweg.

Karte: 1813 IV Holmestrand.

Zu Füßen des Berges Jonsknuten bei Kongsberg errichtete man im 19. Jahrhundert Stauseen, um die Silberschätze im Bergesinneren mit Wasserkraft abzubauen. Im Bild der größte Stausee, Kongsdammen, am Weg zum Jonsknuten.

einer Papierfabrik, sondern den weiten Moorflächen, die er entwässert. Da Larvik der Zielhafen einer der beliebtesten Fährschiffrouten nach Norwegen ist, folgen viele Urlauber dem Tal des Lågen auf der Straße Nr. 40 nach Norden. Eine kurze Wanderung direkt von der Hauptstraße aus bringt uns eine der reizvollen Flußlandschaften am Lågen näher.

Wegbeschreibung:

Rund 50 km nördlich von Larvik überquert die Straße Nr. 40 den Lågen. Gleich nach der Brücke zweigt bei einem Parkplatz mit Informationstafel eine Straße zum Campingplatz Brufoss ab, wo der Naturlehrpfad „Natursti Brufoss" beginnt. Der gut beschilderte und gepflegte Weg verläuft zunächst am Ufer des Lågen, der sich hier wild schäumend durch eine kleine, felsige Schlucht zwängt. Vorbei an malerischen Rastplätzen leitet der Rundweg zu einem Aussichtsplatz hoch über dem Fluß. Der Blick schweift über das Flußtal, in dem einige malerische kleine Inseln liegen und Fischer bis zur Hüfte im Wasser stehend die Angeln auswerfen. Die erklärenden Tafeln

am Rand des halbstündigen Rundweges sind leider nur in Norwegisch beschriftet, aber die Bilder erzählen, daß Lachse durch den Brufoss-Wasserfall aufwärts schwimmen und springen.

6. Jonsknuten – auf den Spuren des alten Silberbergwerkes

Im Jahr 1623 hüteten Kinder Schafe in den Hügeln nahe der heutigen Stadt Kongsberg. Als der Leithammel seine Hörner an einer bemoosten Felsenknolle rieb, kam reines Silber zum Vorschein. Es gab zu dieser Zeit in Norwegen ein eigenes Bergbaugesetz, das die Rechte der Entdecker schützte und privaten Abbau erlaubte. Aber als König Christian IV. von dem Silberfund hörte, erklärte er umgehend, daß „durch die barmherzige Gnade des allmächtigen Gottes das Silber der Krone gehöre". Es wurde ein Silberbergwerk eröffnet

und die nach dem König benannte Bergbaustadt Kongsberg gegründet.

Man rief deutsche Bergleute ins Land, und
viele der Gruben erhielten deutsche Namen,
wie z. B. „Gotteshülfe in der Noth". Man för-
derte wunderschöne Silberstufen, die heute im
sehenswerten Bergbaumuseum in Kongsberg
und in vielen naturhistorischen Museen in
Europa, so z. B. auch in Wien, zu sehen sind.
1350 t Silber hatte man bis zur Schließung des
Bergwerkes im Jahr 1957 abgebaut. Das Bergwerk ist heute als Schaubergwerk ausgebaut
und veranstaltet Führungen in norwegischer,
englischer und deutscher Sprache.

Ebenso sehenswert wie das Bergwerk ist der
Berg Jonsknuten, in dessen Inneren sich
die glitzernden Schätze verbargen. Ende des
19. Jahrhunderts begann man die Wasserkraft
für den Bergbau zu nutzen. Man errichtete
Stauseen hoch oben am Berg und Aquädukte,
die das Wasser zu den Gruben leiteten. Riesige
Wasserräder und Pochwerke wurden mit Wasserkraft betrieben und Wassersäulen als Trans-
portmittel genutzt.

Bei der Auffahrt zur Knutehytta zu Füßen des

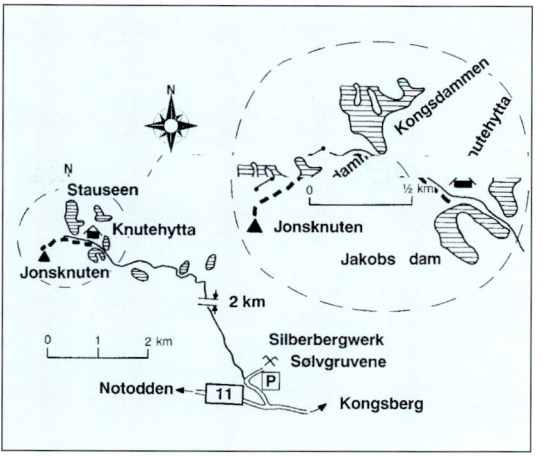

Berges Jonsknuten kann man diese eindrucksvollen Wasserreservoire und Aquädukte bewundern.

Wegbeschreibung:

Nur 8 km westlich von Kongsberg zweigt deut-
lich beschildert von der Straße Nr. 11 eine
Straße zum Silberbergwerk (Sølvgruvene) ab.
Rechter Hand erreicht man rasch den großen
Parkplatz beim Stolleneingang des Schau-

Tour auf einen Blick

Zufahrt: Von Kongsberg 8 km
auf Straße Nr. 11 Richtung
Notodden und Abzweigung
zum Silberbergwerk und
Knutehytta folgen.

Wegverlauf: Knutehytta
(ca. 720 m) – Jonsknuten
(904 m), 1/2 Std.

Leichte Wanderung und
Besuch des Silberbergwerks.

Karten: 1714 II Kongsberg,
1714 III Notodden.

Gelbe Teichrosen (Nuphar lutea) blühen auf dem See Andersnattentjern. Hier beginnt die Wanderung auf den mythenumwobenen Felsgipfel Andersnatten.

bergwerkes. Links zieht eine schmale Straße 9 km bergwärts zur Knutehytta. Die Gletscher haben überall ihre Spuren hinterlassen. Glattgehobelte Felsrücken begleiten uns während der reizvollen Fahrt. In tieferen Lagen ist die Humusschicht über den Felsen dick genug, daß sich Kiefern und Fichten behaupten können. In höheren Lagen krallen sich nur noch einzelne Bäume auf dem glatten Felsen fest.

Während der Fahrt sieht man überall alte Stolleneingänge, die mühevoll aus behauenen Steinen aufgeschichteten Staumauern der kleinen als Wasserreservoire dienenden Seen und die langen Aquädukte. Die Seen werden heute als Trinkwasserspeicher genutzt.

Bald taucht der von einem Sendeturm gekrönte, 904 m hohe felsige Gipfel des Jonsknuten auf. Das Auto parkt man bei der Knutehytta (ca. 720 m), die eher einem Berghotel gleicht. Für die Belegschaft des Senders wurde eine Seilbahn zum Jonsknuten errichtet.

Wir folgen von der Hütte zunächst 10 Minuten dem Fahrweg vorbei am großen Stausee Kongsdammen zum Fuße der Seilbahn, wo der vielbegangene Anstiegsweg steil hinauf zum Gipfel beginnt. Der nur halbstündige Anstieg zum Jonsknuten beschert uns eine weite Aussicht über die waldreichen Hügel und Bergketten, eine Landschaft, die man bei der Fahrt durch die Täler nie kennenlernt.

7. Andersnatten – mythenumwobener Felsgipfel

Das Tal Eggedal ist ein reizvolles, liebliches Tal mit schönen Höfen und malerischen Seen, umrahmt von bewaldeten Bergrücken. Nur eine Berggestalt sprengt diesen lieblichen Rahmen, der Andersnatten, der mit einer eindruckvollen Felswand in das Eggedal abbricht. Wer von Süden über die Straße Nr. 287 anreist und am schönen Sandstrand des Sees Soneren eine Rast macht, erblickt im Hintergrund die Felswand des Andersnatten, die von zahlreichen Sagen umwoben ist und manchen Künstler inspiriert hat.

Es ist nicht die Höhe dieses Berges von nur 733 m, die ihn so berühmt machte, sondern die Faszination seiner mächtigen Granitwände, einem Eldorado für Kletterer. Der einstündige Anstieg über den markierten Normalweg zählt zu den reizvollsten Touren Südnorwegens.

Wegbeschreibung:

Eine Mautstraße bringt uns zum lieblichen See Andersnattentjern oder Andersnattenjøen (414 m), an dessen Ufer viele Teichrosen blühen. Ihre fast kugeligen gelben Blüten ragen über die Seeoberfläche und stehen im reizvollen Kontrast zum Spiegelbild der Felswand des Andersnatten. Ein Steig aus alten Eisenbahnschwellen führt durch das Moorgebiet am Seeufer.

Über vom Gletscher glattgeschliffene Granitplatten zieht der mit roten Pfeilen markierte Weg aufwärts. Die dünne Humusschicht auf den Felsplatten ermöglicht nur Pflanzen, die auch mit Trockenperioden gut fertig werden, ein Überleben. Einzelne Föhren, die sich auf den Felsplatten festkrallen, und Heide können sich diesen extremen Lebensbedingungen am besten anpassen. Vom Gipfel schweift der Blick über unzählige sanfte Bergrücken. Es ist ein ganz anderes Norwegen, das kaum in Tourismusprospekten aufscheint. Unendliche Wälder – soweit das Auge reicht –, fast wie ein wogendes Meer, das sich am Horizont verliert. Nur die waldlose Hochfläche der Hardangervidda unterbricht in der Ferne dieses Bild.

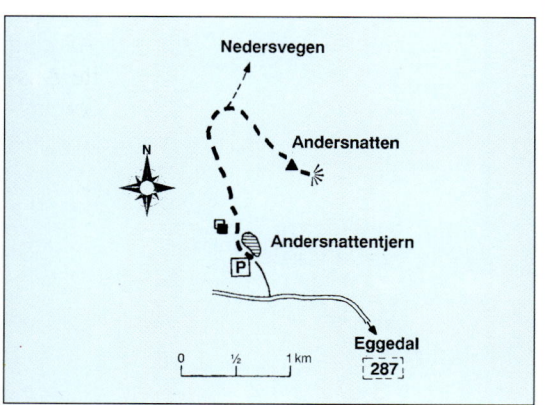

Und vor uns bricht die gewaltige Felswand des Berges viele hundert Meter in das Eggedal ab.

Tips für Radfahrer

Die Küstenstraße Nr. 44, der „Nordsjøvegen", und die Panoramastraße Nr. 13, der „Ryfylkevegen", der von Sandnes nach Norden zieht, sind – vom Wochenendverkehr abgesehen – nicht stark befahren. Der Ryfylkevegen führt allerdings in ständigem Auf und Ab und zahllosen Kehren über Pässe und Fjordarme. Das ständig wechselnde Panorama ist nur bei guter Kondition zu genießen. Landschaftlich sehr reizvoll ist die neu erbaute Straße Nr. 39, die vom Ostende des Lysefjorden ins Setesdal (Straße Nr. 12) führt. Die eindrucksvolle Serpentinenstraße hinunter nach Lysebotn erfordert Kondition, aber die Überquerung der in rund 1000 m Höhe gelegenen Hochebene Urvassheia bietet ca. 20 km ein prachtvolles Panorama mit geringer Steigung.

Das Setesdal um Valle ist eines der großartigsten Täler Südnorwegens ohne größere Steigungen (s. S. 37). Wer einsame, liebliche Täler mit malerischen Seen liebt, sollte das Eggedal mit dem See Soneren besuchen (s. S. 44).

Tour auf einen Blick

Zufahrt: Straße Nr. 287 ins Eggedal und auf einer Mautstraße zum See Andersnattentjern.

Wegverlauf: Andersnattentjern (414 m) – Andersnatten (733 m), 1 Std.

Leichte Wanderung.

Karte: 1715 III Eggedal.

Die älteste Stabkirche Norwegens steht in Urnes am Lustrafjorden; sie besitzt noch keine Fenster (s. Tour Nr. 17).

Hardangervidda – größtes Gebirgsplateau Europas

8. Hardangervidda – als Nationalpark geschützt

Mit einer Ausdehnung von über 9000 km^2 ist die Hardangervidda das größte Gebirgsplateau Europas. Im zentralen Gebiet wurden 1981 3430 km^2 zum Nationalpark erklärt. Das Fjellplateau liegt überwiegend in einer Höhe von 1100 m bis 1300 m, und das bedeutet in dieser geographischen Breite schon ein sub-

arktisches bis arktisches Klima mit entsprechend harten Lebensbedingungen für Pflanzen und Tiere. Anfang Juni findet man meist noch eine geschlossene Schneedecke, und Ende September fällt oft schon der erste Schnee.

Schon das Wort „vidda" (weit) weist darauf hin, daß im Fjellplateau weite, sanft gerundete Flächen vorherrschen. Nur einzelne Gipfel und Bergrücken überragen die Hochfläche. Eine besonders markante Berggestalt ist der sphinxhafte Hårteigen mit einer Höhe von 1691 m.

Unzählige Seen jeder Größe, Bäche, Flüsse und Moore prägen die Hardangervidda. In tieferen Lagen säumt ein Fjellbirkengürtel die baumlosen Hochflächen.

Gegen Osten flacht das Plateau allmählich ab und ließ eine bezaubernde Landschaft mit vielen, von Birken gesäumten Seen entstehen – ein Paradies für Ferienhütten, die hier wie die Schwammerln aus dem Boden schießen. Im Westen zeigt die Vidda ein ganz anderes Gesicht. Steil, mit oft senkrechten Wänden bricht sie zu den Fjordarmen ab. Mächtige Wasserfälle stürzen zu Tal, und wilde, tief eingekerbte Täler mit steilen, dunklen Wänden verleihen dieser Landschaft eine wilde Dramatik.

Ein Netz von 1200 km markierten Wanderwegen durchzieht das Gebiet – auf dem riesengroßen Plateau ein sehr weitmaschiges Netz. Die unvorstellbare Größe dieser unbewohnten Wildnis erschließt sich wohl nur dem Wanderer, der die Vidda in einer gut einwöchigen Wanderung mit ordentlichen Tagesetappen von Hütte zu Hütte durchquert hat. Eine klassische Nord-Süd-Durchquerung führt von Finse nach Haukeliseter. Unvergeßliche Erlebnisse be-

schert auch eine Südost-Nordwest-Diagonalquerung von Rjukan nach Eidfjord.

Einen ersten Eindruck vermitteln die Straßen Nr. 7 und Nr. 11, die die Hardangervidda im Norden bzw. Süden durchqueren. Den Nationalpark selbst berühren sie nicht. Die gelben Nottelefone, die, von hohen Markierungsstangen überragt, die Straßenränder säumen, und die bis zu 6 m hohen Schneestangen erzählen davon, was man auf diesem Plateau bei winterlichen Schneestürmen erleben kann.

Von den Straßen aus führen markierte Wege, denen man beliebig lange folgen kann, zu zahlreichen Hütten. Lohnend ist z. B. eine Wanderung von Haukeliseter an der Straße Nr. 11 in Richtung der Hütte Hellevassbu (7 Stunden). Von Tråastølen an der Straße Nr. 7 zweigen markierte Wege nach Norden und Süden ab. Gegen Süden ist die Hütte Trondsbu an der Nationalparkgrenze auch auf einer Mautstraße erreichbar und Ausgangspunkt schöner Wanderungen.

Weit schweift der Blick vom Felsrücken des Mårsbrotet über die Hochfläche der Hardangervidda. Der im Hintergrund sichtbare Gaustatoppen, der Fudschijama des Nordens, überragt alle Gipfel im Umkreis (s. Touren Nr. 4 und 9).

Tour auf einen Blick

Zufahrt: Von Kongsberg Straße Nr. 37 nach Atrå am See Tinnsjø und 33 km auf Mautstraße zur Hütte Kalhovd.

Wegverlauf: Hütte Kalhovd (ca. 1100 m) – Mårsbrotet (1340 m), 1 Std.; Mårsbrotet – Hütte Mårbu (1124 m), 5 Std.

Leichte Wanderung.

Karten: Hardangervidda øst, 1515 II Kalhovd.

In der Holzverarbeitung waren die Norweger schon immer Meister. Das schön geschnitzte Gebäude steht bei Haukeliseter an der berühmten Paßstraße Nr. 11, die die Hardangervidda im Süden durchquert.

9. Kalhovd – Tor in die Seenlandschaft der Vidda

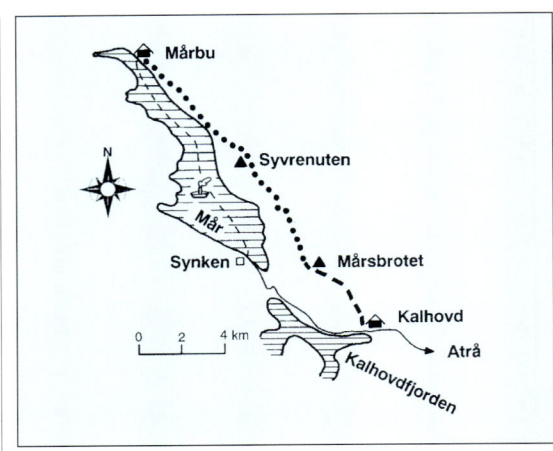

Die Hütte Kalhovd im Südosten der Hardangervidda ist das erste Etappenziel der großen Durchquerung des Hochplateaus, das in Rjukan beginnt und in Eidfjord endet. Die Hütte liegt am Rand eines der größten Seengebiete der Vidda und ist auch auf einer Mautstraße zu erreichen. Das zweite Etappenziel der Durchquerung führt von Kalhovd über einen Bergrücken oberhalb des riesigen Sees Mårvatn in 6 Stunden zu der am See gelegenen Hütte Mårbu. Auch eine 1½stündige Wanderung zum Mårsbrotet, einem Aussichtsplatz hoch über dem See, erschließt den Reiz dieses Gebietes.

Wegbeschreibung:

Von Kongsberg folgen wir der Straße Nr. 37, die uns durch das waldreiche Jondalen zum fjordartigen, riesigen See Tinnsjø bringt. In die Uferfelsen gesprengt, leitet die neue Straße am Westufer des Sees mit prächtiger Aussicht nach Atrå am Nordwestzipfel des Sees. Hier zweigt die kleine Straße zur Hütte Kalhovd ab. Hoch über dem schluchtartig eingeschnittenen Tal des Flusses Mår zieht die Straße an einzelnen Höfen vorbei, die sehenswerte alte Vorratshäuser („Stabur") besitzen.

Beim letzten Hof, der kurz angekettete Huskies betreut, beginnt eine schmale, mautpflichtige Straße. Das Tal wird flacher, und schöne Zelt-

und Rastplätze, direkt am Fluß in lichten Birkenwäldern, laden zum Verweilen ein. Viele Rotkappen säumten den Rastplatz; in 5 Minuten war genug für ein köstliches Abendessen gesammelt, und man merkte kaum, daß sich die Zahl der Rotkappen unter den Birken verringert hatte. Bald lassen wir die Baumgrenze hinter uns und erreichen in 1100 m die malerisch am See Kalhovdfjorden gelegene Hütte.

Wegbeschreibung:

Gut beschildert und markiert leitet von der Hütte Kalhovd ein Weg den Bergrücken hinauf in Richtung der Hütte Mårbu. In sanfter Steigung erreichen wir die 1340 m hohe Fjellkuppe Mårsbrotet. Der Blick über die Seenlandschaft der Vidda bleibt unvergeßlich, und im Süden grüßt der elegante Felsgipfel des Gaustatoppen (Abb. S. 46).

Der weitere Weg führt abwärts in eine Senke, überquert einige Bäche, steigt nochmals auf rund 1300 m an und leitet dann durch flaches, teils mooriges Gebiet knapp über dem See Mårvatn – meist einfach Mår genannt – zur Hütte Mårbu. Von Anfang Juli bis Mitte August besteht die Möglichkeit, von hier mit einem Boot über den See Mårvatn und mit einem Bus von Synken zurück nach Kalhovd zu fahren (in der Hütte kann man die Fahrzeiten erfragen).

10. Sedalsbrotet – Weite und Einsamkeit

Der große fjordartige See Tinnsjø ist von Kongsberg oder Rjukan über die Straße Nr. 37 erreichbar (s. S. 48). Am Nordostende des großen Sees zweigt eine Straße nach Austbygda in das einsame Tessungdalen ab. Die Bauernhöfe dieser Gegend besitzen oft noch die alten, aus massiven Holzbalken errichteten Speicher, „Stabur". Kunstvolle Schnitzereien lassen erkennen, wie wichtig für die Menschen in früheren Zeiten die Lebensmittelvorräte waren.

Im Tessungdalen zweigt eine Mautstraße ab, die in vielen Serpentinen den steilen Talhang nach Norden hinaufzieht. Man gewinnt rasch an Höhe und erreicht das baumlose Fjell mit dem höchsten Punkt des Überganges in 1175 m und den malerischen See Sønstevatn.

Wegbeschreibung:

Die Mautstraße führt am Ufer des in 1060 m Höhe gelegenen großen Sees Sønstevatn vorbei. Ein rotes „T" auf einem Stein am Straßenrand und das Hinweisschild „Lufsjå 18"

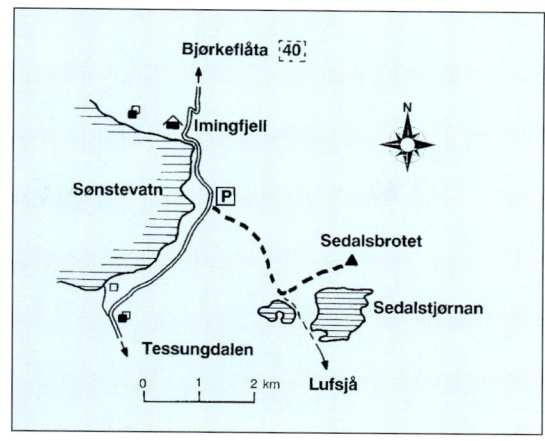

markieren den Beginn der sechsstündigen Wanderung zu der 18 km entfernten Selbstbedienungshütte Lufsjå. Ich möchte hier eine kürzere, etwa zweistündige Teilwanderung vorschlagen.

Ein weites Fjellplateau, nur von Seen und gerundeten Bergrücken unterbrochen, charakterisiert diese scheinbar ins Unendliche reichende Landschaft – eine echte Vidda. Zwergbirken, kleine Moore, Beerensträucher, Heide und Flechten bedecken den Boden. Sanft ansteigend erreichen wir nach $1^{1}/_{4}$ Stunden den See Sedalstjørnan in 1246 m.

Hier verlassen wir den markierten Weg und wandern pfadlos zu dem von einem Steinmann gekrönten, 1361 m hohen Sedalsbrotet hinauf ($^{3}/_{4}$ Stunde). Er überragt den See zwar nur um rund 100 Höhenmeter, aber der Rundblick, den man genießt, vermittelt den eigenen Reiz dieser Vidda. Mit viel Glück wird man eine wilde Rentierherde sehen, während der kleine Eisoder Polarfuchs, der im Winter weiß und im Sommer dunkel gefärbt ist, nur noch an wenigen Stellen der Vidda seine Baue hat.

Zu den reizendsten Bergblumen der Vidda zählen die Skandinavische Schlüsselblume, der Zierliche und der Purpurrote Enzian neben vielen anderen Kostbarkeiten.

11. Vøringsfossen – berühmter Wasserfall

Der Vøringsfossen ist einer der großartigsten und auch meistbesuchten Wasserfälle Norwegens, da er direkt an der Straße Nr. 7 liegt. 182 m stürzt er in freiem Fall in das von fast senkrechten Felswänden umschlossene Måbødalen. Das Schauspiel kann man allerdings nur von 1. Juni bis 15. September genießen; in der übrigen Zeit speisen die Wassermassen das Sima-Kraftwerk.

Tour auf einen Blick

Zufahrt: Straße Nr. 37 von Kongsberg zum nordöstlichen Zipfel des Sees Tinnsjø; durch das Tessungdalen und über Mautstraße zum See Sønstevatn.

Wegverlauf: Sønstevatn (1060 m) – See Sedalstjørnan (1246 m), $1^{1}/_{4}$ Std.; Sedalstjørnan – Sedalsbrotet (1361 m), $^{3}/_{4}$ Std.

Leichte Wanderung; Gipfelanstieg nicht markiert.

Karte: Hardangervidda øst, 1615 III Tessungdalen.

Der Vøringsfossen stürzt 182 m in freiem Fall in das von senkrechten Felswänden flankierte Måbødalen, eines der gewaltigsten, von Gletschern gestalteten Trogtäler.

Der Blick in das gewaltige Måbødalen zeigt, mit welch dramatischen Abbrüchen das Hochplateau der Hardangervidda im Westen zu den Fjordarmen abfällt. Wo heute die Hauptverkehrsstraße Nr. 7 durch viele Tunnels von Eidfjord zum Plateau der Hardangervidda hinaufzieht, überwand schon vor Jahrhunderten ein Saumpfad mit 1300 Stufen in 125 Kehren den steilen Abfall. Er ist heute noch begehbar. Auch die alte Straße wurde restauriert und wird heute vom Trolltoget (Trollzug) befahren, einem offenen Bummelzug mit Diesellok. Der Zug startet neben einem großen Parkplatz mit lesenswerten Informationstafeln, dem ersten an der Straße Nr. 7 nach øvre Eidfjord. Nur Fußgänger, Radfahrer und der Trolltoget, der 500 Höhenmeter bis zum Kafé Vøringsfoss fährt, dürfen die malerische alte Straße benützen, die großartige Tiefblicke bietet.

Wegbeschreibung:

Es gibt drei berühmte Aussichtsplätze, die den Wasserfall Vøringsfossen aus sehr unterschiedlichen Perspektiven zeigen.

Von der Straße Nr. 7 zweigt eine weitere zu einem großen, gebührenpflichtigen Parkplatz beim Hotel Fossli ab. In wenigen Minuten gelangt man zur Felskante und genießt einen atemberaubenden Blick ins Måbødalen, in das sich der gewaltige Vøringsfossen ergießt.

Etwas weiter unten in Richtung Eidfjord beim Kafé Vøringsfoss liegt ein weiterer Aussichtsplatz. In wenigen Minuten erreicht man eine Felskante über dem Måbødalen. Der Blick schweift hinüber zur anderen Talseite, wo neben dem Hotel Fossli ein kleinerer Wasserfall zu Tal stürzt, über dessen Gischt einige Regenbögen stehen. Vom Vøringsfossen selbst erblickt man hier nur einen kleinen Teil.

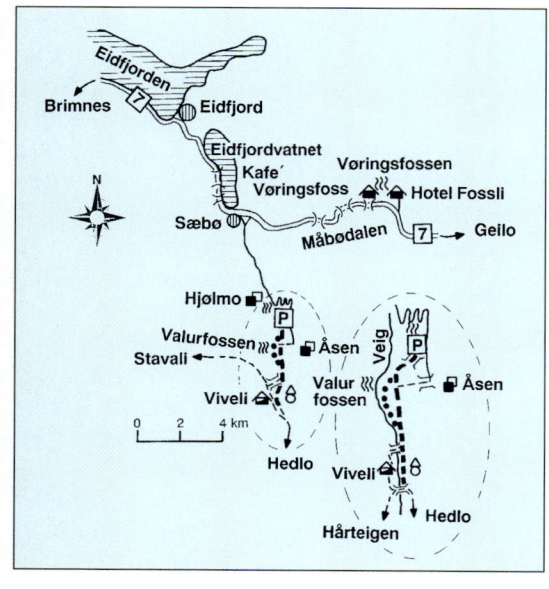

Der dritte Aussichtsplatz, den man in einem knapp halbstündigen Fußmarsch von der Straße Nr. 7 erreicht, zeigt uns den Wasserfall von unten. Man wandert das Måbødalen flußaufwärts und fühlt sich sehr klein vor dem mächtigen Fall, dessen Wasserstaub das ganze Tal füllt.

12. Viveli – sanfte Hochebene über wilden Talschluchten

Das grandiose Hjølmodalen, in das sich der 272 m hohe Wasserfall Valurfossen stürzt, hat landschaftlich sehr viel Ähnlichkeit mit dem Måbødalen, in das sich der berühmte Vøringsfossen (s. S. 50) ergießt. Und doch ist kaum ein größerer Gegensatz denkbar. Der Vøringsfossen ist leicht zugänglich und touristisch bestens vermarktet. Der Valurfossen ist schwer zugänglich und ergießt sich nicht nur während der Tourismussaison, sondern das ganze Jahr in das wilde, einsame Tal Hjølmodalen.

Das Hjølmodalen zweigt südlich von Eidfjord bei Sæbø von der Straße Nr. 7 ab. Bald treten die dunklen, fast 700 m abfallenden Felswände so eng zusammen, daß nur Platz für den Fluß und eine schmale Straße bleibt. Der Talgrund ist mit Felstrümmern von Bergstürzen angefüllt, zwischen denen sich der Fluß Veig mit wildem Rauschen seinen Weg sucht. Nur im Talschluß konnte man durch das mühevolle Wegräumen der kleineren Gesteinstrümmer einige winzige Wiesenflächen zwischen gigantischen Felsblöcken schaffen. Eine Handvoll Häuser bildet den Weiler Hjølmo; Menschen, die hier ihre Existenz aufbauten, müssen wahre Überlebenskünstler gewesen sein. Westlich der Talflanke stürzt der Vedalsfossen in zwei Kaskaden 650 m ins Tal.

Von Hjølmo zieht eine schmale Straße in vielen Serpentinen den steilen Talhang hinauf – viel schmäler und eindrucksvoller als die berühmte Trollstigen und ohne Leitplanken. Vorbei an einem Wasserfall, dessen weiße Gischt vor den dunklen Talwänden aufleuchtet, erreicht man einen kleinen Parkplatz in ca. 640 m Höhe, den Ausgangspunkt unserer Wanderung.

Wegbeschreibung:

Wir überschreiten auf einer kleinen Brücke einen Bach und folgen dem Wegweiser „Valurfossen" und „Hedlo". Der T-markierte Weg führt an einsamen Ferienhütten vorbei und gabelt sich nach 20 Minuten. Nun muß

Tour auf einen Blick

Zufahrt: Straße Nr. 7 von Eidfjord zum Hotel Fossli.

Wegverlauf: Vom Hotel bzw. Kafé Vøringsfoss in je 5 Min. zu Aussichtsplätzen über dem Vøringsfossen; vom Parkplatz beim Tunnel Måbødalen zum Fuße des Wasserfalles, 1/2 Std.

Leichte Wanderungen.

Karte: Hardangervidda vest.

Die baumlose Hochfläche der Hardangervidda mit ihren zahllosen Seen ist von einem Gürtel aus Fjellbirken eingefaßt. Schon Mitte September beginnt der herbstliche Farbenrausch – ein in Europa einzigartiges Schauspiel.

Tour auf einen Blick

Zufahrt: Von Eidfjord Straße Nr. 7 nach Sæbø; durch das Hjølmodalen und in Serpentinen über den Talhang zu Parkplatz.

Wegverlauf: Parkplatz (ca. 640 m) – Valurfossen – Hütte Viveli (880 m), 2 Std.

Leichte Wanderung.

Karte: Hardangervidda vest, 1514 IV Eidfjord.

man sich entscheiden, ob man die linke, direkte Variante zur Selbstversorgerhütte Viveli wählt oder die rechte, etwas längere, die einen Blick von oben auf den zu Tal stürzenden Wasserfall Valurfossen vermittelt.

Beide Varianten vereinigen sich wieder, bevor man den weiten, fast baumlosen Talboden bei Viveli erreicht. Lohnend ist es, für den Hin- und Rückweg je eine der Möglichkeiten zu wählen. Denn auch der direkte Normalweg bietet einen Höhepunkt. Nach rund einer Stunde überschreitet man eine fast baumlose Anhöhe, die freien Blick gewährt. Im Norden leuchtet die weiße Gletscherhaube des Hardangerjøkulen, und im Süden erblicken wir vor uns die Sphinx der Hardangervidda, den unverkennbaren Gipfel des Hårteigen, der in einer sehr langen Tageswanderung von hier zu erreichen ist.

Kurz absteigend, kommen wir in das weite Talbecken. Der Fluß Veig, der weiter fluß-

abwärts als Valurfossen ins Tal stürzt, fließt hier ruhig und gemütlich zwischen weiten Almwiesen und bildet sogar Seen mit Sandstränden. Die Selbstversorgerhütte Viveli und einige Ferienhütten liegen westlich des Flusses und sind nur über eine sumpfige Wiese und Flußbrücke zu erreichen. Lohnender und trockener ist es, gleich östlich des Flusses dem markierten Weg, vorbei an einer Alm zu malerischen Rastplätzen am Flußufer gegenüber der Hütte Viveli (880 m) zu folgen. Der Weg leitet weiter über die weite Hochebene nach Süden zu den Hütten Hedlo und Hadlaskar, Zwischenstationen auf dem Weg zum Hårteigen. Etwa 2 Stunden wandert man bis Viveli, unserem Ziel; nach weiteren $1^1/_2$ Stunden hat man die Hütte Hedlo erreicht.

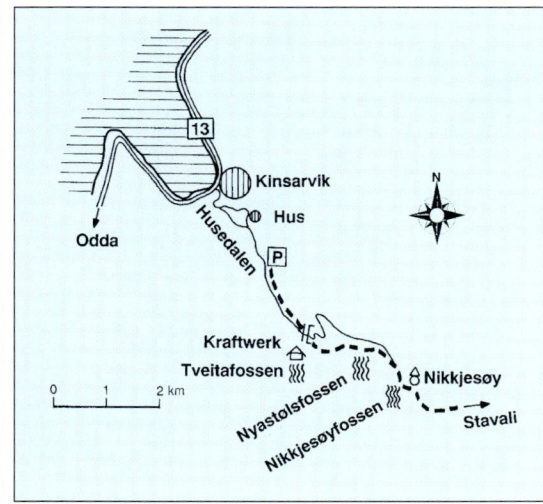

13. Husedalen – Tal der Wasserfälle

Mit steilen, felsigen Wänden bricht die Hardangervidda zum tief eingeschnittenen Sørfjorden, einem Seitenarm des Hardangerfjorden, ab. Die meisten Orte am Sørfjorden sind terrassenartig in die steilen Hänge über dem Fjord gebaut, ebene Flächen sind eine Seltenheit. Nur bei Kinsarvik, wo zwei Täler einmünden, ist der Küstenstreifen flacher und ließ eine größere Siedlung entstehen.

Wie steil die Hardangervidda zum Fjord abbricht, erlebt man bei einer Wanderung vom Fjord zum Hochfjell von 0 auf über 1000 m Höhe. Ein landschaftlich sehr reizvoller Anstieg führt von Kinsarvik durch das Husedalen zur Selbstbedienungshütte Stavali (s. auch S. 62).

Wegbeschreibung:

In Kinsarvik folgen wir dem Wegweiser Hus und fahren 2,5 km in das Husedalen zu einem großen Parkplatz. Man kann zwar noch 1,5 km

Tour auf einen Blick

Zufahrt: Von Kinsarvik am Sørfjorden zum Parkplatz im Husedalen.

Wegverlauf: Parkplatz (ca. 100 m) – Kraftwerk Kinsarvik (160 m), 20 Min.; Kraftwerk – Alm Nykkjesøy (600 m), $1^1/_2$ Std.; Alm – Hütte Stavali (1024 m), $4^1/_4$ Std.

Leichte Bergtour.

Karte: Hardangervidda vest, 1315 I Ullensvang.

Der Fettblatt-Steinbrech (Saxifraga cotyledon), die „Bergkönigin Norwegens", wächst gerne in steilen Felswänden. Drei Hände hätte ich für dieses Foto gebraucht: zwei für Fotoapparat und Spiegel, um die Blattrosette auszuleuchten, und die dritte zum Festhalten in der Wand.

Tour auf einen Blick

Zufahrt: Von Straße Nr. 13 südlich von Odda zum See Reinsnosvatnet hinauf.

Wegverlauf: Parkplatz am Westufer des Sees (600 m) – Aussichtskuppe über dem See (ca. 700 m), $^3/_4$ Std.

Leichte Wanderung.

Karten: Hardangervidda vest, 1314 I Røldal.

auf einer sehr schmalen Straße weiterfahren, bis ein Schranken sie endgültig sperrt, aber dort gibt es maximal zwei Pkw-Abstellplätze am Straßenrand. Am besten wandert man vom Parkplatz 20 Minuten auf der schmalen, teils in den Felsen gehauenen Straße aufwärts. Unter uns – im schluchtartigen Tal – rauscht der Fluß Kinso, und wer noch nie über eine Hängebrücke gegangen ist, kann es hier ausprobieren. Beim Kraftwerk Kinsarvik ist der weitere Fahrweg gesperrt, und erstaunlicherweise stürzt gleich hinter dem Kraftwerk der erste Wasserfall zu Tal, der Tveitafossen. Bis zu der Alm Nikkjesøy (510 m), die man über den Fahrweg oder den alten markierten Weg in knapp 2 Stunden erreicht, begleitet uns eine üppige Vegetation. In steilen Felsen entdeckt man den prächtigen Fettblatt-Steinbrech mit seinen bis zu 30 cm langen leuchtendweißen Blütentrauben.

Auf der Alm endet der Fahrweg, und der markierte Steig leitet zur Fjellhochfläche und der Selbstversorgerhütte Stavali in 1024 m Höhe (6 Stunden ab Kraftwerk). Bald hinter der Alm erreichen wir das baumlose Fjell – auch ein lohnendes und kürzeres Tourenziel. Der Fluß Kinso stürzt in vier Wasserfällen von der Vidda zu Tal – das Husedalen verdient das Attribut „Tal der Wasserfälle".

14. Reinsnosvatnet – botanische Oase

Der Låtefossen, der südlich von Odda von dem Hochplateau der Hardangervidda in zwei parallelen Fällen zu Tal stürzt, bietet ein unvergeßliches Schauspiel. Die Gischt stiebt über die vielbefahrene Straße Nr. 13, die vom Sørfjorden in den Süden leitet. Jeder Autobus, jedes Auto hält hier, und unzählige Fotoapparate werden auf die tosenden Wassermassen gerichtet (Abb. S. 34).

Nur wenige Besucher ahnen, daß dieser Wasserfall von dem Abfluß eines malerischen, einsamen Sees gespeist wird, der inmitten einer botanischen Oase mit vielen seltenen Pflanzen in einer fast lieblich anmutenden Landschaft liegt. „Reinsnos 13 km" steht auf dem Wegweiser zu einer Straße, die in einigen Kehren den Talhang neben dem Wasserfall überwindet. Reinsnos, das sind einige Bauernhöfe am östlichen Ende des idyllischen Sees Reinsnosvatnet.

Am westlichen Seeufer befindet sich ein großer Parkplatz (Naustbukti), denn einige Norweger haben diese reizvolle Gegend für ihre Ferienhütten entdeckt. Ihre Autos bleiben auf dem Parkplatz, die verstreuten Hütten erreichen sie nur zu Fuß oder mit dem Boot. Ich entdeckte neben dem Parkplatz eine T-Markierung auf einem Felsen, obwohl in meinen Karten kein markierter Weg eingezeichnet war, und folgte dem Steig.

Wegbeschreibung:

Vom Gletscher flachgeschliffene Felsplatten, dazwischen winzige Seen, verkrüppelte Birken und einzelne Kiefern, so präsentiert sich die Landschaft westlich des Sees, wo der T-markierte Pfad beginnt. Mitte September ist alles in eine herbstliche Farborgie von Gelb, Rot und Orange getaucht, und im Hintergrund leuchtet die schneeweiße Gletscherkappe des Folgefonn. Man überschreitet den Seeabfluß

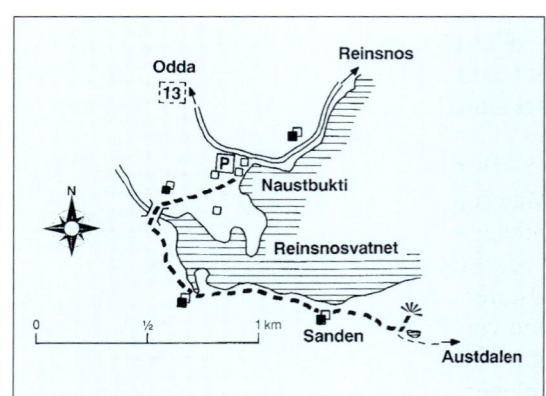

auf einem Steg und folgt dem Weg am teils moorigen Ufer des kristallklaren Sees. Nach 20 Minuten wendet sich der markierte Pfad bei einigen Hütten (Sanden) den Berghang hinauf. Als ich mich anschickte, aufzusteigen, kam plötzlich eine junge Norwegerin, die gerade mit ihrem Mann eine alte Hütte ausbesserte, gelaufen und meinte, ich solle nicht diesen Weg gehen. Er sei völlig verwachsen, sie werde mir den richtigen, nicht markierten Steig zeigen, der zu einem Aussichtspunkt und malerischen, winzigen See hoch über dem großen See Reinsnosvatnet führt. Der Anstieg dauerte nur eine Viertelstunde, aber von dem Blick über den See und den im letzten Abendlicht in herbstlichen Farben flammenden Ufersaum konnte ich mich kaum losreißen. Das klare, nordische Licht zauberte eine unvergeßliche Stimmung.

Die Sonne war untergegangen, als ich wieder bei der Hütte vorbeikam. Herbstliche Kühle wurde spürbar, und vor der Hütte brannte ein Feuer, über dem ein riesiger Teekessel summte. Die Norwegerin erzählte mir, daß sie die hundert Jahre alte Hütte von ihrer Großmutter geerbt habe. Ihr Großvater sei als einer der ersten für einen Nationalpark Hardangervidda eingetreten und habe die Pflanzenoase des Reinsnosvatnet gegen die Energiewirtschaft verteidigt, die einen Stausee plante.

15. Nasafjellet – prächtiger Aussichtsberg

Im Nordosten des Sees Reinsnosvatnet erhebt sich das 1371 m hohe Nasafjellet, das bereits im Nationalpark liegt und eine Traumaussicht über den See und die weiten Rücken der Hardangervidda bietet. Die Tour hat den großen Vorteil, daß man über den Südwesthang aufsteigt, der bald im Frühsommer schneefrei ist und keine moorigen Passagen aufweist. Der Anstieg ist zwar nicht markiert, aber der Weg ist vor allem im unteren Teil breit ausgetreten – allerdings weniger von Menschen als von Schafen. Das Gelände ist überall leicht, und bei guter Sicht ist die Orientierung problemlos.

Wegbeschreibung:

Man folgt der malerischen, zum Teil in Felsen gehauenen schmalen Straße am Nordufer des Sees Reinsnosvatnet und stellt das Auto am Ostufer auf einem kleinen Platz hoch über dem See vor einem prächtig gebänderten Felsblock ab. Wir folgen der Straße kurz zum höchstgelegenen Bauernhof des Weilers Reinsnos.

Gleich hinter dem Hof zieht der in lichten Birkenwald ausgeschlagene Steig hinauf, den vor allem die Schafe benützen, um ihre Weideplätze im Fjell zu erreichen. Daß hier viele Schafe unterwegs sind, ist kaum zu übersehen, denn die verkrüppelten, zum Teil am Boden liegenden windschiefen Birken sind bis $1\frac{1}{2}$ m Höhe abgefressen.

Bald lassen wir die Birken hinter uns. Die typische niedrige Fjellvegetation mit Heide, Heidel- und Krähenbeeren, Moosen, Flechten und einzelnen Blumen säumt den Weg. Man erreicht einen Felsspitz, der aus schräggestellten Felsplatten besteht (s. Abb. S. 57) und folgt dem breiten Rücken zum höchsten Punkt des Nasafjellet.

Der zweistündige Anstieg wird mit einem prachtvollen Rundblick belohnt. Viele Seen und Bäche glitzern zu Füßen, und in den Nordhängen der Vidda halten sich ganzjährig Schneefelder. Im Westen leuchtet die blendend weiße Kuppe des 36 km langen Gletschers Folgefonn, und im Süden ragt der verglet-

Rundgeschliffene Felsbuckel erzählen von mächtigen Gletschern, die einst das Land formten. Im Hintergrund leuchtet die Gletscherkappe des Folgefonn.

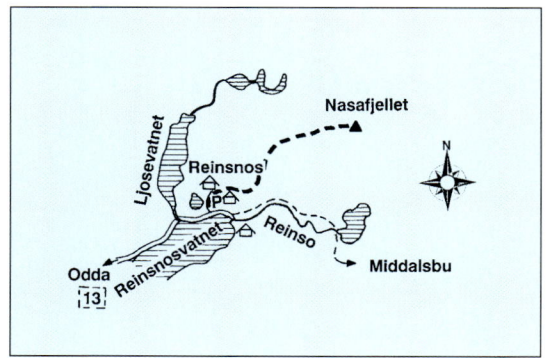

Tour auf einen Blick

Zufahrt: Wie bei Tour Nr. 26 zum See Reinsnosvatnet und zum winzigen Parkplatz am Ostufer in Reinsnos.

Wegverlauf: Reinsnos (ca. 615 m) – Nasafjellet (1371 m), 2 Std.

Leichte Bergtour; nicht markierter Steig.

Karten: Hardangervidda vest, 1314 I Røldal.

Vom Nasafjellet hat man einen schönen Blick über den See Reinsnosvatnet und die Bergketten im westlichen Teil der Hardangervidda.

scherte Reinsnosi auf, einer der höchsten Berge der Vidda.

Unter dem Reinsnosi führt ein Steig von den letzten Bauernhöfen in Reinsnos in 8 Stunden zur Hütte Middalsbu. Die gesamte Wanderung erfordert, da bis weit in den Sommer Schneefelder zu queren sind, Erfahrung im Umgang mit Karte und Kompaß. Eine Teilwanderung im Tal des Reinso zum See Isvatnet in 1227 m Höhe ist eine lohnende und kürzere Tour.

Tips für Radfahrer

Die Straßen Nr. 7 und Nr. 11, die die Hardangervidda überqueren, sind landschaftlich großartig, aber leider Hauptverkehrsstraßen. Von der Straße Nr. 7 zweigt auf dem Hochplateau der Vidda bei Tråastølen eine 12 km lange, meist ebene Mautstraße (Naturstraße) ab, die zur Hütte Trondsbu an der Nationalparkgrenze führt. Ab dort ist der Fahrweg für Autos ge-

sperrt, mit dem Rad kann man aber noch einige Kilometer weiter in den Park nördlich des großen Sees Tinnhølen hineinfahren.

Von der Straße Nr. 11 im Süden der Vidda bietet sich ein Abstecher auf der alten Straße an, der uns ca. 8 km durch eine faszinierende, wilde Tal- und Berglandschaft führt. Kurz vor dem östlichen Tunneleingang des neuen Haukeli-Tunnels zweigt die alte, schmale Straße (beschildert) zum Dyrskar-Paß (1148 m) ab, der ein prächtiges Panorama bietet. Auch das wilde Dyrskar südlich der Hauptstraße kann auf der alten Straße durchfahren werden, die wieder in die Hauptstraße einmündet. Die neue Straße bietet als Aussicht nur eine 6 km lange Tunnelröhre.

Der berühmteste Radweg der Hardangervidda ist der 90 km lange Rallarvegen, ein alter Transportweg, der für den Bau der Eisenbahnstrecke von Oslo nach Bergen zu Beginn unseres Jahrhunderts errichtet wurde. Ein

Interessentenverein baute ihn zu einem Rad-
wanderweg aus. Die ausgebesserte Strecke
führt von Myrdal-Vatnahalsen (780 m) über
Hallingskeid (1110 m) und Finse (1222 m)
nach Haugastøl (990 m). Im Juli und August
verkehrt ein Fahrradzug, der Räder befördert,
so daß man für die Rückfahrt oder Teilstrecken
die Bahn benutzen kann.

Die ca. 10 km lange Etappe von Myrdal-
Vatnahalsen nach Hallingskeid ist besonders
abwechslungsreich. Die Radtour führt vorbei
an Seen, Stromschnellen und Wasserfällen,
durch lichte Wälder und Schluchten mit Holzstegen. Auf der Strecke nach Finse muß man
oft ganzjährig mit Schneefeldern rechnen (bei
der Bahnstation Finse, Tel. 05/526 730, erhält
man Auskunft über den Streckenzustand). Das
Panorama dieses Streckenabschnittes mit dem
Blick zum gewaltigen Gletscher des Hardangerjøkulen ist das schönste der ganzen Tour,
die mit 1300 m den höchsten Punkt erreicht.

*Bei festlichen Anlässen und in
einigen Museen kann man die
schönen alten Trachten des
Landes sehen, die von Region zu
Region sehr unterschiedlich sind.*

Westfjorde –
das Wahrzeichen Norwegens

16. Westfjorde –
von Gletschern geformt

Die großen Fjorde, flankiert von steilen Felswänden, sind zum Wahrzeichen Norwegens
geworden. Wo die Gebirge des Hinterlandes
am höchsten sind, war auch der Druck der zu
Tal fließenden Gletscher am größten (s. S. 11).
Die längsten und am tiefsten eingeschnittenen
Fjorde liegen daher im Vestland, jenem breiten
Küstenstreifen, der von Stavanger im Süden
über Bergen bis Kristiansund im Norden
reicht.

Die Stimmungen in den Fjorden wechseln von
düsteren dunklen Schluchten zu leuchtend
blauen, glitzernden Meeresarmen. Unvergeßlich wird ein Besuch der Fjorde im Mai bleiben. Am Sør-, Hardanger- und Sognefjorden
säumen unzählige blühende Obstbäume die
Ufer; die Wiesen und felsigen Ufer leuchten
gelb und rot von Löwenzahn, Taglicht- und
Pechnelken. Der Kontrast dieser leuchtenden
Blütenfülle zum dunklen Wasser der Fjorde ist
schwer zu beschreiben, man muß ihn gesehen
haben.
Auch die berühmten engen Fjordarme des
Geiranger- oder Nærøyfjorden mit ihren rund

1000 m zum Fjord abbrechenden Felswänden sind im Mai oder Juni am eindrucksvollsten. Auf den Bergen liegt noch Schnee, und zahllose Wasserfälle stürzen mit der beginnenden Schneeschmelze über die dunklen Felswände in die Tiefe. Einen Nachteil hat ein Frühlingsurlaub im Fjordland. Die hohen Pässe, die man überwinden muß, um von einem Fjord in den nächsten zu gelangen, sind zwar meist ab Mitte oder Ende Mai schon geräumt, aber man fährt oft zwischen meterhohen Schneewänden ohne jede Aussicht. Das Wiedereintauchen in den Frühling, wenn man sich den vom Golfstrom beheizten Fjorden nähert, ist ein umso größeres Erlebnis.

Fast allein kann man den herbstlichen Zauber dieser großartigen Landschaft im September genießen. Der Altschnee auf den Bergen und Plateaus über den Fjorden ist weitgehend abgeschmolzen, so daß man hoch über den Fjorden wandern kann.

17. Stabkirche Urnes und Feigum-Wasserfall

Am Westufer des Lustrafjorden führt eine der beliebtesten und frequentiertesten Touristenrouten, die Straße Nr. 55, über Skjolden auf das Sognefjell. Das reizvolle einsame Ostufer ist nur durch eine schmale, 30 km lange Straße erschlossen, die uns zur Stabkirche Urnes bringt und Ausgangspunkt für eine Wanderung zum Fuß des Wasserfalles Feigumfossen ist.

a) Stabkirche Urnes

In Urnes steht die älteste Stabkirche Norwegens. Sie besitzt keine Fenster, denn der Gebrauch von Glas war in jener Zeit in Norwegen nicht üblich. Das heutige Bauwerk wurde in der ersten Hälfte des 12. Jahrhunderts errichtet, aber ein Teil der Kirche, vor allem die Nordwand, ist viel älter. Die Schnitzereien zeigen prachtvolle Ornamente und Fabeltiere. Die Bedeutung dieser Kirche wird schon durch die Tatsache unterstrichen, daß sie als Kulturdenk-

Tour auf einen Blick

Zufahrt: Von Skjolden an der Straße Nr. 55 am Ostufer des Lustrafjorden Richtung Urnes (Stabkirche) zum Parkplatz Feigumfossen.

Wegverlauf: Parkplatz (2 m) Fuß des Wasserfalles Feigumfossen (ca. 200 m), 1/2 Std.

Leichte Wanderung.

Karte: Jostedalsbreen.

Die Obstbaumblüte an den dunklen Westfjorden ist ein unvergeßliches Erlebnis. Am gegenüberliegenden Ufer des Lustrafjorden ist rechts im Bild der Wasserfall Feigumfossen zu erkennen.

Jeder freie Platz an den steilen Uferhängen des Sørfjorden wird für Obstkulturen genützt. Darüber erhebt sich der mächtige Plateaugletscher Folgefonn.

mal in die World Heritage List der UNESCO aufgenommen wurde.

Wegbeschreibung:

Die Stabkirche Urnes hat eine wunderschöne Lage hoch über dem Sognefjorden. Von einem Parkplatz am Ortsrand wandert man auf einem Fahrweg in 5 Minuten zum höchstgelegenen Bauernhof und zur Kirche.

b) Feigumfossen

Die westlichen Ausläufer des Jotunheimen-Bergmassivs brechen steil zum Lustrafjorden ab. Der mächtige Wasserfall Feigumfossen stürzt über eine 280 m hohe Felswand.

Wegbeschreibung:

Von der Straße aus erreicht man in einer knappen halben Stunde den Aussichtsplatz am Fuß des mächtigen Falles. Der bestens markierte

Weg führt neben dem Abfluß des Wasserfalls, der sich hier wild schäumend einen Weg zwischen riesigen Felstrümmern sucht, hinauf. Jahrhundertealte Birken stehen zwischen bemoosten Felsen. Nachmittags, wenn die Sonnenstrahlen den Fall erreichen, leuchtet ein prächtiger Regenbogen im Wasserstaub.

18. Nosi – Felskanzel über dem Sørfjorden

Der 42 km lange Sørfjorden ist ein Seitenarm des großen Hardangerfjorden. Über weite Strecken wird er von steilen Felswänden flankiert. Wo die Felsen etwas zurückweichen, kultiviert man auf den steilen, küstennahen Hängen, jeden Platz nutzend, Kirschen, Äpfel, Pflaumen und Birnen. Die ersten Versuche, verschiedene Obstsorten hier im Norden an

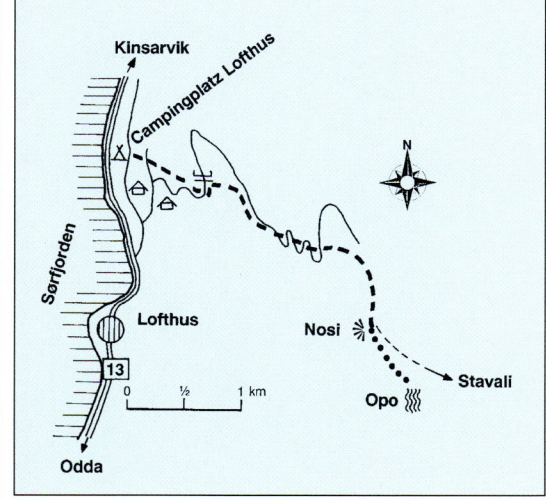

den klimatisch begünstigten Fjorden anzubauen, unternahmen Mönche schon im späten Mittelalter. Jedes Kloster besaß zumindest einen großen Garten, und noch heute stehen die Obstkulturen vieler Klöster in hohem Ansehen. Der Obstanbau ist eine bedeutende Erwerbsquelle, und während der Erntezeit kann man an vielen Obstständen entlang der Straße die frisch gepflückten Früchte kaufen. Ein Obstbauzentrum am Sørfjorden ist Lofthus. In einem malerischen Obstgarten mit Kirschbäumen, wo der Campingplatz untergebracht ist, beginnt unsere Wanderung auf die Nosi, eine aussichtsreiche Felskanzel hoch über dem Sørfjorden.

Wegbeschreibung:

Vom Campingplatz Lofthus folgen wird dem gut beschilderten Weg rund 20 Minuten durch Obstkulturen bis zum Waldrand. Ein markierter Weg, ein alter Übergang, zieht den steilen Hang neben einer neu erbauten Forststraße hinauf. Abgesehen von der ersten, weit ausholenden Kehre benützen die meisten Wanderer die steile Forststraße. Im August leuchten an

Tour auf einen Blick

Zufahrt: Straße Nr.13 nach Lofthus am Sørfjorden.

Wegverlauf: Campingplatz Lofthus (ca. 100 m) – Nosi (ca. 900 m), 2 Std.

Leichte Bergtour.

Karten: Hardangervidda vest, 1315 I Ullensvang.

den Straßen- und Wegrändern die attraktiven Blüten des Roten Fingerhutes. Johanniskraut und Waldstorchschnabel bilden gelbe und rote Teppiche, und der botanisch Interessierte wird viele Raritäten entdecken. Im Spätsommer erübrigt es sich, eine Jause mitzunehmen, da zahlreiche Himbeerfelder den Straßenrand säumen.

Bald wird der üppige Pflanzenwuchs niedriger, und wir folgen dem alten Weg im teils felsigen Gelände. Mit unglaublicher Mühe hat man einst mit riesigen Steinplatten Stufen gelegt. Nach rund 2 Stunden erreichen wir den felsigen Plateaurand der Hardangervidda und die kleine Felskanzel, die Nosi. Tief unter uns liegt der Fjord mit den Häusern von Lofthus inmitten der Obstplantagen. Über dem Fjord leuchtet ein riesiges, weißes Dach, der 210 km^2 große Gletscher des Folgefonn. Es ist ein Rastplatz, wie er kaum schöner sein könnte.

Wer nicht gleich absteigen will, kann am Plateaurand einen Abstecher zum schon sichtbaren Wasserfall des Flusses Opo machen, der über steile Felsen zum Sørfjorden stürzt. Der markierte Weg führt von der Nosi in insgesamt 9 Stunden über das Hochplateau zur Selbstversorgerhütte Stavali.

19. Bergen – alte Hansestadt

Im Zentrum der Westfjorde liegt Bergen, das durch viele Jahrhunderte die wichtigste und größte Stadt Norwegens war. Dem alten Siedlungs- und Handelsplatz Bjørgvin wurde durch König Olaf III. schon 1070 das Stadtrecht verliehen.

Daß die Stadt ein idealer Hafen ist, erkennt man sofort, wenn man eine der sieben Fjellhöhen, die die Stadt umrahmen, ersteigt oder auf das Fløyfjell (399 m) mit der Schienenseilbahn auffährt. Noch weiter schweift der Blick von dem 642 m hohen Berg Ulriken, der mit einer Schwebeseilbahn zu erreichen ist und schöne Wandermöglichkeiten bietet. Bergen ist auf drei Seiten vom Meer umschlossen, und der vorgelagerte Insel- und Schärengürtel bietet Schutz (Abb. S. 28).

Durch ihre Lage war die Stadt Bergen geradezu prädestiniert, einer der wichtigsten

Bergen war durch Jahrhunderte die wichtigste und größte Stadt Norwegens. Die spitzgiebeligen Handelshäuser erzählen noch heute von der Bedeutung der Hansekaufleute.

Handelsplätze Skandinaviens zu werden. Schon um 1230 erhielten die deutschen Hansekaufleute die ersten Privilegien für den Handel mit Fisch und Salz. Bald ging der gesamte Handel in ihre Hände über. Im alten Hanseviertel Bryggen bestimmen noch heute die spitzgiebeligen Häuser, die trotz Bränden und Umbauten teilweise erhalten sind, das Stadtbild.

Um 1400 waren über 300 Häuser Bergens im Besitz der Hansekaufleute, und J. Hübner berichtet 1731, daß der Hanseatische Bund so eine Hochachtung genoß, daß „fast niemand ein rechtschaffender Kaufmann seyn konnte, der nicht zu Bergen in Norwegen seine Lehrjahre ausgestanden hatte". In der zweiten Hälfte des 16. Jahrhunderts wurden die Hanseprivilegien aufgehoben, und nach und nach übernahmen einheimische Kaufleute den Handel.

Einen Bummel durch Bergen über den berühmten Fischmarkt Torget durch die schmalen Gäßchen, die hinunter zur Sundts Gate am Hafen führen, sollte man sich nicht entgehen lassen.

20. Raudberget – hoch über dem Sognefjorden

Der Sognefjorden ist nicht nur der längste, sondern auch der tiefste Fjord Norwegens. Über 1300 m beträgt seine Tiefe im mittleren Teil, und gut 1000 m ragen die Felswände noch über dem Wasserspiegel auf. Welch urgewaltige Kräfte müssen die Gletscher in diesem Tal entfaltet haben, bis ein Trogtal von über 2000 m Tiefe ausgeschürft war. 180 km erstreckt sich der Sognefjord in das Landesinnere, und seine Nebenarme greifen weit in die Bergwelt von Jotunheimen, Hardangervidda und Jostedalsbreen.

Wer vom Hardanger- zum Sognefjorden fährt, benützt meist die Straße Nr. 13, die über das knapp 1000 m hohe Vikafjell nach Vik leitet, das zwei sehenswerte Kirchen besitzt. Die Hopperstad-Stabkirche beeindruckt durch prachtvolle Schnitzereien am Westportal und im Innenraum. Die Steinkirche zu Hove ist ein schlichter, romanischer Bau aus dem 12. Jahrhundert.

Tour auf einen Blick

Zufahrt: Straße Nr. 13 auf das Vikafjellet südlich von Vik. Von der Paßhöhe (986 m) 5 km zum Parkplatz beim Stausee Kvilesteinsvatnet.

Wegverlauf: Parkplatz (ca. 920 m) – Raudberget (1143 m), 2 Std.

Leichte Wanderung; Gipfelanstieg nicht markiert.

Karte: 1316 IV Myrkdalen.

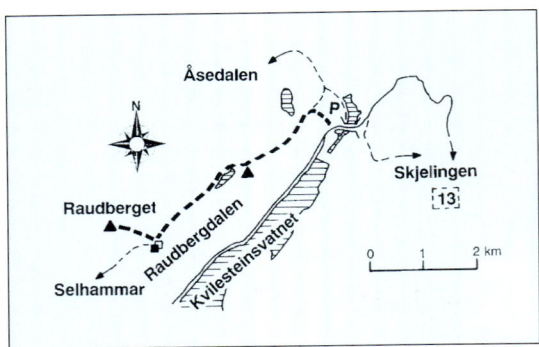

Im Frühjahr, zur Zeit der Schneeschmelze, stürzen unzählige Wasserfälle über die oft senkrechten Felswände in die Fjorde. Im Bild einer der vielen Fälle am berühmten Geirangerfjorden.

Die Paßhöhe des Vikafjell hoch über Vik am Sognefjorden ist Ausgangspunkt schöner Wanderungen.

Wegbeschreibung:

Von der Paßstraße (Straße Nr. 13) aus präsentiert sich das Vikafjell als wellige Hochfläche mit vielen Seen. Die Landschaft ändert sich rasch und nimmt fast alpinen Charakter an, wenn man von der Paßhöhe bei Skjelingen einer schmalen Straße (Befahren auf eigene Gefahr) zum großen Stausee Kvilesteinsvatnet folgt. Schon die Anfahrt über die zum Teil in Felsen gesprengte Straße, vorbei an eindrucks-

vollen Felsbändern ist ein Erlebnis. Hoch über moorigen Senken mit vielen Seen und Bächen, die in Mäandern die Wollgraswiesen durchziehen, erreicht man einen kleinen See, der auf einem Damm überquert wird. Ein Hinweisschild ersucht, 20 Kronen für die Wegerhaltung in die nebenstehende Box zu werfen. An einem Fischkartenautomaten gleich daneben kann man eine Fischkarte lösen; Haus gibt es weit und breit keines.

Auf einem Parkplatz hinter dem Damm bleibt das Auto zurück, und man folgt dem markierten Weg sanft ansteigend zum Höhenrücken über den großen Stausee Kvilesteinsvatnet in Richtung der Hütte Selhammar. Wir wandern durch niedrige Fjellvegetation mit einzelnen Felsbändern, in denen die Polster des Alpenleinkrautes rosa leuchten. Schon nach einer halben Stunde führt der markierte Weg unter einer kleinen felsigen Anhöhe vorbei. Dem Schafsteig folgend, steht man in wenigen Minuten oben und erblickt im Norden das riesige Gletscherplateau des Jostedalsbreen, im Süden die Hardangervidda. Wir passieren einen kleinen See und erreichen leicht absteigend nach gut 1 1/2 Stunden die Hütten von Raudbergdalen. Hier verlassen wir den markierten Weg und steigen in einer knappen halben Stunde über den flachen Osthang zum Gipfel des 1143 m hohen Raudberget. Gegen Westen bricht er mit einer felsigen Wand ab. Es ist ein wunderschöner Rastplatz, der eine umfassende Aussicht bietet.

21. Ottadalen – Wasserfälle und malerische Seen

Das Tal des Flusses Otta bietet eine besonders reizvolle und abwechslungsreiche Landschaft und ist eine der wichtigsten Verkehrsverbindungen (Straße Nr. 15) zum berühmten Geirangerfjorden und den Touristenzentren Olden und Stryn am Nordfjord.

Das Tal ist zu schön, um einfach nur durchzufahren, man sollte sich Zeit nehmen und kurze Wanderungen einplanen. Einen weiten Blick über das Ottadalen bietet der von einem Sendeturm gekrönte 1617 m hohe Blahø, der auf einer 12 km langen Mautstraße (Blahø-vegen bzw. Jettavegen) von Vågåmo erreichbar ist (Abb. S. 40). Nach Vågåmo, das schöne, denkmalgeschützte alte Häuser besitzt, bildet die Otta einen 40 km langen See.

Es ist ein fruchtbares Tal mit großen, alten Höfen am Fuß der Berghänge. Im kleinen Ort Garmo steht das Geburtshaus von Knut Hamsun. Die große Sehenswürdigkeit in Lom ist die aus dem 12. Jahrhundert stammende dreischiffige Stabkirche mit einem spitzen Turm und Drachenköpfen an den Giebeln.

Flußaufwärts ändert sich das Landschaftsbild des Ottadalen bald grundlegend. Sanften, fruchtbaren Talabschnitten folgen wilde Schluchten und Gefällstufen. Einer der großartigsten Flußabschnitte liegt bei der Raststätte Dønfoss bru, von der ein gebauter Weg am Ufer entlangführt.

12 km flußaufwärts zwängen sich die leuchtend blauen Wasser der Otta durch eine enge Schlucht. In schäumenden Kaskaden stürzen die Wassermassen über Gefällstufen. Von der Raststätte Polfoss erreicht man in wenigen Minuten eine Brücke über die Otta und den Wasserfall Polfossen. Am südlichen Ufer der Otta kann man hoch über dem Schluchtrand flußaufwärts wandern. Bald folgen wieder sanfte Flußabschnitte mit malerischen Seen, einigen Almen und vielen Ferienhütten.

Wegbeschreibung:

Die typische Landschaft dieser Region mit Mooren, einzelnen Birken, Föhren, Beerensträuchern, Moosen und Flechten kann man bei einer beliebig langen Wanderung auf einem markierten Weg in Richtung der Hütte Skridulaupbu kennenlernen. Vom Ottadalen über den Bergkamm in das benachbarte Tal Raudalen zur Hütte sind es insgesamt 9 Stunden. Der erste Teil des Weges (1 bis 2 Stunden) erschließt das reizvolle Gebiet des oberen Tales der Otta.

22. Geiranger – berühmtester Fjord Norwegens

Eine Schiffahrt durch den engen Geirangerfjorden gehört zu den Attraktionen einer Norwegenreise. 1869 lief das erste Kreuzfahrtschiff aus England ein, heute kommen in der Hauptsaison täglich ein bis zwei der weißen Luxusliner in den schmalen Fjord. In vielen Sprachen schallen die Ansagen über alles Sehenswerte vom Bord der großen und kleinen Ausflugsschiffe.

Gut 500 m stürzen die Wasserfälle über die steilen Felswände in den Fjord. Der Bordansager erzählt die romantische Geschichte der Fälle, der sie die berühmten Namen „die sieben Schwestern", „der Freier" und „der Brautschleier" verdanken. Im Juni, zur Zeit der Schneeschmelze, sind die Wassermassen recht eindrucksvoll, später oft eher dürftige Rinnsale, die ihre Berühmtheit nur der Lage am Geirangerfjorden verdanken – denn es gibt unzählige eindrucksvollere Fälle.

Die Zufahrtsstraßen zum kleinen Ort Geiranger, der im Sommer vom Tourismus beherrscht wird, bieten atemberaubend schöne Blicke über den Fjord. Von Norden zieht der berühmte Ørnesveien (Adlerweg) in vielen Serpentinen den steilen Hang zum Fjord hinunter. Von Süden windet sich die Straße in unzähligen Kehren von dem in über 1000 m Höhe gelegenen See Djupvatnet – vorbei an der berühmten Aussichtskanzel Flydal – hinab nach Geiranger. Bei klarem Wetter sollte man es nicht versäumen, auf einer Mautstraße von der am See gelegenen Djupvasshytta zum 1476 m hohen Gipfel der Dalsnibba aufzufahren, der eine großartige Aussicht bietet. Eine ganze Armee von Steinmännern steht auf dem Gipfelplateau herum, denn die Norweger bauen mit Begeisterung Steinmännchen jeder Größe. Schon Anfang Juni, wenn die Straße am See Djupvatnet oft noch von meterhohen Schneewänden gesäumt ist, kann man am Fjord die urgewaltige Landschaft in kurzen Wanderungen erleben.

Wegbeschreibungen:

a) Panoramaweg von der Adlerkurve

Der schönste Aussichtspunkt an der Straße Ørnesveien ist die berühmte Adlerkurve (Ørnesvingen). Direkt von dem kleinen, in 600 m Höhe gelegenen Parkplatz an der Adlerkurve zweigt ein alter Saumpfad ab, der leicht ansteigend hoch über den felsigen Abbrüchen nach Westen quert. Vorbei an den Mauerresten eines alten Hofes wandert man mit prachtvoller Aussicht über den zu Füßen liegenden Fjord durch lichten Birkenwald.

Nach einer Viertelstunde erreicht man ein Bachbett; bei sehr viel Wasser kann hier Endstation sein, aber meist ist der Bach leicht zu überschreiten. Der einst mit viel Mühe, teilweise aus riesigen Steinplatten erbaute Weg ist

Tour auf einen Blick

Zufahrt: Straße Nr. 15 von Otta nach Grotli.

Wegverlauf: Kurzwanderungen am Ufer des Flusses Otta bei Dønfoss bru und Polfoss.

Wanderung im oberen Ottadalen (ca. 860 m) gegen Hütte Skridulaupbu, 1 bis 2 Std.

Leichte Wanderungen.

Karte: Cappelens Straßenkarte Mittel-Norwegen I.

Tour auf einen Blick

a) Panoramaweg von der Adlerkurve

Zufahrt: Straße Nr. 63 von Geiranger zur Adlerkurve (Ørnesvingen).

Wegverlauf: Adlerkurve (ca. 500 m) – Querung über dem Fjord (900 m), 1¼ Std.

Leichte Wanderung, bei Hochwasser Bachüberschreitung schwierig.

Karte: 1219 II Geiranger.

Tour auf einen Blick

b) Preikestolen

Zufahrt: Von Geiranger am Südwestufer des Fjordes nach Homlong (Humlung).

Wegverlauf: Homlong (10 m) – aufgelassene Alm Homlongsetra (544 m) und Felskanzel Preikestolen, 2 Std.

Leichte Bergtour.

Karte: 1219 II Geiranger.

c) Storseterfossen

Zufahrt: Von Geiranger Straße Nr. 63 ca. 2,5 km gegen Süden zur Abzweigung Vesterås.

Wegverlauf: Abzweigung (ca. 280 m) – Wasserfall Storseterfossen (ca. 500 m), 3/4 Std.

Leichte Wanderung.

Karte: 1319 III Tafjord.

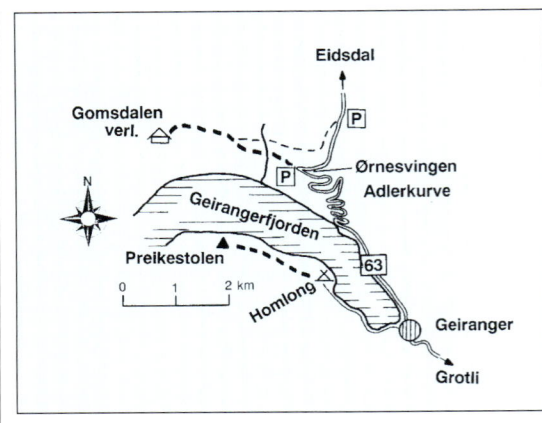

der Zugang zum einsamen, heute verlassenen Hof Gomsdalen hoch über dem Geirangerfjorden. Jenseits des Baches ist der alte Weg, der bis in eine Höhe von 860 m hinaufzieht (ca. 1 Stunde), teilweise verwachsen.

b) Aussichtskanzel Preikestolen

Am Südufer des Geirangerfjorden befindet sich am Rande der aufgelassenen Alm Homlongsetra die Felskanzel Preikestolen, die mit einer 500 m hohen Felswand zum Fjord abbricht. Der Anstieg beginnt bei der Campinghüttensiedlung Homlong (Humlung), die man von Geiranger auf einer am Südwestufer des Fjordes entlangführenden Straße rasch erreicht. Der rot markierte Weg leitet über Wiesen und dann schräg ansteigend durch lichten Wald zur Alm Homlongsetra. Einige unschwierige, felsige Passagen besitzen Steighilfen, und in 2 Stunden erreicht man die 544 m hoch gelegene Alm und die Aussichtskanzel Preikestolen.

c) Wasserfall Storseterfossen

Der 30 m hohe Storseterfossen stürzt von einem überhängenden Felsen, so daß man – und das ist die Attraktion dieses Wasserfalles – hinter dem Wasservorhang vorbeigehen kann. Der Anstieg beginnt östlich von Geiranger an der Straße Nr. 63 unterhalb des berühmten Aussichtsplatzes Flydal in ca. 280 m Höhe. Der deutlich markierte Weg führt durch die steilen Wiesen des Bauernhofes Vesterås, einer der wenigen noch bewirtschafteten Höfe um

Geiranger. Denn die auch nur halbwegs ebenen Stellen in den steilen Hängen rund um den Fjord sind heute meist von Campingplätzen und Campinghütten belegt. Das größte Problem bei Wanderungen in der Hochsaison ist es, einen Abstellplatz für das Auto zu finden, denn in Geiranger stauen sich die Touristenströme.

Im Juni sind die Wiesen, durch die unsere Wanderung führt, ein buntes Blütenmeer aus Storchschnabel, Klappertopf, Margeriten,

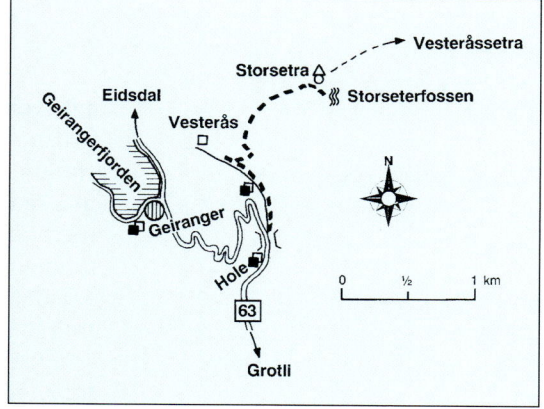

Sauerampfer und verschiedenen Klee- und Nelkenarten. Wir passieren ein Weidegatter und folgen dem teils über rutschige Steinplatten führenden Steig durch das Weidegebiet der aufgelassenen Alm Storsetra bis zum oberen Ende des Wasserfalles in ca. 500 m Höhe. Von einem kleinen, grasigen Aussichtsplatz neben dem Wasserfall leitet ein leichter gesicherter Steig durch felsiges Gelände zum unteren Ende des Wasserfalles und etwas feucht hinter dem Fall vorbei ($^3/_4$ Stunde).

23. Insel Runde – ein Vogelparadies

Einsame Inseln mit steilen, unzugänglichen Felswänden sind die bevorzugten Brutgebiete vieler Meeresvögel an der Westküste Norwegens. Die meisten Vogelinseln liegen nördlich des Polarkreises. Der einzige Vogelberg im südlicheren Norwegen ist die kleine Insel Runde. Über 150.000 Brutpaare nisten in den steilen, felsigen Küsten der Insel. In den ober-

Mächtige Berggipfel umrahmen den tief eingeschnittenen Geirangerfjorden. Rechts im Bild ist die berühmte Adlerstraße (Ørnesveien) zu sehen. Von der obersten Serpentine, der Adlerkurve, führt hoch über dem Fjord, knapp oberhalb der Felsabbrüche, ein Steig zu dem heute verlassenen Hof Gomsdalen.

sten Stockwerken, in grasdurchsetzten Fels-
regionen, graben die Papageientaucher mit
ihren kräftigen Schnäbeln lange Bruthöhlen in
das Erdreich. Am Ende der Röhre sitzt gut
geschützt das einzige Junge. Die rote Horn-
scheide über ihrem Schnabel, die alle Fotografen entzückt, tragen sie nur während der
Balz- und Brutzeit – nicht um Fotografen zu
gefallen, sondern um dem Partner zu imponie-
ren. Zur Fütterung des Jungen tragen sie oft
bis zu zehn Sandaale im Schnabel herbei. Die
Zunge preßt die Fische gegen den mit Wider-
haken besetzten Gaumen, damit sie beim
Öffnen des Schnabels für weitere Fangaktio-
nen nicht verlorengehen.
Tordalg, Baßtölpel und Trottellumme besetzen die Stockwerke im Felsen unter den
Papageientauchern. Erstaunliche Eigenschaf-
ten haben die Trottellummen entwickelt, um
im steilen Fels ihre Jungen aufzuziehen. Das

einzige Ei, das gelegt wird, hat eine birnenförmige Gestalt, damit es nicht vom Felsen hinunterrollen kann. Die geschlüpften Jungen sind extreme Platzhocker; das bewahrt sie vor einem Absturz über die steile Felswand. Im Alter von drei Wochen ändert sich ihr Verhalten grundlegend. Sie stehen plötzlich an der Felskante und lassen ihren Wasserruf, ein heiseres „Tschiwi", erschallen. Dann springen sie, noch nicht flugfähig, in ihrem Tunenkleid oft über 100 m in die Tiefe. Nur wenn die Eltern das Nest an einem überhängenden Steilhang angelegt haben, erreichen die Jungen, heftig mit den noch nicht tragfähigen Flügeln schlagend, das Wasser und überleben. Die größten Kolonien bilden die Dreizehenmöwen, deren ohrenbetäubendes Geschrei weit zu hören ist. Auch der Kormoran fischt in Gewässern um Runde; an der Küste sieht man ihn oft mit zum Trocknen ausgebreiteten Flügeln auf Steinen

oder Holzpfählen sitzen. Zum Unterschied von den meisten anderen Wasservögeln fettet er sein Gefieder nicht ein und kann daher ohne störendes Luftpolster hervorragend tauchen. 333 m ragt das Hochplateau der Insel Runde über dem Meer auf. Nur an der Nordseite fällt das Plateau etwas sanfter mit steilen Graswiesen zur Ortschaft Goksøyr ab. Von hier kann man sich mit einem Boot um die Insel fahren lassen und die Brutkolonien vom Meer aus beobachten oder bei einer Rundwanderung über das Plateau von oben hinunterblicken.

Wegbeschreibung:

Von Ålesund erreichen wir die Insel Runde und stellen das Auto auf dem großen Parkplatz vor der Ortschaft Goksøyr ab, die nur aus einer Handvoll Häuser besteht. Von dort wandern wir in 5 Minuten zum Ort, wo bei einem

Linke Seite: Die Insel Runde bei Ålesund ist der südlichste Brutplatz vieler Meeresvögel. Die Papageientaucher besetzen die obersten Stockwerke der felsigen Insel.

Vom Hausberg Aksla genießt man den schönsten Blick auf die im Jugendstil neu erbaute Stadt Ålesund.

Tour auf einen Blick

Zufahrt: Von Ålesund nach Goksøyr auf der Insel Runde.

Wegverlauf: Goksøyr (10 m) – Rundweg in 2 Schleifen (220 m), 2 Std.

Leichte Wanderung.

Karte: Wegskizze im Touristenkiosk in Goksøyr.

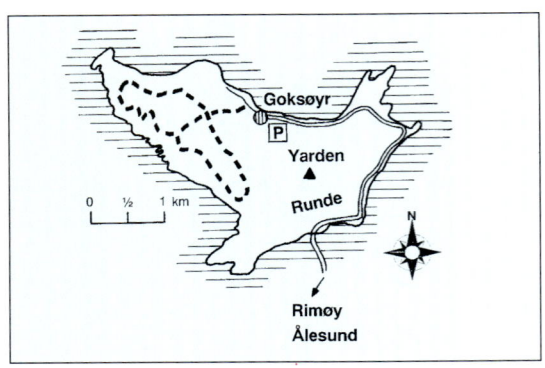

Touristenkiosk eine Skizze erhältlich ist, die den Rundweg über das Plateau zeigt und angibt, in welchem Abschnitt die verschiedenen Meeresvögel brüten. Der Wegweiser „Fuglefjellet" leitet uns über die steilen, als Weide genutzten Wiesen hinauf zum Plateau. Da die bei jedem Weidegatter wiederholte Bitte, das Gatter zu schließen, offenbar bei dem Besucherandrang in der Hauptsaison nichts nützt, hat man eigene, raffinierte Doppelgatter konstruiert, die jeden zwingen, eine Tür zu schließen, bevor er die nächste öffnen kann.

Bald erreicht man den Klippenrand und erblickt die ersten Papageientaucher und tief unten eine riesige Kolonie von Dreizehenmöwen. Man hat die Insel Runde zum Naturschutzgebiet erklärt, und das Wandern ist zum Schutz der brütenden Vögel nur auf den gekennzeichneten Steigen erlaubt.

Immer am Klippenrand gehend, umrundet man in $1^1/_2$ bis 2 Stunden das ganze Plateau. Da sich die meisten brütenden Vögel in größerer Entfernung befinden, ist zum Betrachten ein leistungsstarkes Fernglas zu empfehlen. Fotografen haben nur mit Stativ und einem sehr langbrennweitigen Teleobjektiv eine Chance.

24. Ålesund – Jugendstilstadt

Holz war nicht nur am Land – wo es heute noch dominiert –, sondern auch in den Städten Norwegens das bevorzugte Baumaterial. Unzählige Brände haben Stadtviertel und ganze Städte im Lauf der Jahrhunderte immer wieder vernichtet. Vielen Städten Norwegens fehlt deshalb die reizvolle, organisch gewachsene Altstadt. Auch Ålesund wurde 1904 in einer Sturmnacht von einem Großbrand heimgesucht, dem 800 Häuser zum Opfer fielen. Aber die Stadt hatte Glück. Zu dieser Zeit war der Jugendstil die führende Architekturrichtung in Europa, und der damalige deutsche Kaiser Wilhelm II. war ein Norwegenfan. Er leistete großzügige Hilfe beim Wiederaufbau, und so

Tour auf einen Blick

Zufahrt: Auf Straße Nr. 9 ins Stadtzentrum von Ålesund.

Wegverlauf: Stadtpark Ålesund (ca. 10 m) – Aksla (189 m), $^1/_2$ Std.

Spaziergang, Treppenweg.

Karte: Stadtplan Ålesund.

entstand eine sehr einheitliche, norwegische Jugendstilstadt von ganz besonderem Reiz. Der Stadtkern befindet sich auf drei Inseln, die durch Brücken verbunden und weit ins Meer vorgeschoben sind. Den schönsten Blick über die Stadt genießt man vom 189 m hohen Hausberg, der Aksla (Abb. S. 68).

Wegbeschreibung:

Vom Stadtpark in Ålesund führt ein Treppenweg mit 418 Stufen in einer halben Stunde auf die Aksla. Von der Terrasse des Höhenrestaurants Fjellstua genießt man einen traumhaften Blick hinunter auf die von Wasser umschlossene Stadt, eingebettet in die zahllosen größeren und kleineren Inseln des Schärengürtels. In den Kanälen, die vom Meer in die Stadt reichen, spiegeln sich die hübschen Jugendstilhäuser – wohl eine der reizvollsten Stadtansichten Norwegens. Der Aussichtsberg Aksla ist auch über eine Straße erreichbar.

Tips für Radfahrer

Die Straßen entlang der großen Westfjorde, des Hardanger-, Sør- und Sognefjorden wären ohne Autos Traumstrecken für Radfahrer. Leider ist in der Hauptsaison der Verkehr so stark, daß sie nicht zu empfehlen sind. Aufgrund enger Stellen unter steilen Felswänden, spärlich beleuchteter Tunnels und unzähliger Kurven kann man die Landschaft im dichten Verkehr kaum genießen. Die ruhigste Zeit ist in den ersten Morgenstunden, denn die Norweger sind keine Frühaufsteher.

Viel empfehlenswerter ist es, sich für kurze Radtouren Nebenstrecken an den Fjorden auszusuchen, möglichst keine Durchzugsstraßen, sondern schmale Straßen, die irgendwo bei dem letzten Dorf am Fjord vor einer Felswand enden.

Am Hardangerfjorden bieten sich an der Ostküste die kleinen Straßen von Jondal nach Hessvik (ca. 29 km) und von Løfallstrand bzw. Enes an den Ufern des Maurangerfjorden nach Eiknes (27 km bzw. 24 km) an.

Wer auf der Straße Nr. 1 von Bergen in den Norden fährt, kann am Sognefjorden von Insterfjord der Küste 20 km westlich nach Rutledal folgen. Wenig befahren ist auch die Küstenstrecke, die von Ytre Oppedal dem Sognefjord nach Osten folgt und in Ortnevik endet (insgesamt 56 km).

Von der Hauptstraße Nr. 13, die Voss mit Vik verbindet, bietet sich ab Vik eine 25 km lange Straße an der Fjordküste bis Vatnane an. Von Vangsnes in östliche Richtung führt ebenfalls eine kaum befahrene Küstenstraße.

Gausdal-Vestfjell und Peer-Gynt-Wege

25. Zwei Peer-Gynt-Wege hoch über dem Gudbrandsdalen

Wer im Tal Gudbrandsdalen auf der E6 von Lillehammer nach Otta fährt, ahnt nicht, daß über den steilen Talhängen sanft gewellte, weite Hochebenen liegen, die das Tal im Osten und Westen begleiten. Zwei ehemalige Almwege, der Peer-Gynt-Weg und der Peer-Gynt-Almweg, sind aussichtsreiche Mautstraßen hoch über dem Gudbrandsdalen und erschließen beliebte Sommer- und Wintererholungsgebiete in der näheren Heimat des tragischen Helden Peer Gynt.

Wegbeschreibung:

a) Peer-Gynt-Weg (Peer Gynt veien)

Im kleinen Ort Tretten zweigt von der E6 die Straße Nr. 254 ab, über die deutlich beschildert die Mautstraße Peer Gynt veien erreicht wird, die über die Hochfläche westlich des Gudbrandsdalen führt und bei Vinstra wieder in die E6 einmündet. Vinstra gilt als Geburtsort Peer Gynts, und im August wird hier jedes Jahr das Peer-Gynt-Fest gefeiert.

Der Peer Gynt veien führt in rund 1000 m Höhe durch eine sehr ansprechende Fjell-Landschaft mit vielen Seen, Mooren, sanften Bergkuppen und alten Almgebäuden mit schöner Aussicht auf die Gipfel von Jotunheimen. Das Gebiet wird von vielen Fahr- und Fußwegen durchzogen. Lohnend ist z. B. eine gut einstündige Wanderung vom Berggasthof Fagerhøi in Richtung Bonsjøhaugseter. Ende August ernährten wir uns hier fast nur von Heidelbeeren, die in unglaublichen Mengen den Wegrand säumten. Abends gab es dann zur Abwechslung Pilze, vor allem Birkenpilze, über die wir beim Wandern buchstäblich stolperten.

b) Peer-Gynt-Almweg (Peer Gynt Setervei)

In Vinstra, wo der oben beschriebene Peer-Gynt-Weg wieder in die E6 einmündet, zweigt der Peer-Gynt-Almweg ab, der die gegenüberliegende Hochfläche, die das Gudbrandsdalen im Osten begrenzt, erschließt. Nach 52 km erreicht man bei Kvam wieder die E6. Bei der Auffahrt kommen wir 2$\frac{1}{2}$ km nach Vinstra an dem Hof Håga vorbei, der 18 Gebäude besitzt. In diesem schönen alten Hof, der sich in Privatbesitz befindet und nicht besichtigt werden kann, soll der historische Peer Gynt gelebt haben.

Wegbeschreibungen:

a) See Furusjøen

Die Mautstraße überwindet von Vinstra in Kehren rasch den steilen, bewaldeten Talhang des Gudbrandsdalen und bringt uns in rund 1050 m Höhe auf die freie Fläche des Tjernseterfjells mit schönem Blick zu den Gipfeln von Rondane und Jotunheimen. Vom Scheitelpunkt der Straße führen mit Steinmännern markierte Steige in einer halben Stunde gegen Südosten zu der nur rund 100 m höheren Krøkla und gegen Nordwesten in einer Stunde auf den 1430 m hohen Gråhø.

Man fährt über weite, fast ebene Almböden mit schönen alten Almhütten, unterbrochen von lichten Föhren- und Birkenwäldern. Wir durchqueren ein großes Moorgebiet und erreichen den Höhepunkt der Fahrt, den malerischen Furusjøen, den großen „Föhrensee", der viele reizvolle Buchten besitzt. Er ist natürlich auch ein Traumplatz für Ferienhütten, und da er noch außerhalb des Rondane-Nationalparks liegt, ist er ziemlich verhüttet. Am Südufer des Sees liegt das große Hotel Rondablikk, von dem man, wie schon der Name andeutet, einen schönen Blick auf die noch recht fernen Gipfel der Rondane hat. In den Sommermonaten bringt das Schiff M/B Glitra die Urlauber von Bucht zu Bucht.

Tour auf einen Blick

a) Peer-Gynt-Weg
(Peer Gynt veien)
Zufahrt: Bei Tretten im Gudbrandsdalen von der E6 über die Straße Nr. 254 westlich zum Peer Gynt veien abzweigen.
Wegverlauf: Berggasthof Fagerhøi am Peer Gynt veien (ca. 1100 m) – Bonsjøhaugseter (ca. 1050 m), 1$\frac{1}{4}$ Std.
Leichte Wanderung.
Karte: 1817 IV Fåvang.

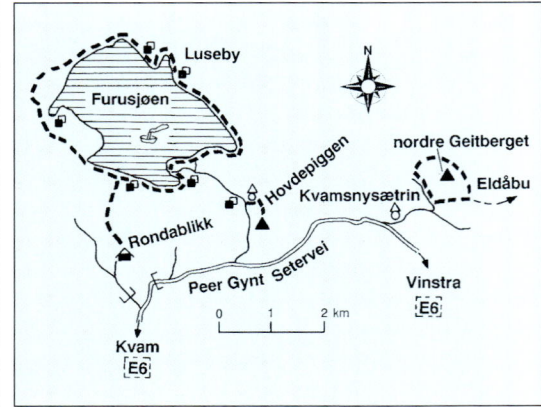

Tour auf einen Blick

b) Peer-Gynt-Almweg
(Peer Gynt Setervei)

Zufahrt: In Vistra im Gudbrandsdalen von E6 östlich abzweigen; Mautstraße Peer Gynt Setervei zum Hotel Rondablikk am See Furusjøen.

Wegverlauf: Wanderung am See Furusjøen (852 m), 1 bis 3 Std. (gesamte Umrundung); Besteigung des Hovdepiggen (970 m), $^1/_4$ Std. und nordre Geitberget (1178 m), 1 Std.

Leichte Wanderungen.

Karte: Rondane.

Auch Fußpfade führen am Seeufer entlang; die gesamte Umrundung des Sees erfordert etwa 3 Stunden. Lohnend ist auch eine rund einstündige Wanderung vom Hotel Rondablikk am östlichen Seeufer oder eine Kombination von Bootsfahrt und Wanderung (Fahrtzeiten des Schiffes s. S. 29).

b) Hovdepiggen und nordre Geitberget

Das weite Moorgebiet im Südosten des Sees Furusjøen wird rund 100 m vom felsigen Rücken des Hovdepiggen überragt. In einer Viertelstunde erreicht man diesen Aussichtsplatz auf einem bequemen Weg über eine Schafalm. Zu Füßen liegt der große See, der von dunklem Kiefernwald gesäumt ist, der nur im Schutz des Sees gedeihen kann. Die Hügel rund um den See sind baumlose Weidegebiete, im Hintergrund grüßen die Berge der Rondane. Noch umfassender ist die Aussicht vom 1178 m hohen nordre Geitberget, der von der Alm Kvamsnysætrin in einer Stunde leicht zu ersteigen ist. Der Weg, der vom Peer Gynt Setervei zu sehen ist, führt neben einem kleinen Wasserfall hinauf, umrundet das Gipfelplateau und bringt uns unter dem felsigen Abbruch zurück zum Ausgangspunkt.

26. Tørrisknattane und Ormtjørnskampen – Aussichtsgipfel an der Panoramastraße Vestfjellvegen

Gausdal-Vestfjell ist eine riesige Hochfläche, in die zahllose Seen eingebettet sind. Die sanften, runden Formen herrschen vor, und nur einzelne, leicht ersteigbare Gipfel überragen die ansprechende, freundliche Fjell-Landschaft. Die riesige Hochfläche wird im Osten von der Straße Nr. 255, die durch das Gausdal und das Espedal führt, begrenzt. Im Norden bildet die Mautstraße Jotunheim veien (s. S. 76) die Grenze und im Westen die Straße Nr. 51 zwischen Fagernes und Bygdin. Eine einmalig schöne Panoramastraße ist der Vestfjellvegen, der das Gebiet im Süden erschließt

und die Europastraßen E16 und E6 zwischen Fagernes und Lillehammer verbindet. Die Straße windet sich zwischen malerischen Seen, Mooren mit ganzen Feldern von Wollgras, kleinen Birkenwäldchen und freiem Almgelände in rund 1000 m Höhe durch die bezaubernde Landschaft. Am hellichten Vormittag überquerten knapp vor meinem Auto zwei Elche die Straße. Malerische Rastplätze mit schönen Tischen und Bänken aus Holz laden zum Verweilen ein, und auf vielen, von Fischern oder Weidevieh getretenen Steigen kann man an größeren oder kleineren Seen entlangwandern (Abb. S. 14).

Auf der Hochfläche hat man alte Almhütten, von denen einige sogar aus dem 18. Jahrhundert stammen, restauriert und zu kleinen Hütten, meist Selbstversorgerhütten, ausgebaut, so daß eine mehrtägige Überquerung der einsamen Hochfläche Gausdal-Vestfjell auf markierten Steigen möglich ist. Im östlichen Teil

Die weite Hochfläche Gausdal-Vestfjell wird im Westen durch den Peer-Gynt-Weg erschlossen: eine aussichtsreiche Mautstraße, die, parallel zu der im Tal verlaufenden E6, in rund 1000 m Höhe über das Fjell führt.

Tour auf einen Blick

a) Tørrisknattane

Zufahrt: Von Fagernes oder Lillehammer zur Höhenstraße Vestfjellvegen.

Wegverlauf: Vestfjellvegen bei Lenningen (936 m) – Tørrisknattane (1213 m), 1¼ Std.

Leichte Wanderung.

Karte: 1717 II Synfjell.

b) Ormtjørnskampen

Zufahrt: Vom Vestfjellvegen (siehe a) bei der Dokka-Brücke Holsbrua zur Alm Ormtjørnssetra.

Wegverlauf: Alm Ormtjørnsetra (840 m) – Ormtjørnskampen (1128 m), 1 Std.

Unschwierige Wanderung, nicht markierter Steig.

Karte: 1717 II Synfjell.

der Hochfläche liegt der nur 9 km² umfassende Nationalpark Ormtjørnskampen. Der gleichnamige felsige Gipfel, der eine prachtvolle Aussicht bietet, ist von einem naturbelassenen Fichtenurwald umgeben.

Zwei Tourenvorschläge führen vom Vestfjellvegen auf felsige Bergrücken, welche die weite Hochfläche einige hundert Meter überragen.

a) Tørrisknattane

Wegbeschreibung:

Etwa 50 km östlich von Fagernes erreicht man das Touristenzentrum Lenningen, das durch seine Hüttensiedlung, das gleichnamige Café und eine große Panoramatafel nicht zu übersehen ist. 2 km nach diesem Hüttenzentrum beginnt unsere Wanderung, die zunächst auf einem gesperrten Fahrweg eine Viertelstunde durch lichten Birkenwald über dem See Sebu-Røssjøen zur schön gelegenen Alm Tronhus am ausgedehnten See führt. Hier zweigt der markierte Steig, der einen Übergang zur Hütte Liomseter bildet, ab.

Direkt vor uns befindet sich eine kleine Felsnase, unser Ziel, der Tørrisknattane. Der Weg führt über einige Bächlein durch Fjellbirkenwälder, zu deren Füßen im Frühsommer ganze Teppiche weißer und violett-roter Buschwindröschen blühen. Viele Birken haben so bizarre Formen, daß sie sich bei Nebel und in der Dämmerung ohne viel Phantasie in Trolle verwandeln.

Bald lassen wir die Baumgrenze hinter uns und erblicken den markanten kleinen Felsriegel des Tørrisknattane und weiter entfernt, direkt vor uns, die flache Pyramide des Djuptjernkampen. Der markierte Weg verläuft immer in sehr gemütlicher Steigung unter dem Felsriegel des Tørrisknattane in den Sattel zwischen beiden

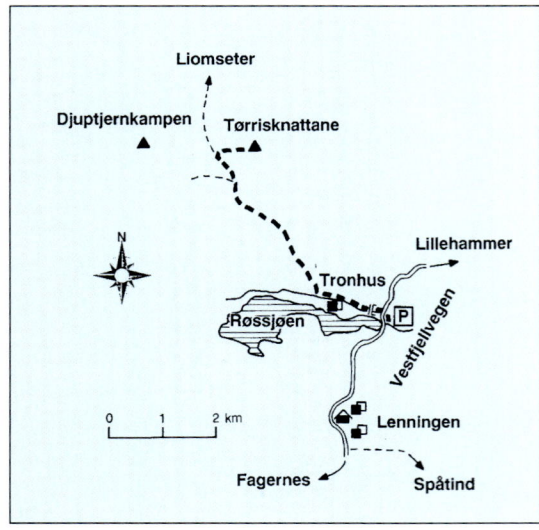

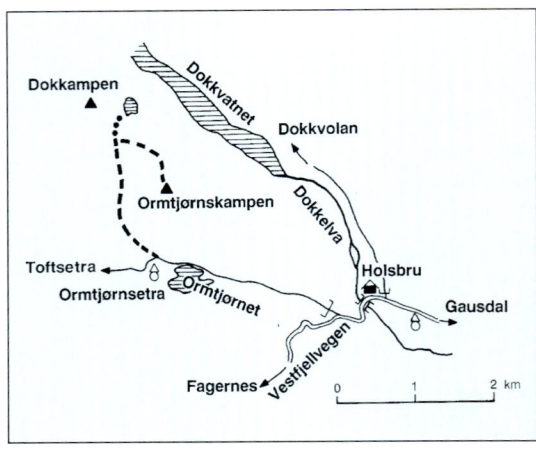

Bergen und weiter nach Liomseter. Etwa 1 Stunde sind wir bis hierher gewandert. Nun verlassen wir den markierten Weg und folgen einem kleinen, nur mit einem Steinmann markierten Steig 10 Minuten über den flachen Felsrücken auf den Gipfel des 1213 m hohen Tørrisknattane, der als Gipfelschmuck einen riesigen Steinmann besitzt. Der Blick schweift bis zu den Bergspitzen von Jotunheimen.

Beim Aufstieg über den Kamm des Berges fallen die vom Gletscher rundgeschliffenen Felsen auf. Einige große, zu Kugeln geschliffene Steinblöcke hat der Gletscher beim Rückzug hier vergessen. Im Herbst leuchten in den Felsen die Blätter der Bärentraube in einem geradezu unwahrscheinlich intensiven Rot, und das Fjell zu unseren Füßen ist ein einziges Meer in den Farben Rot, Orange und Gelb.

b) Ormtjørnskampen

Wegbeschreibung:

Wir folgen der Panoramastraße Vestfjellvegen vom Hüttenzentrum Lenningen in Richtung Lillehammer und erreichen nach etwa 17 km die Holsbrua, eine Brücke über den tief eingeschnittenen Fluß Dokkelva. Kurz vorher zweigt eine mit Schranken gesperrte Straße ab, die zur Grenze des Nationalparks Ormtjørnskampen führt. Ein Schild besagt, daß der Schlüssel für den Schranken in dem jenseits der Brücke liegenden Café Holsbru zu holen ist. Etwa 3 km kann man den Fahrweg vorbei am See Ormtjørnet befahren, bis in der Nähe der Alm Ormtjørnsetra der nicht markierte Steig durch den Fichtenurwald des Nationalparks beginnt.

Umgestürzte Bäume liegen kreuz und quer und bieten vielen Pflanzen und Tieren einen idealen Lebensraum. Eine üppig wuchernde Pflanzenwelt säumt den Weg – welch reiches Leben verglichen mit den Monokulturen der von Menschenhand geschaffenen Holzplantagen.

In rund 950 m Höhe ist die Baumgrenze erreicht, und der Steig führt uns von Norden über den breiten Rücken auf den 1128 m hohen Ormtjørnskampen. In einer guten Stunde ist der Gipfel erreicht, der einen schönen Rundblick bietet. Zu seinen Füßen liegt ein Kleinod, ein von Menschenhand unberührtes Fleckerl Erde. Gegenüber erhebt sich der nur 4 m niedrigere Dokkampen; gegen Osten brechen beide Berge mit felsigen Flanken ab.

27. Skaget – Wächter über zahllosen Seen

Der höchste Gipfel der Hochfläche Gausdal-Vestfjell (s. S. 73) ist das Skaget, dessen Fuß über zwei Mautstraßen leicht zu erreichen ist. Der Rundblick vom Gipfel läßt an klaren Tagen keinen Wunsch offen. Besonders beeindruckend ist die riesige Moor- und Seenlandschaft im Osten. Zahllose große, kleine und winzige Seen liegen zu seinen Füßen, und über den weiten Moorflächen leuchten im Sommer und Herbst Wollgrasfelder. Man findet zwei verschiedene Arten von Wollgras: Scheuchzers Wollgras bildet als Samenstand eine schneeweiße, attraktive Wollkugel; das Torf-Wollgras schmückt sich mit einzelnen kleineren Quasten aus weißer Wolle.

In unserer Familie hat das Wollgras den wenig wissenschaftlichen Namen „Namnam-Gras" erhalten. Meine jüngere Schwester wiegte sich nicht mit Daumenlutschen oder Teddybär in den Schlaf, sondern durch das rhythmische Kitzeln der Nase mit dem fransigen Ende einer speziellen Windel. Bei dem hektischen Aufbruch zu einer Urlaubsreise nach Norwegen wurden die „Namnam-Tücher" vergessen, und der Abend brachte ein tränenreiches Drama. Alle Versuche, am nächsten Tag eine Textilie mit weichen, weißen Fransen zu erwerben, waren erfolglos. Aber bei einer Wanderung fand meine Schwester selbst die Lösung, als sie hoch von den Schultern meines Vaters herab die weißen Wollkugeln des Grases entdeckte, die sich im Wind bewegten. „Namnam!" jauchzte sie voller Begeisterung. Einige Wollkugeln, zu einem handlichen Pinsel zusammengebunden, erwiesen sich als hervorragende Nasenkitzler und retteten den abendlichen Frieden.

Wegbeschreibung:

Der Aussichtsberg Skaget ist von der Reichsstraße Nr. 51 aus zu erreichen, die über Fagernes und den berühmten Paß Valdresflya

nach Vågåmo führt. Von dieser im Sommer touristisch sehr frequentierten Straße zweigen bei Heggens und bei der Stabkirche Hegge Zufahrtsstraßen nach Robøle ab. Wir gewinnen rasch an Höhe, und nach ca. 3 km erreichen wir das erste Mauthäuschen an der Straße zur Fjellstue Yddin.

Bald werden die Nadelbäume von Birken abgelöst, die schon nach wenigen Kilometern der Strauchvegetation des Fjells Platz machen, in die sich hier viele Wacholderbüsche mischen (Abb. S. 30). Bei einer Straßengabelung passieren wir die zweite Mautstation und erreichen das Almdorf Vesleskag. Hier fallen einige Almhütten auf, die luftig in den steilen Hang gebaut wurden. Ihre Rückseite ist in dem steil abfallenden Hang verankert, während die Vorderseite in die Luft ragt und nur von zwei senkrechten Baumstämmen gestützt wird.

Bald sehen wir unser Ziel, das felsige Skaget. Die Felsnase im Ostkamm des Berges hat den sehr treffenden Namen „Nasen". Die Mautstraße endet in Storeskag, wo einige Almhütten und eine Selbstversorgerhütte, die mit

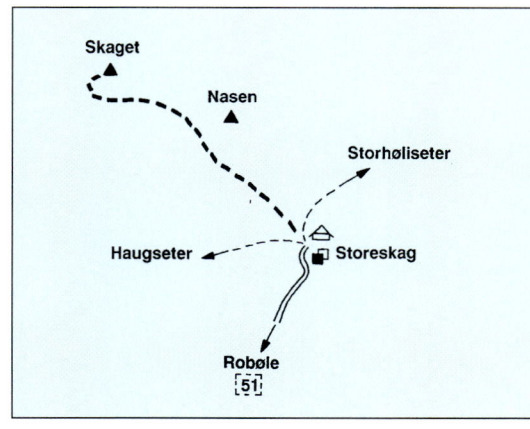

Das Auerhuhn brütet in den lichten Wäldern von Gausdal. Ein prächtiger Hahn verteidigt sein Revier.

Tour auf einen Blick

Zufahrt: Von Straße Nr. 51 bei Heggens nach Robøle; über 2 Mautstraßen zur Fjellstue Yddin und nach Storeskag.

Wegverlauf: Hütte Storeskag (1122 m) – Skaget (1686 m), 1 1/2 Std.

Leichte Bergtour, nicht markierter, vielbegangener Steig.

Karten: Jotunheimen, 1717 IV Espedalen, 1617 I Sikkilsdalen.

einem „T" gekennzeichnet ist, stehen. Die Hütte ist ein wichtiger Stützpunkt bei der Durchquerung der weiten Hochfläche Gausdal-Vestfjell.

Der Steig auf den Skagetgipfel ist nicht markiert, aber viel begangen. Man peilt von der Hütte am besten die „Nasen" an und wandert unter ihr zu einem Absatz im Westkamm des Berges. In stellenweise ganz leichter Schrofenkletterei erreichen wir den 1686 m hohen Gipfel, der eine prächtige Aussicht bietet. Von Skoreskag sind nur 560 Höhenmeter zu bewältigen, und der rund eineinhalbstündige Anstieg ist sehr abwechslungsreich.

28. Jotunheim veien – Mautstraße durch eine malerische Landschaft

Die Mautstraße Jotunheim veien begrenzt die große Hochfläche Gausdal-Vestfjell im Norden. Die 52 km lange Straße zweigt bei Bygdin von der Straße Nr. 51 ab und führt in rund 1000 m Höhe durch eine reizvolle Landschaft mit riesigen Seen, Mooren und kleinen Birkenwäldern, die von aussichtsreichen, leicht zu ersteigenden Bergkuppen überragt werden. Bei Skåbu erreicht der Jotunheim veien die Straße Nr. 255, die nach nur 26 km bei Vinstra in die E6 einmündet.

Auf der gesamten 52 km langen Strecke gibt es keinen einzigen Ort, es ist ein Paradies für eine „hytta", den Traum jedes Norwegers. Ein malerisches Blockhaus mit heimeligem Kamin und Grasdach in einem lichten Birkenwäldchen am Ufer eines Sees in möglichst einsamer Gegend – das ist der ideale Platz. Das Boot vor der Haustür und gleich hinter dem Haus das baumlose Fjell zum Wandern – da bleibt kein Wunsch offen. Rund eine halbe Million „hytter" gibt es in Norwegen – bei nur 4,2 Millionen Einwohnern eine stattliche Zahl. „Unsere Großväter haben oft noch als Einödbauern und Fischer der Natur das Lebensnotwendigste abgerungen. Wir sind noch keine richtigen Städter, wir brauchen die Natur, die Weite, das naturverbundene Leben, wo der Fisch zum Grillen erst kurz vor dem Essen

Die Mautstraße Jotunheim veien erschließt im Südosten von Jotunheimen ein freundliches Wandergebiet mit vielen Seen und aussichtsreichen Bergkuppen.

gefangen wird", erklärte mir einmal ein Norweger. „Und vor allem brauchen wir die Privatsphäre, einen Platz, wo einen niemand stört." Und die Privatsphäre in einer Hütte ist heilig; das gilt sogar für den norwegischen König. Kein Reporter darf seine privaten „hytter" betreten.

In manchen, auch über das Wochenende von größeren Städten leicht zu erreichenden Gegenden sind inzwischen ganze „hytter"-Siedlungen entstanden, und die vielen Zufahrtswege und Stromleitungen, die die verstreut liegenden Hütten verbinden, machen die Landschaft nicht reizvoller. Aber das Land ist groß, hat viel Platz, und für viele Familien ist ein Hotelurlaub bei den norwegischen Preisen wohl auch kaum erschwinglich. Die „hytter" befinden sich nicht nur in Privatbesitz, sie werden auch von Agenturen an Touristen vermietet, die den norwegischen Lebensstil, das Kräftesammeln in der Natur ohne Hektik, ausprobieren möchten.

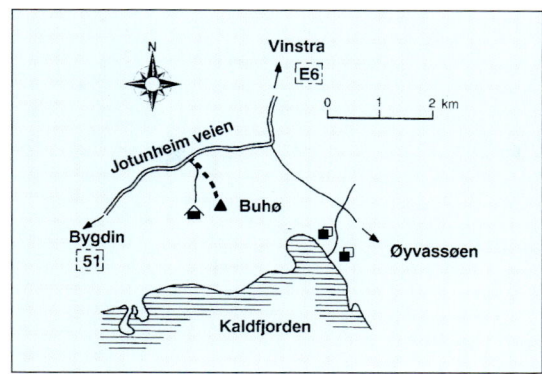

Wegbeschreibungen:

Einen schönen Rundblick genießt man von den Bergkegeln, die die Landschaft überragen. Zwei kurze Anstiege werden im folgenden beschrieben.

a) Buhø

Der Jotunheim veien zweigt ca. 1 km nördlich des Hotels Bygdin von der Straße Nr. 51 ab und führt fast 20 km am Ufer des riesigen Sees Vinstra im freien Gelände nach Osten. Dann

Tour auf einen Blick

a) Buhø

Zufahrt: Von der Straße Nr. 51 bei Bygdin oder von E6 bei Vinstra über Skåbu zur Mautstraße Jotunheim veien.

Wegverlauf: Scheitelpunkt der Straße Jotunheim veien (ca. 1180 m, ca. 26 km von Bygdin) – Buhø (1327 m), $^1/_2$ Std.

Leichte Wanderung, weglos.

Karten: Jotunheimen, 1617 I Sikkilsdalen.

Tour auf einen Blick

**b) Oskampen und
c) Vangstulkampen**

Zufahrt: Wie bei a) zum Jotunheim veien und 3 km Fahrweg zum nedre Heimdalsvatn folgen.

Wegverlauf: Fahrweg (ca. 1080 m) – Selbstversorgerhütte Oskampen (1175 m), ¹/₂ Std. – Oskampen (1502 m), 2 Std.; Hütte – Vangstulkampen (1624 m), 3¹/₄ Std.

Leichte Bergtouren; Gipfelanstiege nicht markiert.

Karten: Jotunheimen, 1617 I Sikkilsdalen.

steigt die Mautstraße auf rund 1200 m Höhe an, und man genießt einen herrlichen Blick über die großen, von Birkenwäldern gesäumten Seen. Am Scheitelpunkt ragt gleich neben der Straße ein kegelförmiger Hügel auf, der Buhø; nur 150 Höhenmeter sind es zu seinem Gipfel, der über dem See Kaldfjorden aufragt. In einer halben Stunde ist der 1327 m hohe Aussichtsberg auf Steigspuren rasch erklommen.

b) Oskampen und c) Vangstulkampen

Eine noch umfassendere Aussicht genießt man von den Gipfeln Oskampen und Vangstulkampen. Vom Jotunheim veien bringt uns ein markierter Weg über das wellige Fjellgelände in einer halben Stunde zu der Selbstversorgerhütte Oskampen, die sehr reizvoll von kleinen Seen umgeben ist. Der gleichnamige Berg fällt mit einem steilen, felsigen Hang zur Hütte ab. Wir folgen dem markierten Weg in Richtung Sikkilsdalsseter, bis wir den Fuß des flacheren Westrückens des 1502 m hohen Oskampen erreichen, über den der Gipfel auf einem schmalen Steig oder weglos leicht zu erreichen ist (2 Stunden ab Hütte).

Wer markierte Wege bevorzugt, kann den T-markierten Steig weiter in Richtung Sikkilsdalsseter folgen. Kurz absteigend umrundet der Steig den Nordostzipfel des Sees nedre Heimdalsvatn (1053 m) und steigt zum 1530 m hohen Sattel zu Füßen des Vangstulkampen (1624 m) auf. Der markierte Weg führt hinunter nach Sikkilsdalsseter beim gleichnamigen See (4 Stunden ab Hütte). Der Vangstulkampen ist vom Sattel in einer Viertelstunde weglos zu erreichen (3¹/₄ Stunden ab Hütte).

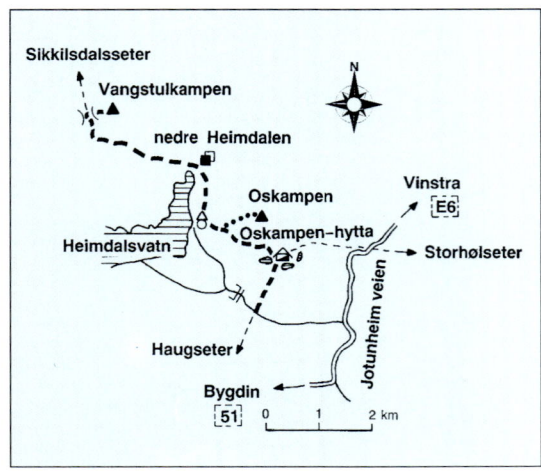

Tips für Radfahrer

PEER-GYNT-WEG (s. S. 71):
Die reizvollste, ca. 25 km lange Strecke für eine Radtour ist der Streckenteil auf der Hochebene zwischen Gausdal und Tofteseter, eine Naturstraße.

PEER-GYNT-ALMWEG (s. S. 71):
Die Naturstraße, auf der Hochebene von der Herberge Sulseter, ca. 12 km oberhalb von Vinstra gelegen, bis zum Hotel Rondablikk ist eine lohnende, etwa 27 km lange, einsame Radtour durch ein sehr abwechslungsreiches Gelände mit schönen Aussichtsplätzen.

VESTFJELLVEGEN (s. S. 73):
Der Teil des Vestfjellvegen, der in rund 1000 m Höhe durch die seenreiche Landschaft mit prächtigen Aussichtspunkten führt, ist eine Genußtour, die nur durch stärkeren Wochenendverkehr beeinträchtigt werden kann. Empfehlenswert ist die ca. 35 km lange Strecke von Hafsennstølen bis vor Forsetsetra. Reizvoll sind auch die Mautstraßen, die vom Vestfjellvegen zu Almen abzweigen (Naturstraßen).

MAUTSTRASSEN VON ROBØLE (s. S. 75):
Die nicht asphaltierten Mautstraßen, die von Robøle über das Berghotel Fjellstue Yddin durch das Fjell leiten, sind kaum befahren und ideal für eine Radtour. Von der Fjellstue erreicht man nach 12 km Store Skag (ca. 250 Höhenmeter). Ein 3 km langer Abstecher führt bei der ersten Straßengabelung nach der Fjellstue etwa 100 Höhenmeter zu der Herberge Kjølabu hinauf, die malerisch auf einem Bergrücken liegt und eine schöne Aussicht über die hügelige Landschaft mit den eingebetteten Seen bietet.

JOTUNHEIM VEIEN (s. S. 76):
Der zentrale Teil des Jotunheim veien führt in rund 1000 m Höhe über eine meist baumlose Hochebene, vorbei an malerischen Seen. Auf der gesamten, rund 37 km langen Strecke von Mautschranken zu Mautschranken sind nur 200 Höhenmeter zu überwinden. Viele, zum Teil für den öffentlichen Verkehr gesperrte Nebenstraßen zu einsamen Seen bieten zahlreiche Variationsmöglichkeiten. Alle Straßen sind Naturstraßen mit wenig Verkehr.

Jotunheimen –
Dach Nordeuropas

a) Östlicher Teil

29. Der Nationalpark im Heim der Riesen

Jotunheimen, das „Heim der Riesen", ist Nordeuropas höchstes Bergmassiv und erinnert in seinen Gipfelformen mehr als alle anderen Bergregionen Norwegens an die Alpen. Rund 150 Gipfel überschreiten die 2000-m-Marke. Das Hochfjell Jotunheimens umfaßt eine Fläche von rund 3500 km², und gerade noch rechtzeitig bevor auch hier die Energiewirtschaft im Zentrum dieses Gebietes tätig wurde, erklärte man im Jahr 1980 1140 km² des zentralen Berglandes zum Nationalpark. Auch in dem landschaftlich sehr reizvollen Utladalen wurden 300 km² mit dem berühmten Wasserfall Vettisfossen zum Landschaftsschutzgebiet erklärt.

Der geologische Aufbau von Jotunheimen ist sehr homogen; Gabbro, ein hartes Tiefengestein vulkanischen Ursprungs von brauner bis grünlich-schwarzer Farbe, dominiert. Es enthält viele Nährstoffe und ermöglicht in Jotunheimen eine zum Teil üppige und artenreiche Vegetation. Die Kiefern klettern in geschützten Tälern bis über 900 m, die Fjellbirken erreichen eine Höhe von 1200 m; das sind die höchsten Waldgrenzen Nordeuropas.

Die abwechslungsreiche Landschaft mit markanten Felsspitzen, kleineren Gletschern, großen Seen, Hochebenen und malerischen Tälern lockten schon in der zweiten Hälfte des 19. Jahrhunderts viele Touristen in dieses Gebiet. Heute gehört Jotunheimen zu den bestens erschlossenen und meistbesuchten Bergregionen Norwegens.

Die im Winter gesperrten Paßstraßen Nr. 51 und Nr. 55 erschließen Jotunheimen im Osten und Westen, und der Norden ist über die wintersichere Straße Nr. 15 zu erreichen. Die Gliederung dieses großen Gebietes folgt hier praktischen Gesichtspunkten. Im ersten Teil sind Touren im östlichen Jotunheimen beschrieben, deren Ausgangspunkt die Straße Nr. 51 ist. Im zweiten Teil werden Touren von der Straße Nr. 55, der berühmten Sognefjell-Straße, und der Süden Jotunheimens vorgestellt.

30. Synshorn – rasch erreichbarer Aussichtsgipfel

Die Süd-Nord-Verbindung zwischen Fagernes und Vågåmo, die Straße Nr. 51, ist eine der landschaftlich schönsten Paßstraßen Norwegens. Zwischen den zwei riesigen, regulierten Seen Bygdin und Vinstra führt sie am beliebten Hotel Bygdin vorbei, das auf einer schmalen Landenge in 1065 m Höhe an der Bucht Kjelda liegt. Es ist Ausgangspunkt zahlreicher schöner Wanderungen und Bergtouren in einer reizvollen, freundlichen Landschaft. Im Norden ragt unmittelbar hinter dem Hotel das Synshorn auf, das mit einer Felswand gegen Süden zum See abbricht. Auch gegen Osten und Norden fällt es steil ab, aber über die Westflanke ist der prächtige Aussichtsgipfel leicht zu erreichen.

Wegbeschreibung:

Vom Hotel folgen wir wenige Minuten dem Fahrweg am Seeufer, bis der T-markierte, vielbegangene Steig abzweigt. Die Durchquerung eines kleinen Baches und einer morastigen Wiese zu Füßen des Synshorns kann bei nicht wasserfestem Schuhwerk feucht werden. Der Weg folgt dem Bach aufwärts in den Sattel zwischen Synshorn und Kongsliknuppen. Die Aussicht über die Seenlandschaft wird mit jedem Schritt schöner. Südlich des Hotels Bygdin ragt das von einem Sendeturm gekrönte Bitihorn (1607 m) auf, das vom Hotel über die Westflanke in zwei Stunden auf einem

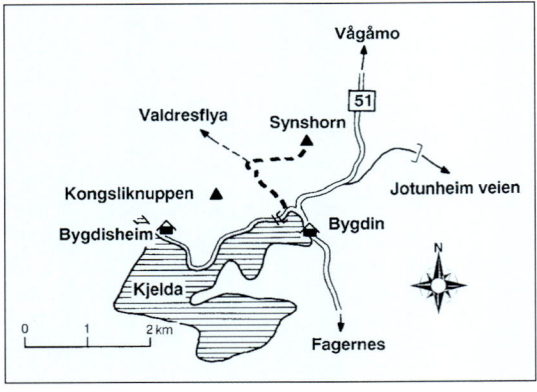

Die vergletscherten Felsgipfel der Hurrungane gehören zu den imponierendsten Berggestalten von Jotunheimen, dem „Heim der Riesen". Beim Aufstieg zum Fannaråken präsentieren sie sich besonders eindrucksvoll (s. Tour Nr. 40).

beim Rückzug auf dem Gipfel vergessen. Die Aussicht über die seenreiche Hochebene Gausdal-Vestfjell im Südosten, die berühmte Hochfläche Valdresflya im Norden und die Gipfel Jotunheimens machen diesen $1^{1}/_{4}$ stündigen Anstieg zu einer sehr lohnenden Tour.

31. Bygdin-See – Wanderung und Bootsfahrt

Der See Bygdin ist mit 27 km der längste See Jotunheimens und wird von Ende Juni bis Anfang September von dem kleinen Motorboot M/S Bitihorn befahren. Da der See Bygdin in einer Höhe von 1057 m liegt, ist das die höchstgelegene Schiffsroute Nordeuropas, auch wenn sie nur einige Monate in Betrieb ist, da der See den überwiegenden Teil des Jahres zugefroren ist. Im Juli und August läßt sich eine Wanderung am Seeufer gut mit einer Bootsfahrt über den malerischen See kombinieren. Im September, der schönsten Wanderzeit, wenn sich die in Rot, Gelb und Orange

Tour auf einen Blick

Zufahrt: Auf Straße Nr. 51 zum Hotel Bygdin.

Wegverlauf: Hotel Bygdin (1065 m) – Synshorn (1475 m), $1^{1}/_{4}$ Std.

Leichte Bergtour.

Karten: Jotunheimen, 1617 IV Gjende.

vielbegangenen Pfad leicht zu erreichen ist. In der Senke zwischen Synshorn und Kongsliknuppen verlassen wir den T-markierten Weg und folgen dem jetzt nur mit Steinmännern bezeichneten Steig, der zunächst neben einem kleinen Bach verläuft. Der Steig quert dann auf den breiten Westrücken des Berges und führt unschwierig zum Gipfel (1475 m), der einen großen Steinmann trägt. Aber auch die Gletscher der Eiszeit haben hier oben eine Marke gesetzt: einen rundgeschliffenen Felsblock, lange vom Gletscher mitgerollt und

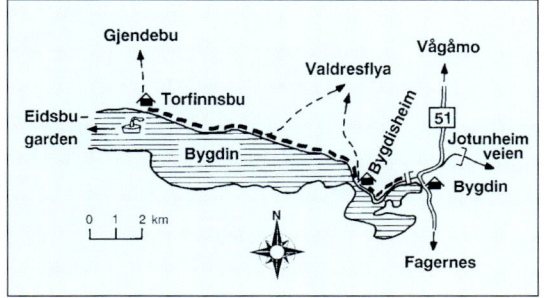

flammenden Berghänge im See spiegeln, steht das schöne Holzboot M/S Bitihorn meist schon aufgebockt am Seeufer.

Wegbeschreibung:

1 km nördlich der Hotelgebäude Bygdin zweigt von der Straße Nr. 51 ein Fahrweg zur Pension Bygdisheim ab. Vor dem Schranken, der die schmale Straße sperrt, bleibt das Fahrzeug geparkt, und wir wandern knapp 3 km eben am Seeufer nach Bygdisheim. Wir passieren die engste Stelle des Sees bei einigen Privathäusern und überblicken erstmals den riesigen See Bygdin.

Nach einer guten halben Stunde erreichen wir die kleine, wunderschön gelegene Pension Bygdisheim. Hier endet der Fahrweg, und wir wandern am Nordufer des Sees fast eben in gut 3 Stunden zur Hütte Torfinnsbu. Die Wanderung am Seeufer vermittelt immer eine reizvolle Aussicht, da wir uns über der Baumgrenze bewegen. Im Sommer entdeckt man viele Blumen am Wegesrand.

Über den größten Bach, der bei dieser Wanderung zu überqueren ist, führt ein Holzsteg. Einige weitere kleinere Bäche können nach Regentagen mit nicht wasserfestem Schuhwerk ein Ausziehen der Schuhe nötig machen. Im allgemeinen gehört das Wetter in dieser Ecke, die im Regenschatten liegt, zum schönsten von Jotunheimen.

Von der Hütte Torfinnsbu kann man mit dem Schiff zum Hotel Bygdin zurückfahren oder, wenn man den ganzen See kennenlernen will, zuerst weiter nach Eidsbugarden und dann über den ganzen See zurückkehren.

Variante:

Von der Hütte Bygdisheim führt ein gern begangener Weg in $3^{1}/_{2}$ Stunden hinauf zur eindrucksvollen Hochebene Valdresflya, wo man

Tour auf einen Blick

Zufahrt: Auf Straße Nr. 51 zum Hotel Bygdin.

Wegverlauf: Hotel Bygdin (1065 m) – Pension Bygdisheim (ca. 1070 m), $^{1}/_{2}$ Std.; Bygdisheim – Hütte Torfinnsbu (1060 m), 3 Std.

Leichte Wanderung.

Karten: Jotunheimen, 1617 IV Gjende.

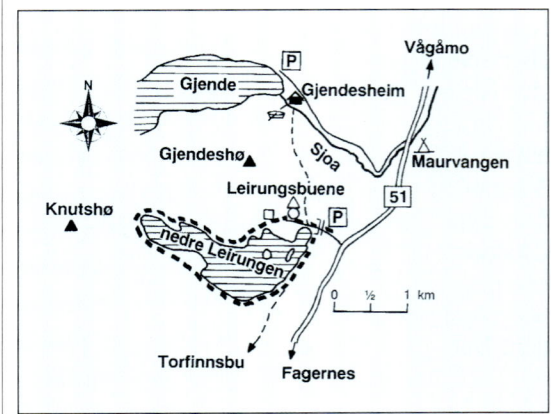

Tour auf einen Blick

Zufahrt: Von Straße Nr. 51 1,2 km nördlich von Maurvangen Fahrweg zur Alm Leirungsbuene folgen.

Wegverlauf: Kleiner Parkplatz vor Straßenschranken (ca. 985 m) – Ostufer des Sees nedre Leirungen (993 m) – Umrundung des Sees, 2 Std.

Leichte, ebene Wanderung, unmarkierter Steig.

Karten: Jotunheimen, 1617 IV Gjende.

bei der Jugendherberge (Vandrerhjem, 1386 m) die Straße Nr. 51 erreicht (Abb. S. 22). In den Sommermonaten verkehrt einmal täglich ein Bus, mit dem man nach Bygdin zurückfahren kann. Es ist sehr lohnend, diesem Weg wenigstens ein Stück zu folgen, bis man den riesigen See Bygdin überblickt.

32. Wanderung um den See nedre Leirungen

Nur ein schmaler Bergrücken trennt den kleinen einsamen See nedre Leirungen vom berühmten, vielbesuchten See Gjende, an dem die große DNT-Hütte Gjendesheim liegt. Eine Wanderung um den in knapp 1000 m Höhe gelegenen See ist auch bei weniger schönem Wetter, wenn sich die hohen Berge der Umgebung hinter Wolken verstecken, eine lohnende Tour.

Wegbeschreibung:

1,2 km nördlich von Maurvangen zweigt von der Straße Nr. 51 eine Schotterstraße zu den Almhütten Leirungsbuene ab. Das Auto bleibt auf einem kleinen Parkplatz vor dem versperrten Weidegatter. Wir übersteigen das Gatter und folgen der Straße, bis der beschilderte, markierte Weg zur Hütte Torfinnsbu abzweigt. Man überquert auf zwei Holzstegen den Seeabfluß und wandert kurz am Ostufer des Sees entlang. Dann verlassen wir den markierten Weg und folgen dem kleinen Steig, der direkt am Seeufer entlangführt.

Vor allem Schafe benützen den für Menschenfüße fast zu schmalen Steig, der in freiem

Geländer dem Südufer folgt und eine schöne Aussicht bietet. Im Norden, gleich hinter dem See, ragt die Bergkuppe Gjendeshø auf, und im Westen bricht der steile Kamm des Knutshø zum See ab; beide Gipfel sind weglos, aber unschwierig zu erreichen. Im Hintergrund erblicken wir das Veslefjellet mit dem berühmten Besseggengrat, über dem der meist schneebedeckte Gipfel Besshøi aufragt.

Wir überschreiten eindrucksvolle, mit Gemsheide und Bärentraube bewachsene Moränenhänge am Seeufer und erreichen das malerische Südwestufer mit schönen Rastplätzen. Nur im Windschatten können einige Birken überleben, und am geschützten Nordufer kann sich sogar ein kleines Birkenwäldchen behaupten. Nach gut 2 Stunden erreichen wir die Almhütten Leirungsbuene und gleich darauf den Ausgangspunkt unserer Tour.

Zur Alm gelangt man auch von der Hütte Gjendesheim (s. S. 84) in 1¹/₄ Stunden auf einem markierten Weg. Über den Abfluß des Sees Gjende, den Fluß Sjoa, muß man sich mit dem Boot der Hütte übersetzen lassen.

33. Besseggengrat und Memurubu – auf den Spuren Peer Gynts

a) Veslefjellet und Besseggengrat

Eine der berühmtesten und meistbegangenen Touren Norwegens ist die Überschreitung des Veslefjellet und Besseggengrates von der Hütte Gjendesheim zur Hütte Memurubu. Die große Beliebtheit dieser Tour ist leicht zu erklären. Das 1743 m hohe Veslefjellet ist einer der wenigen Gipfel in Jotunheimen, über den ein markierter Weg führt. Der Blick auf die höchsten Berge Jotunheimens und auf den tief unten liegenden, von Felswänden eingerahmten See Gjende ist einmalig schön. Und ein weiterer, vielleicht sogar der wesentlichste Grund für die Berühmtheit dieser Tour ist der norwegische Nationalheld Peer Gynt (s. S. 121), der seiner Mutter das Lügenmärchen auftischte, daß er mit einem Renbock über den Besseggengrat geritten sei.

Henrik Ibsen, der diesen Grat durch sein Drama Peer Gynt weltbekannt gemacht hat,

Hinter dem See nedre Leirungen erkennt man den Felsrücken Veslefjellet, über den eine der beliebtesten Touren Norwegens führt. Der links der Bildmitte unter dem Schneefeld beginnende, etwas steilere Abfall des Grates ist der berühmte, mit der Gestalt Peer Gynts untrennbar verbundene Besseggengrat.

Die reizende Blauheide (Phyllodoce caerulea) ist in der gesamten Gebirgskette Norwegens heimisch.

Tour auf einen Blick

Zufahrt: Von Maurvangen an Straße Nr. 51 2 km zur Hütte Gjendesheim.

Wegverlauf:

a) Veslefjellet und Besseggengrat

Gjendesheim (995 m) – Veslefjellet (1743 m) – Besseggengrat – Hütte Memurubu (1008 m), 5 Std.; Rückkehr mit Motorboot oder am Nordufer des Sees Gjende, $3^1/_2$ Std.

b) Hütte Memurubu – Hütte Gjendebu

Hütte Memurubu (1008 m) – Memurutunga (ca. 1440 m) – Hütte Gjendebu (990 m), 5 Std.; Rückkehr nach Gjendesheim mit Motorboot.

Leichte Bergtouren, Abstieg nach Gjendebu einige mäßig exponierte, versicherte Stellen.

Variante: Gjendesheim – See Bessvatnet (1373 m), $1^1/_2$ Std. – See Russvatnet (1175 m), $1^1/_2$ Std.; von beiden Seen Abstieg ins Sjodalen (Straße Nr. 51) möglich.

Leichte Bergtour.

Karten: Jotunheimen, 1617 IV Gjende.

schildert den Besseggen als sensenscharfen Grat. Er hat ihn sicher nie selbst begangen, denn dieser Grat ist ein breiter, mäßig steiler Rücken im gut gestuften Fels, für dessen Begehung ein geübter Bergsteiger kaum seine Hände braucht. Aber die Geschichte vom schwindelerregend steilen und schmalen Grat geistert noch heute durch die Literatur. So wird empfohlen, den Besseggengrat nur im Aufstieg zu begehen, damit man nur hinauf- und nicht hinunterschauen muß. Dieser Rat veranlaßt viele Besucher, in der Früh zuerst mit dem kleinen Motorboot M/S Gjende über den Ostteil des Sees nach Memurubu zu fahren und dann über den Besseggengrat und das Veslefjellet hoch über dem Gjende-See nach Gjendesheim zurückzuwandern. Vor allem an schönen Wochenenden warten dann schon 1 Stunde vor Abfahrt des Bootes in der Früh lange Schlangen von Wanderern, die oft erst bei der zweiten oder dritten Fahrt in dem kleinen Boot Platz finden.

Diesen Andrang kann man vermeiden, wenn man die Tour in umgekehrter Richtung geht, was landschaftlich viel reizvoller ist, da man die hohen Berge und die schöne Aussicht vor und nicht hinter sich hat.

Wegbeschreibung:

Bei Maurvangen zweigt von der Straße Nr. 51 die 2 km lange Zufahrtsstraße zur Hütte Gjendesheim und dem riesigen Parkplatz an der Bootsanlegestelle am See Gjende ab. Vor der Tourenplanung sollte man den Fahrplan des Motorbootes M/S Gjende studieren.

Vom Parkplatz folgen wir dem vielbegangenen Weg, der über den Bergkamm hinaufzieht. Wir passieren die Nationalparkgrenze und errei-

chen nach einer halben Stunde eine Weggabelung. Wir wenden uns hinauf zu den Felsen des Veslefjellet, durchqueren auf einem breiten Band eine Wandstufe und erreichen nach etwa $1^1/_4$ Stunden über eine Rinne die weite Hochfläche des Veslefjellet.

Hier können sich zwischen Steinen und Felsen nur noch sehr robuste Pflanzen behaupten, und bis weit in den Sommer hinein geht man über kleine Schneefelder. Die zarten Blüten vieler Steinbrecharten bringen Leben zwischen die Steine. Der Stern-, der Schnee-, der Nickende und der attraktive Fettblatt-Steinbrech haben weiße Blütensterne, der Mauerpfeffer- und Rote Steinbrech setzen leuchtende Farbtupfer. Sanft ansteigend bringt uns der markierte und vielbegangene Steig zum höchsten Punkt des Veslefjellet mit prächtiger Rundsicht. Der Abstieg nach Westen führt über den berühmten Besseggengrat. Zum See Gjende gegen Süden bricht er mit steilen Felsen rund 600 m ab. Auch im Norden des Besseggen liegt ein See, der Bessvatnet. Rund 200 Höhenmeter steigen wir über dem Besseggengrat ab, der im sogenannten „Bandet", einem schmalen Felsband endet, das die beiden Seen trennt. Nur 8 m unter dem Felsband liegt auf der einen Seite der Wasserspiegel des Bessvatnet, auf der anderen Seite, knapp 400 m tiefer, der See Gjende. Kein Wunder, daß Wasserkraftexperten damit liebäugelten, das Felsband wegzusprengen und den See Bessvatnet 400 m in den Gjende-See stürzen zu lassen. Die Schaffung des Nationalparks bewahrte diese grandiose Landschaft.

Nach einem kurzen Gegenanstieg zum See Bjørnbøltjørna führt der Weg hinunter zur Hütte Memurubu. Gut 5 Stunden sollte man für diese erlebnisreiche Tour einplanen. Von Memurubu kann man mit dem Boot zurückfahren oder $3^1/_2$ Stunden am Seeufer zurückwandern. Am Uferweg wechseln Fjellbirken, morastige Stellen und Blockfelder einander ab, und einige Viehzäune sind zu überklettern. Ein Panoramaweg mit Brettern über morastige

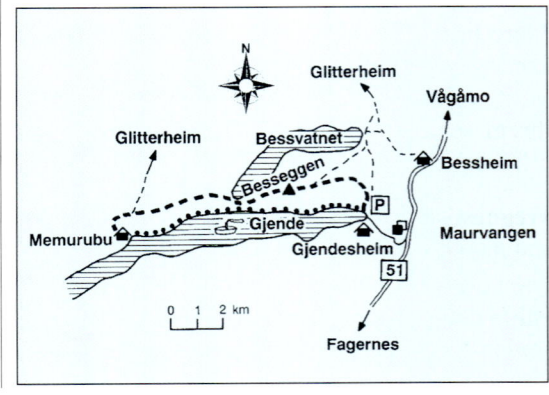

Stellen ist dieser Weg nur im östlichsten Teil bei Gjendesheim.

Variante

Von der beschriebenen Weggabelung oberhalb der Hütte Gjendesheim führt ein markierter Übergang zur Hütte Glitterheim (7 Stunden). Bis zu den Seen Bessvatnet (1 1/2 Stunden) oder Russvatnet (3 Stunden) ist es eine schöne Höhenwanderung. Von beiden Seen kann man ins Sjodalen absteigen und mit dem Bus (s. S. 29) zurückfahren.

b) Memurubu – Gjendebu

Der See Gjende gilt als einer der schönsten Seen Jotunheimens. Er ist 18 km lang aber nur 1 km breit und wirkt wie ein tief eingeschnittener Fjord. Das kleine Motorboot fährt von der Hütte Gjendesheim am Ostende des Sees zur Hütte Gjendebu am Westende. Etwa in der Mitte der Strecke liegt in einer Talsenke die Hütte Memurubu. Über den Bergkamm im östlichen Teil des Sees und den Besseggengrat leitet die oben beschriebene Tour.

Auch im westlichen Teil des Sees Gjende führt ein markierter Steig mit prächtiger Aussicht hoch über dem See durch die seenreiche Hochfläche Memurutunga. Diese Tour ist ebenfalls sehr beliebt und wird gerne als Zweitagestour in Verbindung mit der Überschreitung des Besseggengrates durchgeführt. Man wandert am ersten Tag über den Besseggen zur Hütte Memurubu, nächtigt, wandert am nächsten Tag in 5 Stunden zur Hütte Gjendebu und kehrt mit dem Motorboot zurück.

Gjendebu war einst ebenso wie Memurubu eine sehr abgelegene Almwirtschaft. Neben den neuen Hütten Gjendebu sieht man noch die alte Steinhütte. Hier wurde 1871 die Tochter der ersten Hüttenwirte geboren und mit Wasser aus dem See Gjende auf den Namen Gjendine getauft. Sie soll schöne alte Almlieder gesungen haben, die Edvard Grieg, der als Tourist hier einkehrte, so gefielen, daß er für zehn Jahre immer wieder nach Gjendebu kam, ihre Lieder aufschrieb und in den „Norwegischen Volksweisen" verarbeitete. Gjendine, die mit ihrem schönen Gesang viele Gäste der Hütte erfreute, erreichte ein Alter von 100 Jahren.

Wegbeschreibung:

Bei der Hütte Memurubu (1008 m) überqueren wir auf einer Brücke den Fluß Muru, der dieser Hütte den Namen gab. Der Weg führt zunächst steiler hinauf zum 1300 m hohen Bergspitz Sjugurdtind und durchquert dann eine von

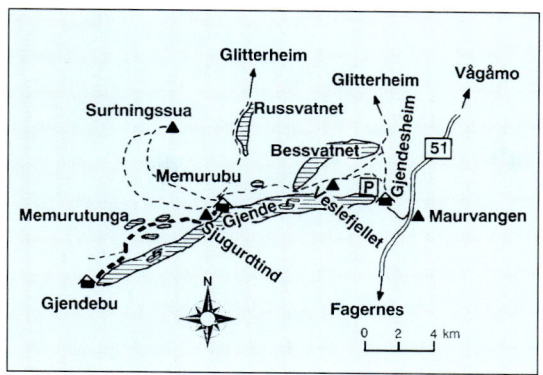

kleinen Seen und Bergköpfchen geprägte Hochfläche in rund 1400 m Höhe – eine reizvolle Wanderung mit schönem Rundblick. Schließlich steigt man wieder steil zum gut 400 m tiefer gelegenen See Gjende ab. An einigen ausgesetzten Stellen ist der Steig sogar gesichert. Am Seeufer, das überraschend üppigen Pflanzenwuchs mit vielen Fjellbirken aufweist, wandern wir noch etwa eine 3/4 Stunde zur Hütte Gjendebu.

Für die gesamte Überschreitung von Memurubu nach Gjendebu muß man 5 Stunden einplanen und mit dem Fahrplan der M/S Gjende in Einklang bringen. Einen Weg am Seeufer gibt es von Gjendebu nach Memurubu wegen der steil abfallenden Felswände nicht.

34. Sikkilsdalshø – Aussichtsberg über der Alm der Fjordpferde

Der malerische Fluß Sjoa trennt die alpin wirkenden, felsigen und teils vergletscherten Berge Jotunheimens, die westlich des Flußtales aufragen, von den sanfter geformten niedrigeren Bergen östlich des Flusses. Der höchste Gipfel dieser östlichen Bergkuppen, die bis in höchste Regionen eine Pflanzendecke tragen, ist der Sikkilsdalshø, ein prächtiger Aussichtsberg, der in alle Richtungen einen freien Blick bietet.

Die langen Nebentäler im Osten der Sjoa weisen eine üppige Vegetation auf, und schon frühzeitig sind hier Almen entstanden. Der Sikkilsdalshø bricht mit einer felsigen Wand zum Tal Sikkilsdalen ab, in dem die Seen øvre und nedre Sikkilsdalsvatnet liegen. Am Rand des unteren Sees befinden sich die staatliche Pferdezuchtalm Sikkilsdalsseter und eine gleichnamige Hütte. Auch der norwegische Kronprinz besitzt hier eine Ferienhütte – die „Prinsehytta". Die Pferde werden in der Regel zur Sommersonnenwende aufgetrieben – ein

Tour auf einen Blick

Zufahrt: Von Straße Nr. 51 zum Campingplatz Maurvangen.

Wegverlauf: Campingplatz (ca. 970 m) – Sikkilsdalshø (1778 m), 3 Std.

Variante, Rundtour: Sikkilsdalshø – Sikkilsdalsseter (1000 m), 3 Std.; Sikkilsdalsseter – nedre und øvre Sikkilsdalsvatnet – Campingplatz Maurvangen, 5 Std.

Leichte Bergtour.

Karten: Jotunheimen, 1617 I Sikkilsdalen, 1617 IV Gjende.

Die stämmigen Fjordpferde besitzen noch den dunklen Aalstrich auf dem Rücken, das Merkmal der Wildpferde.

deren Nordufer meist durch Birkenwald zur Alm und Herberge Sikkilsdalsseter führt.

Um den Gipfel des 1787 m hohen Sikkilsdalshø zu besteigen, folgen wir bei der Weggabelung dem markierten Weg, der über den Südwest- und Westrücken des Berges führt (insgesamt 3 Stunden).

Bei schönem Wetter kann man eine reizvolle Rundtour unternehmen, indem man vom Sikkilsdalshø 3 Stunden zur Alm Sikkilsdalsseter absteigt und von dort durch das Tal Sikkilsdalen am Ufer der gleichnamigen Seen entlang zurückkehrt. Bis Maurvangen muß

Erlebnis, das sich Pferdeliebhaber nicht entgehen lassen sollten.

Wegbeschreibung:

Das schöne Tal Sjodalen im Osten Jotunheimens ist Ausgangspunkt vieler Wanderungen und Bergtouren. Über dem See øvre Sjodalsvatnet ragt der leicht ersteigbare Berg Sikkilsdalshø auf.

Der Anstieg beginnt bei dem Campingplatz Maurvangen (ca. 970 m) an der Straße Nr. 51 und leitet zunächst sanft ansteigend durch Fjellbirkenwald aufwärts. Bald erreichen wir freies Gelände und wandern fast eben über der Baumgrenze zu einer Weggabelung in etwa 1140 m Höhe. Nach Osten zweigt der Weg ab, der hinunter zu den Sikkilsdals-Seen und an

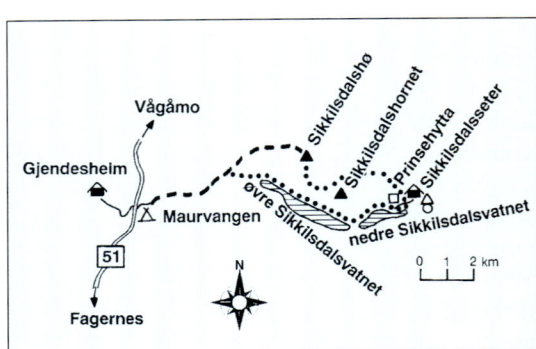

man von der Alm nochmals 5 Stunden einplanen. Als Zweitagetour mit einer Nächtigung in der Herberge Sikkilsdalsseter ist die Rundtour gemütlicher.

35. Besstrondfjellet – 8000 Jahre alte Kiefernstämme

Vor 8000 Jahren war es in Norwegen wärmer als heute, und die Waldgrenze lag viel höher. Moore konservierten Pflanzen und Tiere und erzählen uns von lang vergangenen Zeiten. In einem kleinen Moor unter dem Besstrondfjellet erblickt man direkt an der Oberfläche dicke Stämme von Kiefern, die auf ein Alter von 8000 Jahren geschätzt werden. Von einem Stamm ist nur noch der Abdruck im Moor zu sehen, er wurde offenbar für ein Museum entnommen.

Wo einst mächtige Kiefern wuchsen, sind heute nur noch bodendeckende Zwergsträucher und einzelne Bergblumen zu finden. Der reizende Schnee-Enzian mit seinen winzigen blauen Blütensternen wird Ende August vom violetten Feldenzian abgelöst. Die Rosenwurz, die in der gesamten Gebirgskette Skandinaviens heimisch ist, wurde in Norwegen früher als Haarwuchsmittel verwendet und so wie in Mitteleuropa die Hauswurz als Blitzschutz auf die Grasdächer gepflanzt.

Wegbeschreibung:

Im Sjodalen liegt zwischen den beiden Seen øvre und nedre Sjodalsvatnet der große Berggasthof Besstrond (985 m). Er besitzt auch einige Übernachtungs- und Almhütten und einen Verkaufskiosk für Kunsthandwerk aus Silber und Keramik. Alle Gebäude sind in Blockbauweise errichtet, mit Gras gedeckt und fügen sich gut in die reizvolle Landschaft. Besstrond liegt direkt an der Straße Nr. 51 und ist Ausgangspunkt für die halbstündige Wanderung zum Moor. Ein markierter Steig zieht den Hang hinter den Hütten aufwärts gegen das Besstrondfjellet, unter dessen weiten Rücken das kleine Moor liegt. Der aussichtsreiche Weg führt weiter ins Russdalen (Wegskizze S. 88).

Tour auf einen Blick

Zufahrt: Auf Straße Nr. 51 von Maurvangen 6 km nördlich zum Berggasthof Besstrond.

Wegverlauf: Besstrond (935 m) – Moorsee am Besstrondfjellet (ca. 1150 m), $^1/_2$ Std.; weitere Wanderung ins Russdalen möglich.

Leichte Wanderung.

Karten: Jotunheimen, 1617 IV Gjende.

(Skizze s. S. 88)

Tour auf einen Blick

Zufahrt: Auf Straße Nr. 51 zu Parkplatz ca. 4 km nördlich von Besstrond.

Wegverlauf: Rundweg; Parkplatz (ca. 890 m) – See nedre Birisjøtjønn (901 m) – See øvre Birisjøtjønn, 2½ Std.

Leichte Wanderung, Naturlehrpfad.

Karten: Jotunheimen, Wegverlauf auf Info-Tafel am Parkplatz.

36. Lehrpfad durch das Naturreservat Stuttgonglia

Direkt an der Straße Nr. 51 beginnt im Sjodalen ein sehr reizvoller, ca. 5,5 km langer Naturlehrpfad. Er ist sehr abwechslungsreich angelegt, führt durch lichte Birken- und Kiefernwälder, an Seen und Flüssen entlang und auf Prügelsteigen über Moore. Man lernt alle Landschaften kennen, die typisch sind für den Bereich der Baumgrenze.

Der Weg ist mit Holzstangen gut markiert; die erklärenden Tafeln am Wegesrand sind zwar nur in norwegischer Sprache, aber die beigefügten Zeichnungen und viele dem Deutschen verwandte Wörter lassen zumindest ahnen, welche Informationen vermittelt werden.

Wegbeschreibung:

Etwa 4 km nördlich der Herberge Besstrond liegt gleich unterhalb der Straße Nr. 51 gegenüber der Alm Russliseter ein eigens angelegter Parkplatz mit großer Hinweistafel auf den „Naturstig"; 2 bis 3 Stunden Zeit sollte man sich für die reizvolle, fast ebene Wanderung nehmen.

Man überquert zunächst einen Seitenarm der Sjoa und dann auf einer sehr schönen alten Holzbrücke den Fluß selbst. Wir folgen einem Bach zum unteren See nedre Birisjøtjønn. Eine Tafel weist darauf hin, daß wir uns im Stuttgonglia-Naturreservat befinden.

Der Rundweg führt durch lichten Wald mit Kiefern und Birken, teils Urwald mit vielen

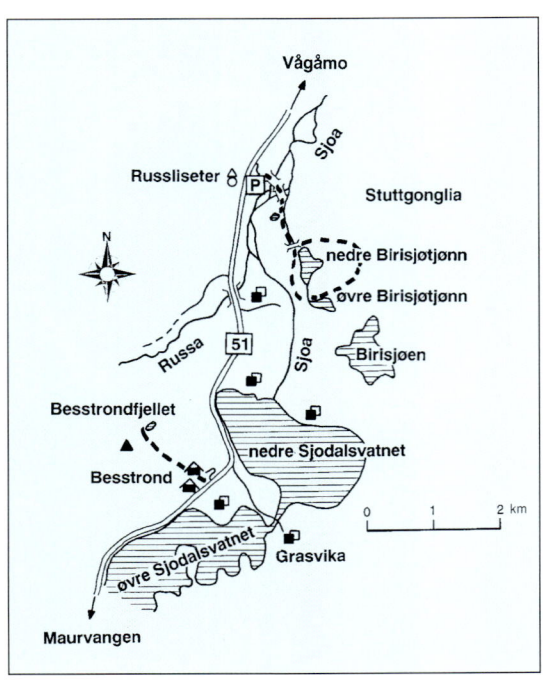

umgestürzten Bäumen. Vor allem Elche lieben solche Biotope. Auf dem vielbegangenen Weg wird man kaum ein Tier sehen, aber vielleicht die Losung der Tiere. Sie besteht, wie eine Hinweistafel erklärt, aus 2 bis 3 cm langen und 1,5 bis 2 cm dicken ellipsoidförmigen Knödelchen.

Wir folgen kurz einem alten Fjellweg und kommen zum malerischen oberen See øvre Birisjøtjønn mit Rastplatz und einem Buch für Besucher. Kurz ansteigend erreichen wir etwas trockenere Gebiete mit lichtem Kiefernwald; eine Tafel gibt das Alter einer Kiefer mit 300 Jahren an. Wir wandern zurück zum unteren See, wo sich der interessante Rundgang schließt.

37. Der Fluß Sjoa – ein bewahrtes Juwel

Der forellenreiche Fluß Sjoa gilt als einer der schönsten Flüsse Norwegens und wurde rechtzeitig vor den Plänen der Wasserkraftnutzung bewahrt.

a) Sjodalen

Die Straße Nr. 51 führt von Maurvangen bis Randsverk 30 km durch das malerische Sjodalen. Sie leitet an den Ufern der großen Seen øvre und nedre Sjodalsvatnet vorbei, an denen einladende Rastplätze liegen. Kaum abfallend folgt man den weiterästelten Armen des naturbelassenen Flusses Sjoa, vorbei an schönen Almen und großen Berggasthöfen mit Grasdächern. Im unteren Sjodalen tost der Fluß mit einigen Wasserfällen durch enge Schluchten, die von der Straße in kurzen Abstechern zu erreichen sind.

Wegbeschreibung:

0,6 km südlich von Hindseter zweigt von der Straße Nr. 51 ein Fahrweg ab, der die Sjoa auf einer Brücke überquert. Von der Brücke hat man einen schönen Blick auf den Wasserfall Stuttgongfossen und die enge Schlucht, durch die sich die Sjoa hier zwängt. Von der Straße ist dieser malerische Platz in wenigen Minuten zu erreichen.

Viel berühmter und viel mehr besucht ist die Schlucht Ridderspranget. Die senkrechten Felswände der Schlucht, in der tief unten die Sjoa rauscht, treten hier so eng zusammen, daß man sie überspringen kann. 6 km südlich von Randsverk steht das Straßenzeichen für Sehenswürdigkeiten, und eine sogar für Reise-

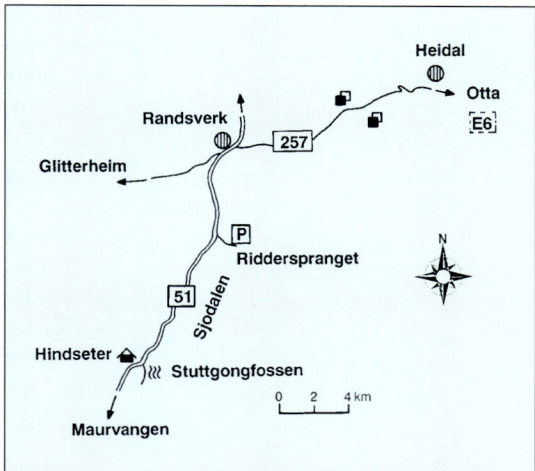

busse ausgebaute Straße führt zum Parkplatz knapp vor der Schlucht Ridderspranget („Rittersprung"). Hier kann man auch in deutscher Sprache lesen, wie die Schlucht zu ihrem Namen kam. Der Ritter Sigval Leirhol raubte die schöne Skårvangssole, als sie gerade dabei war, einen anderen zu heiraten. Er erschlug einige Hochzeitsgäste und floh mit der geraubten Braut. Er entkam den Verfolgern, als er mit ihr über die Schlucht sprang, die seither Ridderspranget heißt. Für den Brautraub mußte der Ritter dem Nebenbuhler später den fischreichen See Heimdalsvatnet geben.

b) Heidal

Während im Oberlauf der Sjoa, im Sjodalen, die unberührte Natur des wildromantischen Tales alle Besucher begeistert, birgt das Tal im Unterlauf, die Talschaft Heidal, einen Schatz bäuerlichen Kulturgutes. 60 Prozent der 3000 Häuser in diesem Tal sind älter als 100 Jahre, 18 Prozent stammen aus dem 18. Jahrhundert und das älteste Haus sogar aus dem Jahr 1500. Die alten Häuser mit ihrer schönen Holzarchitektur prägen das reizvolle Tal; 90 Häuser stehen unter Denkmalschutz.

Wegbeschreibung:

In Randsverk zweigt von der Reichsstraße Nr. 51 die Straße Nr. 257 ab und führt 32 km durch das Tal Heidal in östlicher Richtung ins Gudbrandsdalen, dem Lauf der Sjoa folgend. Die schönen alten Höfe, die oft aus vielen Gebäuden bestehen und sich manchmal seit Jahrhunderten im Besitz der gleichen Familie befinden, sind keine Museumsstücke, sondern heute noch bewirtschaftet.

38. Glittertind – nur noch zweithöchster Gipfel Norwegens

Der Glittertind, die „Glitzerzinne", galt früher als höchster Berg Skandinaviens, da er eine Kappe aus Gletschereis besitzt, die mitgerechnet wurde. 1931 erreichte der Gipfel noch 2481 m; in den folgenden Jahrzehnten wurde seine Eiskappe immer dünner, und letzte Messungen billigen dem Glittertind nur noch eine Höhe von 2464 m zu. Damit mußte er seinen Ruf, der höchste Berg Nordeuropas zu sein, endgültig an den ohne Eis 2469 m hohen Galdhøppigen abtreten.

Tour auf einen Blick

a) Sjodalen

Zufahrt: Besichtigungen von Straße Nr. 51.

Wegverlauf: Ca. $^1/_2$ km nördlich des Berghotels Hindseter in 5 Minuten zum Wasserfall Stuttgongfossen. Ca. 5,5 km südlich von Randsverk zum Parkplatz bei der Schlucht Ridderspranget abzweigen, 10 Minuten Fußweg.

b) Heidal

Zufahrt: Besichtigung alter Bauernhöfe an der Straße Nr. 257.

Sehr kurze Wanderungen.

Karte: Jotunheimen.

In dem breiten Veodalen, das zur Hütte Glitterheim führt, kann man oft wilde Rentierherden beobachten. Im Gegensatz zu den halbdomestizierten Renherden der Lappen im Norden haben sie eine sehr große Fluchtdistanz.

Der Gipfel ist auf einem markierten Weg von der Hütte Glitterheim zu erreichen. Im obersten Teil führt der Anstieg über den Gletscher Glitterbreen, der keine Spalten besitzt und unter normalen Umständen leicht zu begehen ist. In schneearmen Zeiten, wenn das Eis freiliegt, sind Steigeisen notwendig. Bei schlechtem Wetter und schlechter Sicht sollte man auf diese Tour verzichten, denn über den Gletscher gibt es natürlich keine Markierungen, und auch beim Anstieg sind je nach Jahreszeit viele Markierungen unter Restschneefeldern begraben. Bei schönem Wetter findet man einen vielbegangenen Pfad vor, denn der Glittertind ist die beliebteste Tour von der Hütte Glitterheim.

Wegbeschreibung:

In Randsverk zweigt von der Straße Nr. 51 eine Mautstraße zum großen Berghotel Glitterheim (1385 m) ab, das von mächtigen Gletscherbergen umgeben ist. Man kann die Straße 24 km bis zur Grenze des Nationalparks Jotunheimen mit dem Auto befahren. Die 8 km lange Strecke von der Nationalparkgrenze bis zur Hütte ist gesperrt. Ein Rad verkürzt den gut $1^1/_2$stündigen Anmarschweg zur Hütte.

Der Transportweg führt durch das breite, offene Tal Veodalen, in dem man oft wilde Rentierherden beobachten kann. Viele Bergblumen, vor allem größere Bestände des aparten Oeders Läusekrautes, säumen den Wegrand. Zu den reizendsten Frühlingsboten im norwegischen Bergland gehört die Frühlingsanemone, die auf sonnseitigen, trockenen Hängen des Veodalen schon bald nach der Schneeschmelze ihre pelzigen Blüten entfaltet.

Von der großen Hütte Glitterheim wandern wir den Hang hinter dem Berghotel hinauf und sehen bald unter uns die in 1500 m Höhe gelegenen Seen øvre und nedre Steinbuvatnet. Die folgende Passage leitet etwas eintönig rund 700 m über den teils verblockten Südosthang mit Restschneefeldern hinauf.

Schließlich erreicht man das grobblockige Schuttfeld zwischen den Gletschern Gråsubreen und Glitterbreen. Jetzt beginnt der schönste Teil des Anstieges. Wir bewundern die elegante Ostzinne des Glittertind, überqueren den Gletscher Glitterbreen und erreichen nach 3 Stunden den Gipfel. Gegen Norden bricht der Glittertind steil ab und trägt eine eindrucksvolle Wächte. Bei schönem Wetter läßt der Blick über die vielen Gipfel und Gletscher der Bergwelt Jotunheimens keinen Wunsch offen.

Variante:

Eine kürzere, leichte Wanderung folgt vom Berghotel Glitterheim dem markierten Weg zu den Hütten Memurubu und Gjendesheim. Nach $1^1/_2$ Stunden passiert der Weg den 1685 m hohen Sattel zwischen dem westlichen, 1758 m hohen vestre Hestlægerhø und dem rund 200 m höheren östlichen austre Hestlægerhø. Beide Gipfel sind vom Sattel aus ohne Markierung in 10 Minuten bzw. einer halben Stunde leicht zu ersteigen. Direkt vor uns leuchten die vergletscherten Spitzen der Styggehøbretindane und des Glittertind.

Auch eine Kurzwanderung vom Parkplatz nach Glitterheim ist lohnend und in der Hauptsaison ein sehr beliebter Spazierweg.

Tips für Radfahrer

SEEN BYGDIN UND VINSTRA

Die 3 km lange Fahrt vom Hotelkomplex Bygdin zur Pension Bygdisheim auf der für Autos gesperrten Straße, immer am Seeufer entlang, ist eine sehr genußvolle, kurze Tour. Sie kann verlängert werden, wenn man den östlich des Hotels Bygdin liegenden See Vinstra auf der Mautstraße Jotunheim veien (s. S. 76) in die Tour einbezieht.

SJODALEN

Das Sjodalen ist von Maurvangen bis Hindseter per Rad besonders reizvoll, da die Straße mit nur sehr geringem Gefälle immer im freien Gelände meist an den Ufern der Seen (Abb. S. 86) ca. 16 km flußabwärts leitet. Der zweite, ca. 14 km lange Straßenabschnitt hat mehr Gefälle und führt durch Wald. Die gut ausgebaute asphaltierte Straße Nr. 51 weist nur in der Hauptsaison mäßigen Verkehr auf.

HEIDAL

Wer die schönen alten Bauernhöfe mit Muße genießen will, dem sei die 32 km lange Radtour von Randsverk nach Sjoa durch das

Tour auf einen Blick

Zufahrt: Von Randsverk an Straße Nr. 51 auf Mautstraße ca. 24 km in Richtung der Hütte Glitterheim bis zum Straßenschranken an Nationalparkgrenze.

Wegverlauf:
a) Glitterheim: Nationalparkgrenze (ca. 1300 m) – Hütte Glitterheim (1384 m), $1^1/_2$ Std.

b) Glittertind: Glitterheim – Glittertind (2664 m), 3 Std.

c) Austre Hestlagerhø: Glitterheim – Sattel zwischen vestre und austre Hestlagerhø (1685 m), $1^1/_2$ Std.; in 10 Min. bzw. $^1/_2$ Std. auf einen der Gipfel.

a) Fahrweg;
b) mäßig schwierige Bergtour, Gletschertour;
c) leichte Bergtour.

Karten: Jotunheimen, 1618 III Glittertinden.

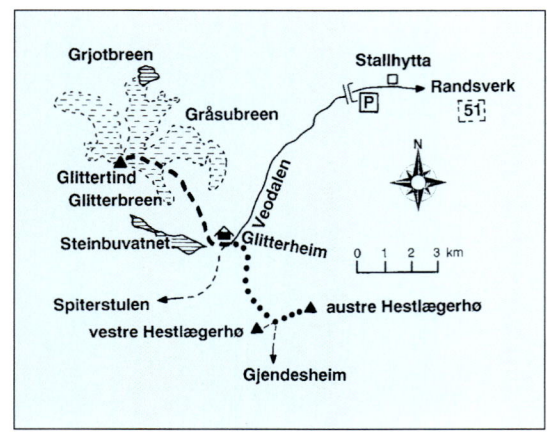

Heidalen empfohlen. Der erste Abschnitt bis zur sehenswerten Kirche von Heidal weist ein größeres Gefälle auf und führt meist durch Wald. Der zweite, 18 km lange Abschnitt ins Gudbrandsdalen leitet durch die eigentliche Talschaft Heidal und wird Liebhabern alter Holzhäuser ein unvergeßliches Erlebnis sein. Der Verkehr auf der gut ausgebauten Asphalt-straße ist, von Wochenenden abgesehen, meist gering (s. S. 89).

VEODALEN

In Randsverk führt durch das breite Veodalen eine Naturstraße zur Hütte Glitterheim (s. S. 90), die ab der Nationalparkgrenze für motorisierten Verkehr gesperrt ist.

b) Westlicher Teil

39. Sognefjellvegen – aussichtsreiche Hochgebirgsstraße

Schon vor Jahrhunderten nutzten die Bewohner des nördlichen Gudbrandsdalen und des Ottadalen den sehr beschwerlichen, aber kurzen Weg über das Sognefjell, um ihre landwirtschaftlichen Erzeugnisse zum Sognefjorden zu bringen, von wo die Waren nach Bergen verschifft wurden. Unterhalb der Paßhöhe liegt die große Hütte Krossbu, die „Kreuzhütte". Der Name erinnert daran, daß die Bauern und Reisenden früher hier den hl. Christophorus um Schutz anflehten, bevor sie das Fjell überquerten. Der Weg über das Sognjefjell war nicht nur wegen der Kälte, des Schnees und häufigen Nebels gefürchtet, auch Wegelagerer überfielen gelegentlich die Reisenden; der Galgeberg („Galgenberg") erinnert daran. Überall neben der Straße sieht man riesige, kunstvoll geschichtete Steinmänner, die als Markierung dienten (Abb. S. 92), und auch einige alte kleine Steinbrücken sind noch erhalten.

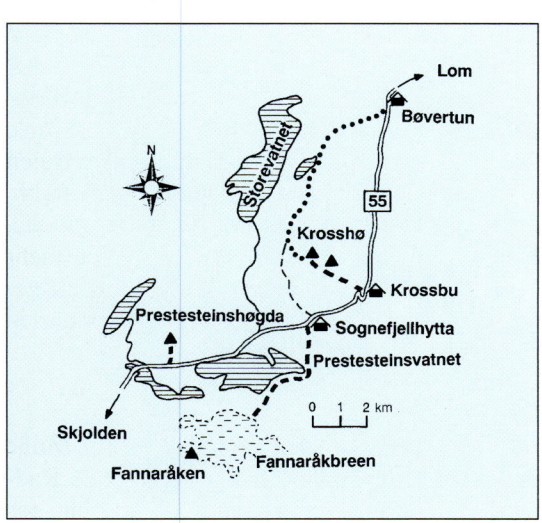

Heute führt die gut ausgebaute Reichsstraße Nr. 55 von Lom (s. S. 65) im Tal Ottadalen in 139 km über das 1440 m hohe Sognefjell zum Sognefjorden. Wenn Ende Mai im Fjord die Äpfel blühen, erwartet uns auf dem Paß eine Winterlandschaft mit geschlossener Schneedecke; noch im August passiert man Straßenabschnitte mit meterhohen Schneewänden.

Verschiedene Hahnenfußarten, das Gemeine Fettkraut und die Alpen-Pechnelke blühen auf dem Sognefjell oft erst Ende August. Vor dem ersten Schnee noch Samen auszubilden, ist immer ein Wettlauf mit der Zeit.

Die dunklen Felsspitzen der Kletterberge Hurrungane und die leuchtend weißen Gletscher der Berge von Jotunheimen, die sich in großen Seen spiegeln, bieten schon von der Straße aus ein einmaliges Hochgebirgspanorama. Noch schöner wird die Aussicht, wenn man auf einen der neben der Straße liegenden Hügel steigt (Abb. S. 94).

Wegbeschreibung:

a) Prestesteinshøgda

Im westlichen Teil des Sognefjells ragt gleich neben der Paßstraße der 1536 m hohe Hügel Prestesteinshøgda auf. Er bietet einen schönen Rundblick und kann direkt von der Straße in einer halben Stunde weglos erstiegen werden.

b) Krosshø

Von der Hütte Krossbu an der Sognefjell-Paßstraße führt ein markierter Steig in 1¼ Stunden auf die 1627 m hohe Aussichtskuppe Krosshø. Er leitet weiter über eine seenreiche Hochfläche und durch das Tal der Dumna, das interessante Kalksteingrotten besitzt, in insgesamt 4 Stunden zur Hütte Bøvertun, wo man wieder die Paßstraße erreicht.

Tour auf einen Blick

Zufahrt: Von Lom oder Skjolden auf Straße Nr. 55 auf das Sognefjell.

Wegverlauf:

a) Prestesteinshøgda: Paßstraße am Prestesteinsvatnet (1350 m) – Prestesteinshøgda (1536 m), ½ Std.

b) Krosshø: Hütte Krossbu (1267 m) – Krosshø (1627 m), 1¼ Std.

Variante: Krossbu – Krosshø – Hütte Bøvertun (950 m), 4 Std.

c) Fannaråkbreen: Sognefjellhytta (1410 m) – Fuß des Fannaråkbreen (ca. 1400 m), 1½ Std.

Leichte Wanderungen; Prestesteinshøgda weglos.

Karten: Jotunheimen, 1518 III Sognefjell.

Über das Sognefjell in Jotunheimen führt eine der höchstgelegenen Paßstraßen Norwegens. Riesige Steinmänner markierten einst den jahrhundertealten Saumpfad über das Gebirge.

c) Fannaråkbreen

Von der Sognefjellhytta (Abb. S. 95) werden geführte Gletschertouren auf den Fannaråken angeboten. Der 1¹/₂stündige Weg über die Hochfläche zum Fuß des Gletschers Fannaråkbreen bietet ein prächtiges Panorama.

40. Fannaråken – Wahrzeichen des Sognefjells

Jedem Norwegenbesucher, der auf der berühmten Paßstraße das Sognefjell überquert, wird der markante Bergrücken Fannaråken auffallen, der mit dem großen Gletscher Fannaråkbreen zu dem neben der Straße liegenden See Prestesteinsvatnet abfällt. Auf dem eleganten Berg befand sich eine meteorologische Station. Die Hütte dieser Station wurde 1981 vom DNT übernommen und ausgebaut und ist im Hochsommer bewirtschaftet.

Vom Sognefjell ist die Besteigung des Fannaråken eine Gletschertour (s. oben); vom Tal Helgedalen aus sind Gipfel und Hütte in 3¹/₂ Stunden auf dem einst zur meteorologischen Station gebauten Weg leicht erreichbar. Der Fannaråken ist der einzige hohe Gipfel in Jotunheimen, auf den ein durchgehend markierter Weg führt.

Wegbeschreibung:

Vom Berggasthof Turtagrø (884 m) an der Sognefjellstraße führt ein 3 km langer Fahrweg in das weite Helgedalen zum Fuß des Fannaråken. Die halbe Strecke des Weges ist befahrbar, dann wandern wir eine halbe Stunde in den Talgrund. Hier wendet sich der Weg zur winzigen, privaten Ekrehytta (ca. 1200 m) hinauf, die auch ein lohnendes Ziel ist.

Der weitere Anstieg führt knapp 900 Höhenmeter in vielen Serpentinen über den breiten, mit Blockwerk bedeckten Westrücken des Fannaråken auf den Gipfel. Direkt gegenüber ragen die imponierenden Felsspitzen der Hurrungane auf. Mächtige Hängegletscher fließen über steile Felswände – es ist ein Panorama wie in den Westalpen (Abb. S. 80).

Der 2069 m hohe Gipfel des Fannaråken ist sehr exponiert, und kurz vor der Hütte ist ein gutes Dutzend großer, T-markierter Steinplatten hochkant aufgestellt, damit man bei Nebel

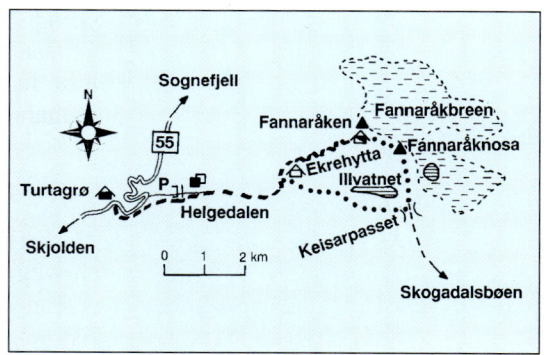

kann man den vielen großen Steinmännern über den Kamm des Fannaråken zur Fannaråknosa folgen, zum Keisarpasset („Kaiserpaß") absteigen und im Bogen zurück zur Ekrehytta wandern. Es ist eine traumhafte Panoramatour im hochalpinen Gelände; bis in den Spätsommer sind Schneefelder zu queren.

41. Tal der Utla – unter Schutz gestelltes Juwel

Das zum Naturschutzgebiet erklärte Utladalen durchschneidet nahezu das gesamte Bergmassiv Jotunheimens. In dem nach Süden zum Årdalsfjorden offenen, klimatisch begünstigten Tal hat sich eine üppige Vegetation entwickelt. Der leuchtend blaugrüne Fluß Utla hat sich im Unterlauf tief eingegraben und bildet die Schlucht Vettisgjelet. Von den steilen, üppig bewachsenen Talhängen stürzen gewaltige Wasserfälle mehrere hundert Meter ins Tal. Der Wasserfall Vettisfossen, der schon 1924 unter Schutz gestellt wurde, ist mit 275 m Fallhöhe der höchste, nicht regulierte Wasserfall Norwegens.

die Hütte auf dem Gipfelplateau findet. Bei klarem Wetter bietet der Gipfel eine der schönsten Aussichten Norwegens (Abb. S. 24). Gipfel neben Gipfel reihen sich die Berge von Jotunheimen aneinander. Auch das riesige Gletscherplateau des Jostedalsbreen, das, mit dem Fernglas verfolgt, kein Ende zu nehmen scheint, ist von hier zu überblicken.
Der Hüttenwirt, der zugleich Bergführer ist, erzählte uns von den Schneestürmen hier oben mitten im Sommer und zeigte uns eine im Winter gemachte Flugaufnahme der Hütte. Von einer Hütte war keine Spur zu sehen – nur ein bizarres Gebilde aus Schnee und Eis.
Bei gutem Wetter und ausreichender Kondition

Tour auf einen Blick

Zufahrt: Auf Straße Nr. 55 von Skjolden zum Berggasthof Turtagrø (884 m) und auf Fahrweg bis zum Schranken im Helgedalen.

Wegverlauf: Schranken Helgedalen (ca. 950 m) – Ekrehytta (ca. 1200 m), 1 Std.; Ekrehytta – Fannaråken (2069 m), 2$^1/_2$ Std.

Variante: Abstieg über Fannaråknosa und Keisarpasset zur Ekrehytta, 3 Std.

Leichte Bergtour; meist ganzjährig streckenweise Schneefelder.

Karten: Jotunheimen, 1518 III Sognefjell und 1517 IV Hurrungane.

Tour auf einen Blick

Zufahrt: Von Øvre Årdal durch das Utladalen 8 km nach Hjelle (Parkplatz).

Wegverlauf:

a) Vettisfossen: Hjelle (107 m) – Vetti (317 m), 1 Std.; Vetti – Fuß des Vettisfossen, 20 Min.

b) Vettismorki: Hjelle – Vetti – Hütte Vettismorki (683 m) und oberes Ende des Vettisfossen, 1 Std.

c) Avdalen: Hjelle – Bergbauernhof Avdalen (385 m), $^3/_4$ Std.

Leichte Wanderungen.

Karten: Jotunheimen,1517 IV Hurrungane.

Die Sognefjellhytta liegt direkt an der Paßstraße. Links hinten erblickt man die Gipfel der Hurrungane, rechts den auf dieser Seite vergletscherten Fannaråken.

Wegbeschreibung:

Von Øvre Årdal führt bis zur Pension Vetti eine Straße. Nach 8 km erreichen wir die wenigen Häuser von Hjelle und stellen das Fahrzeug auf einem Rastplatz direkt zu Füßen eines mächtigen Wasserfalls ab.

Wir wandern auf dem im Naturschutzgebiet für öffentlichen Verkehr gesperrten Fahrweg 5 km, immer dem Ufer der wilden Utla folgend, nach Vetti. In 20 Minuten bringt uns von hier ein

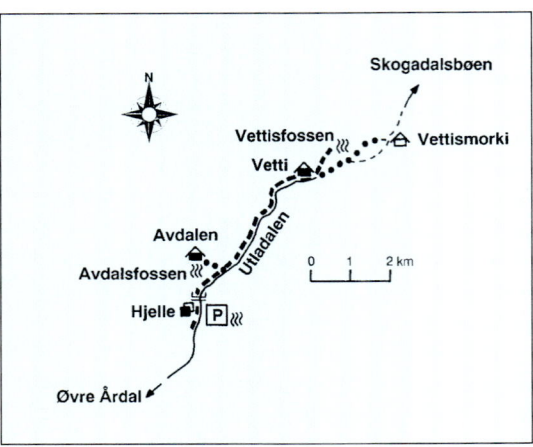

Weg zu einem Aussichtsplatz am Fuß des gewaltigen Vettisfossen.

Von Vetti (317 m) ist auf einem markierten Weg, der in einer Stunde zur nicht bewirtschafteten Hütte Vettismorki (683 m) hinaufführt, auch das obere Ende des Vettisfossen zu erreichen. Noch im vorigen Jahrhundert stießen die Holzarbeiter die Stämme der Kiefern, die auf der großen Hochfläche bei Vettismorki wachsen, über den Wasserfall in die Tiefe. Die Emissionen des riesigen Aluminiumwerkes in Øvre Årdal haben viele Kiefern, deren hartes Holz besonders geschätzt war, vernichtet. Ihre gebleichten Holzgeripppe bedecken die sumpfige Hochfläche von Vettismorki.

Wenn man im Utladalen von Hjelle nach Vetti wandert, kann man sich kaum vorstellen, daß es am oberen Ende der gewaltigen Wasserfälle, wo die Hänge etwas weniger steil sind, Bauernhöfe gegeben hat. Den Bergbauernhof Avdalen direkt neben dem mächtigen Wasserfall Avdalsfossen hat man restauriert und zu einer Hütte ausgebaut. Vom Fahrweg nach Vetti ist der 385 m hoch gelegene Hof auf dem alten Weg zu erreichen ($^3/_4$ Stunde ab Parkplatz). Man bewundert die Holztröge der Einödhöfe, die in einem Stück aus einem Kiefernstamm herausgearbeitet sind, und genießt die Aussicht über das Utladalen. Die nicht mehr gemähten steilen Wiesen um den Hof hat der Norwegische Eisenhut erobert, der hier fast Schulterhöhe erreicht.

Øvre Årdal ist auch von der Sognefjellstraße (s. S. 91) über eine aussichtsreiche, 33 km lange Mautstraße zu erreichen, die bei Turtagrø von der Straße Nr. 55 abzweigt. Sie umrundet die eleganten Felsspitzen der Hurrungane und erreicht beim Berdalsbandet eine Höhe von 1300 m.

42. Leirdalen – faszinierende Fels- und Gletscherwelt

Das obere Leirdalen zählt zu den eindrucksvollsten Tälern Jotunheimens und wird von einer Mautstraße erschlossen, die von der Straße Nr. 55 abzweigt und 15 km bis zur Hütte Leirvassbu führt. Elegante Felszinnen mit mächtigen Gletschern begrenzen das weite, offene Tal, das die malerische Leira durchfließt. Sehenswert und interessant ist die Bauweise der alten Holzbrücke, die am Beginn des Tales über den Fluß führt.

Die Hütte Leirvassbu in 1405 m Höhe, die eher einem großen Berghotel gleicht, besitzt eine selten schöne Lage an dem großen See Leirvatnet. Einige Täler münden in den weiten Talkessel, der von eindrucksvollen Berggestalten flankiert ist. Am berühmtesten ist die Kyrkja, die „Kirche", eine elegante Felspyramide, die über dem See aufragt.

Die reizvolle Umgebung von Leirvassbu bietet sich für viele längere und kürzere Wanderungen an. Gipfelziele sind auf markierten Wegen nicht zu erreichen, aber einige schöne Hüttenübergänge sind markiert.

Wegbeschreibungen:

a) Kyrkjeglupen

Sehr beliebt ist die 5stündige Wanderung zur Hütte Spiterstulen (s. S. 98). Als lohnende

(s. S. 91)

(s. S. 98)

Tour auf einen Blick

Zufahrt: Von Straße Nr. 55 auf Mautstraße zur Hütte Leirvassbu.

Wegverlauf:

a) Kyrkjeglupen: Leirvassbu (1405 m) – Wasserscheide über Kyrkjeglupen (1499 m), 1 1/2 Std.

b) Høgvaglen: Leirvassbu – Høgvaglen (1518 m), 1 Std.; Høgvaglen – Hütte Olavsbu (1440 m), 3 Std.

Leichte Bergtouren; oft ganzjährig einzelne Schneefelder.

Karten: Jotunheimen,1518 II Galdhøppigen und 1517 I Tyin.

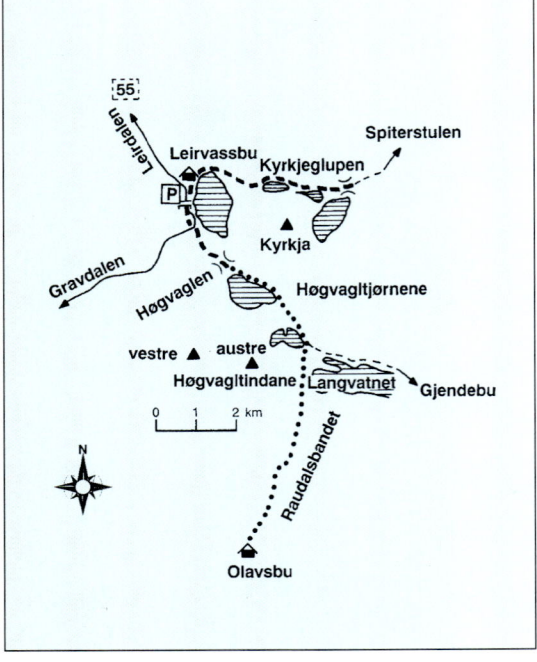

Das Panorama vom Galdhøppige, dem höchsten Berg Skandinaviens, braucht keinen Vergleich mit dem Rundblick von den höchsten Bergen der Alpen zu scheuen. Am Gipfel steht eine mehreckige, sehr modern anmutende kleine Hütte.

Kurzwanderung ist von Leirvassbu der abwechslungsreichste Streckenabschnitt durch die „Kirchenschlucht" Kyrkjeglupen zu Füßen der Kyrkja bis zu der 1499 m hohen Wasserscheide zu empfehlen ($1^1/_2$ Stunden).

b) Paß Høgvaglen

Eine weitere aussichtsreiche Wanderung führt in 4 Stunden zur Hütte Olavsbu. Besonders lohnend ist der erste Teil des Weges auf den nur 100 m über der Hütte Leirvassbu gelegenen Paß Høgvaglen („Hohe Hühnerstange"), der eine schöne Aussicht über das Leirdalen bietet (1 Stunde). Der markierte Steig führt vom Paß leicht absteigend zum See Høgvagltjørnene und vorbei am großen See Langvatnet zur Selbstbedienungshütte Olavsbu. Sie erschließt Bergsteigern ein besonders reizvolles, wenig überlaufenes Gebiet mit vielen Berggipfeln.

43. Galdhøppigen – das Dach Norwegens

Im Norden des Galdhøppigen hat man auf dem spaltenlosen Gletscher Veslejuvbreen ein Sommerschigebiet errichtet. Die Hütte Juvvasshytta zu Füßen dieses Gletschers ist die höchste bewirtschaftete Hütte Norwegens (1841 m). Sie ist zugleich ein idealer Stützpunkt für die Besteigung des Galdhøppigen, des höchsten Berges Norwegens und zugleich ganz Nordeuropas. Nur 630 Höhenmeter sind zu bewältigen, und bei guten Verhältnissen ist der Gipfel in 2 Stunden problemlos zu erreichen.

Der Anstieg führt allerdings über den „grausigen Gletscher" Styggebreen, dessen Name schon ahnen läßt, daß er Spalten besitzt, die allerdings fast den ganzen Sommer mit Schneebrücken bedeckt sind. Wer keine Glet-

schererfahrung besitzt, sollte sich einer geführten Tour anschließen, die der Hüttenwirt der Juvvasshytta veranstaltet.

Der Galdhøppigen teilt das Schicksal der höchsten Gipfel vieler Länder – er ist im Hochsommer an schönen Tagen von Touristen überlaufen. Am Gipfel steht eine vieleckige, sehr modern anmutende Steinhütte, in der in der Hauptsaison Getränke verkauft werden. Der im Hochsommer oft schneefreie Gipfel bietet eine prächtige Aussicht, die an das Panorama vom Montblanc erinnert.

Wegbeschreibung:

Von der Straße Nr. 55 (s. S. 91) führt eine 13 km lange Mautstraße über den Berggasthof Raubergstulen in vielen Serpentinen zur Juvvasshytta hinauf. Bald haben wir die letzte Vegetation hinter uns gelassen und fahren durch riesige Felder von grobblockigen Steinen. Ein-

Tour auf einen Blick

Zufahrt: Von Bøverdal an Straße Nr. 55 zur Juvvasshytta (2 Mautstraßen).

Wegverlauf: Juvvasshytta (1841 m) – Galdhøppigen (2469 m), $2^{1}/_{2}$ Std.

Gletschertour; Gletschererfahrung oder geführte Tour.

Karten: Jotunheimen, 1518 II Galdhøppigen.

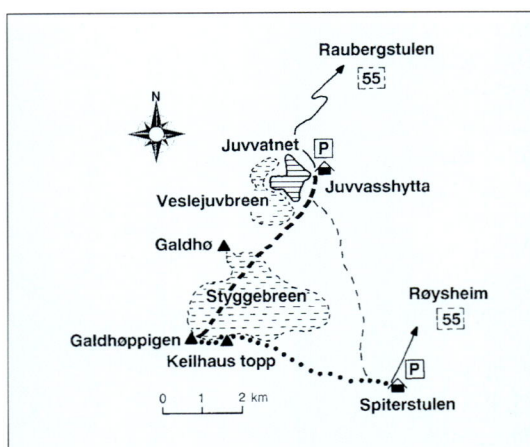

Blockwerk zum Styggebreen. Im Frühsommer liegt hier meist noch eine geschlossene Schneedecke. Bei der Nationalparkgrenze am Rand des Gletschers Styggebreen ist bei geführten Touren Anseilstation. Um zu demonstrieren, daß dieser fast ebene Gletscher Spalten besitzt, legen die Führer die Spur oft an einer Gletscherspalte vorbei, in der ein Loch offen gehalten wird, damit man einen Blick in die eisige Tiefe werfen kann.

Über den felsigen, meist schneebedeckten Nordsporn, auf dem sogar ein dicker Stahldraht als Aufstiegshilfe gespannt ist, erreicht man den Gipfel. Es kann hier oben so warm sein, daß Norweger manchmal mit kurzen Hosen gehen; es können aber auch im Hochsommer eisige Schneestürme auftreten. Auch wenn eine Gipfelhöhe von 2469 m nach alpinen Maßstäben eher Mittelgebirge vermuten läßt, muß man bedenken, daß diese Höhe in Norwegen Hochgebirge bedeutet und eine entsprechende Ausrüstung erfordert.

Von der Hütte Spiterstulen führt ein viel längerer Anstieg (1400 Höhenmeter) ohne Gletscherspalten unschwierig zum Gipfel.

44. Spiterstulen – umgeben von mächtigen Gletscherbergen

Die DNT-Hütte Spiterstulen, ein aus vielen Gebäuden bestehendes Berghotel, liegt im malerischen Tal Visdalen, flankiert von Galdhøppigen und Glittertind, den beiden höchsten Gipfeln Norwegens. Einige der hübschen mit Grassoden gedeckten Häuser wurden von einem alten Almhof übernommen und sind über 200 Jahre alt.

Die Hütte besitzt eine Fjellschule und veranstaltet Gletscherführungen. Sehr geschätzt sind Führungen über den Gletscher Svellnos-

Das Tal des kristallklaren Flusses Utla in Jotunheimen wurde zum Naturschutzgebiet erklärt. Das nach Süden offene Tal ist klimatisch begünstigt und besitzt eine üppige Vegetation. Mächtige Wasserfälle, darunter der berühmte Vettisfossen, stürzen in das enge Utladalen.

drucksvoll ist der Blick hinunter in das tief eingeschnittene Tal mit den winzigen Wiesen und Feldern einiger Bauernhöfe.

Die Juvvasshytta liegt am kleinen See Juvvatnet, in den der Gletscher Veslejuvbreen kalbt. Der Anstieg beginnt direkt bei der Hütte, quert den Ostzipfel des Gletschers Veslejuvbreen und führt mit Steinmännern markiert über breen, der besonders bizarre Eisformen besitzt. Das beliebteste Gipfelziel von Spiterstulen ist natürlich der höchste Berg Norwegens, der Galdhøppigen, der von dieser Seite ohne Gletscherausrüstung in 4 Stunden erreicht werden kann (s. S. 97).

Eine vielbegangene Talwanderung mit schöner Aussicht führt von Spiterstulen durch das obere Visdalen zu der ebenfalls mit dem Pkw erreichbaren Hütte Leirvassbu.

Wegbeschreibung:

15 km südwestlich von Lom zweigt von der berühmten Sognefjellstraße Nr. 55 bei Røysheim eine Mautstraße ab, die durch das schöne Visdalen zur Hütte Spiterstulen führt. Das untere Visdalen besitzt eine üppige Vegetation, und erst kurz vor Spiterstulen verschwinden die letzten Fjellbirken. Idyllische Zelt- und Rastplätze machen das Tal im Sommer zu einem vielbesuchten Touristenziel. Der Fluß Visa hat sich stellenweise schluchtartig eingegraben; nach ca. 7,5 km zweigt ein Fahrweg rechts über eine Brücke ab, von der man einen schönen Blick in die Schlucht hat.

Der markierte Steig von Spiterstulen (1106 m) zur Hütte Leirvassbu leitet am Ostufer der Visa fast eben durch das markante, von Gletschern gestaltete Trogtal. Zur Überschreitung des Gletscherflusses Hellstuguåa, der sich im Talboden in viele Arme verzweigt, zieht der Weg kurz den Hang zu einer Stegbrücke hinauf. Unzählige Bächlein überschreitend wandern wir in das weite obere Visdalen, das den Blick auf die markanten Gipfel, die über dem Talboden aufragen, nach und nach freigibt.

Der Weg zieht hinauf zur Wasserscheide in 1499 m, dem höchsten Punkt unserer Wanderung. Zwischen dem eleganten Horn Tverrbytthornet und der Felspyramide Kyrkja wird das Tal wieder eng, und wir durchwandern die Kyrkjeglupen („Kirchenschlucht"). Sanft abfallend passiert der Weg einige kleine Seen und erreicht das große Berghotel Leirvassbu (1401 m). Der letzte Wegabschnitt, der die landschaftlichen Höhepunkte bringt, ist rascher von Leirvassbu (s. S. 95) zu erreichen.

Tips für Radfahrer

SOGNEFJELL

Der 35 km lange Straßenabschnitt von Skjolden auf das Sognefjell ist landschaftlich eine der schönsten Bergstrecken Norwegens, weist aber 1430 m Höhendifferenz auf. Für Normalradler ist die ca. 20 km lange Fahrt über die Hochebene des Fjells von dem Berghotel Turtagrø (884 m) bis zur Paßhöhe (1440 m) am

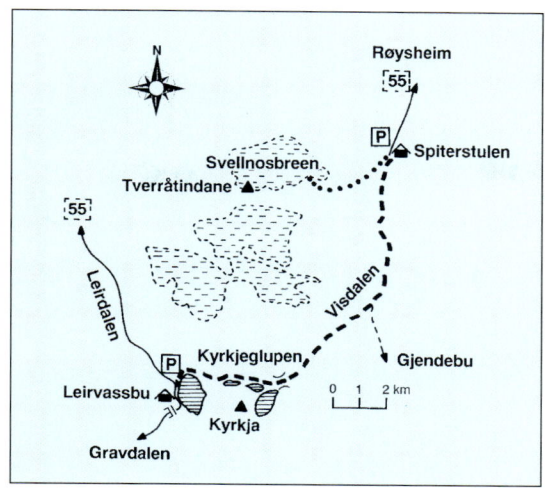

lohnendsten. Die Straße Nr. 55 ist asphaltiert und gut ausgebaut, wird aber in der Hauptsaison von vielen Touristen befahren.

Sehr einsam ist dagegen die Mautstraße (s. S. 95), die von Turtagrø mit traumhafter Aussicht auf den 1300 m hohen Übergang nach Øvre Årdal das Berdalsbandet hinaufzieht (ca. 11 km und 400 Höhenmeter).

UTLADALEN

Die 13 km lange Fahrt von Øvre Årdal nach Vetti durch das wildromantische Utladalen (s. S. 93) ist ein besonderes Erlebnis (teilweise Asphaltstraße, 300 Höhenmeter).

LEIRDALEN

Durch das obere Leirdalen führt mäßig steigend eine 15 km lange Mautstraße immer im freien Gelände (Höhendifferenz ca. 500 m). Der Zustand der Schotterstraße kann sehr unterschiedlich sein – das Panorama ist bei gutem Wetter prächtig (s. S. 95).

Tour auf einen Blick

Zufahrt: Von Røysheim an der Straße Nr. 55 zu den Hütten Spiterstulen.

Wegverlauf: Spiterstulen (1106 m) – Wasserscheide (1499 m) – Hütte Leirvassbu (1405 m), 5 Std.

Leichte Bergtour; oft ganzjährig einzelne Schneefelder.

Karten: Jotunheimen, 1518 II Galdhøppigen.

Das Gemeine Fettkraut (Pinguicula vulgaris) bereichert seinen Speisezettel auf mageren Böden, indem es durch Drüsen auf den Blättern Schleim absondert und kleine Insekten fängt.

Jostedalsbreen – größter Gletscher des europäischen Festlandes

45. Jostedalsbreen – jüngster Nationalpark

Rund 1700 Gletscher unterschiedlichster Größe zählt man in Norwegen. Sie bedecken die gewaltige Fläche von rund 1900 km². Der mächtige Plateaugletscher Jostedalsbreen ist mit einer Fläche von 486 km² der größte Gletscher des europäischen Festlandes; er ist über 100 km lang, das Eis erreicht eine Mächtigkeit bis 500 m. Nur wenige Felsspitzen und Felshöcker durchdringen die Eismasse und ragen über dem Plateaugletscher auf. Als definierte Punkte in der riesigen Eisfläche sind sie beliebte Tourenziele. Die durchschnittliche Höhe des Gletscherplateaus liegt bei 1700 bis 1900 m. Der Jostedalsbreen greift mit einigen Dutzend größerer und kleinerer, teils steiler, teils flacher Gletscherzungen weit in die Täler hinab – manchmal enden die Gletscherzungen erst 300 m über dem Meeresspiegel. 1992

wurde die gesamte Kernzone des Jostedalsbreen (ca. 1200 km²) zum Nationalpark erklärt.
Die Gletscher Norwegens sind aber keine
Relikte der Eiszeit, wie oft behauptet wird. In
Norwegen gab es während der nacheiszeit-
lichen Wärmeperiode keine oder zumindest
keine nennenswerte Vergletscherung. Die Gletscher, die uns heute faszinieren, sind erst ab
500 v. Chr. im Zuge einer Klimaverschlech-
terung entstanden. Um 1750 erreichten die
Gletscher ihre größte Ausdehnung, seitdem
sind sie zurückgegangen.

Wanderungen zu Gletscherzungen und zum
Gletscherplateau des Jostedalsbreen zählen zu
den faszinierendsten Erlebnissen eines Norwe-
genurlaubs. Das Begehen des Gletschers selbst
erfordert Gletschererfahrung und Gletscherausrüstung, denn Gletscher sind ständig in
Bewegung; es sind langsam fließende Eisströme. Einige Gletscher Norwegens erreichen
eine Geschwindigkeit bis zwei Meter pro Tag,
die meisten bewegen sich aber viel langsamer.
So ändert sich auch ihre Gefährlichkeit von
Jahr zu Jahr. Geführte Touren werden an verschiedenen Orten (s. S. 107) angeboten.

46. Bergsetbreen – wild-
zerrissene Gletscherzunge

Wer den Sognefjorden entlangfährt, wird in
Gaupne überrascht sein vom leuchtend blauen
Wasser, das der Fjord hier plötzlich zeigt. Der
Fluß Jostedøla, der mit seinen Nebenarmen
viele Gletscherzungen des Jostedalsbreen entwässert, bringt feinstes, von den Gletschern
zermahlenes Gesteinsmehl in den Fjord, wel-
ches das Sonnenlicht reflektiert und den Fjord
leuchten läßt. Das 50 km lange, teils schluchtartig enge Jostedalen, in dem sich der Fluß oft
wild schäumend seinen Weg sucht, ist eines der
schönsten Täler von Breheimen, dem „Heim
der Gletscher". Zwei mächtige Gletscherzungen sind vom Tal aus in kurzen Wanderungen
zu erreichen, der anschließend beschriebene
Bergsetbreen und der berühmte Nigardsbreen.

Wegbeschreibung:

Von Gaupne am Sognefjorden fahren wir
ca. 31 km durch das wildromantische Jostedalen (Straße Nr. 604) bis Gjerde. Hier zweigt

*Der Bergsetbreen ist eine der
steilsten und entsprechend
wildzerrissenen Gletscherzungen, die vom rund 100 km
langen Plateaugletscher
Jostedalsbreen zu Tal fließen.*

Tour auf einen Blick

Zufahrt: Von Gaupne am Sognefjorden Straße Nr. 604 ins Jostedalen bis Gjerde und 5 km ins Krundalen zum Straßenende beim Hof Bergset.

Wegverlauf: Bergset (ca. 400 m) – Fuß des Bergsetbreen (ca. 520 m), 1^1/$_4$ Std.

Leichte Wanderung.

Karten: Jostedalsbreen, 1418 III Jostedalen.

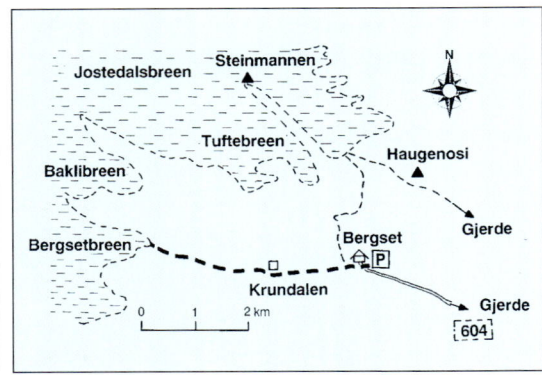

eine 5 km lange Straße in das Krundalen ab, die beim letzten Hof Bergset, wo es einige Pkw-Abstellplätze gibt, endet. Schon von hier hat man einen prächtigen Blick auf die steile, mit wilden Gletscherbrüchen in das Tal vorstoßende Gletscherzunge Bergsetbreen, die den Namen des letzten Bauernhofes trägt.

Ende August waren die Straßen- und Wiesenränder noch rot gesäumt von unzähligen Weideröschen, die einen unglaublichen Kontrast zum weiß-blauen Gletschereis bildeten. Durch die kalte Luft, die von dem riesigen Gletscher in das Tal fließt, wird die Entwicklung der Vegetation sehr verzögert – am Fjord blühen die Weideröschen schon Anfang Juni. Der deutlich markierte Weg führt in einer guten Stunde fast eben über den Talboden zum Fuß des mächtigen Gletschers. An der nördlichen Talflanke leuchtet über den dunklen Felswänden des Tales der Hängegletscher Tuftebreen, der im 17. Jahrhundert bis ins Tal reichte.

Zunächst wandern wir noch durch lichten Birkenwald mit einigen moorigen Passagen; Bäche werden auf Stegen überschritten. Je näher wir dem Eis kommen, umso niedriger und schütterer wird die Pflanzendecke. 1993 war die Gletscherzunge wieder vorgestoßen und hatte einige kleine Birken unter meterdickem Eis begraben.

Von Gjerde und vom Hof Bergset führen Steige hinauf zum Gletscherplateau des Jostedalsbreen. Der „Steinmannen" am Rand des riesigen Plateaugletschers, dessen Begehung unbedingt Gletschererfahrung erfordert, ist ein wichtiger Orientierungspunkt.

47. Nigardsbreen – Gletscher, Gletschersee und glattgeschliffene Felsplatten

Der Nigardsbreen ist eine der meistbesuchten Gletscherzungen des Jostedalsbreen, und das vom Gletscher eindrucksvoll gestaltete Nigardsbredalen wurde 1985 unter Naturschutz gestellt. Eine leuchtend blaue Gletscherzunge mit einem Gletschertor, aus dem der Gletscherbach über die glattpolierten Felsplatten mitten in den milchig-trüben Gletschersee fließt, ist die Touristenattraktion dieses Gletschers.

Der Nigardsbreen ist ein flacher, leicht erreichbarer Gletscher, und die verschiedenen Stadien des Vorrückens und Zurückweichens sind seit 1750, wo er seine größte Ausdehnung erreichte, sehr gut dokumentiert (auf der Rückseite der Turkart Jostedalsbreen befindet sich eine Skizze über die Entwicklung des Nigardsbreen).

Der Name Nigard stammt von einem Bauernhof, den der Gletscher 1743 bei seinem Vorrücken unter dem Eis begrub. Seither hat sich die Gletscherzunge gut 5 km zurückgezogen. Erst in den dreißiger Jahren unseres Jahrhunderts begann sich der Gletschersee am Fuß der Eiszunge zu bilden.

Wegbeschreibung:

Der Nigardsbreen ist ebenso wie der Bergsetbreen (s. S. 101) vom Tal Jostedalen aus zu erreichen und bildet die vielbesuchte Attraktion dieses Tales. Von Gaupne fahren wir 33 km flußaufwärts, bis bei Kroken eine 3 km lange Mautstraße abzweigt, die durch eine eindrucksvolle, teils schon begrünte Moränenlandschaft zu einem Parkplatz am See Nigardsbrevatnet (285 m) führt.

Dort beginnt ein markierter Steig, der einmal höher, einmal tiefer am felsigen Seeufer zum Ende des Sees leitet. Dieser Streckenabschnitt ist zwar nicht schwierig, aber auch kein Spaziergang. Denn immer wieder müssen niedrige, flachgeschliffene Felsbuckel überklettert und einige kleinere Bäche überschritten werden. Ordentliches Schuhwerk ist unbedingt zu empfehlen. In den Sommermonaten verkehrt

Die Gletscherzunge des Nigardsbreen hat beim Rückzug die glattgeschliffenen Felsplatten freigegeben. Vor einigen Jahrzehnten waren sie noch von Eis bedeckt.

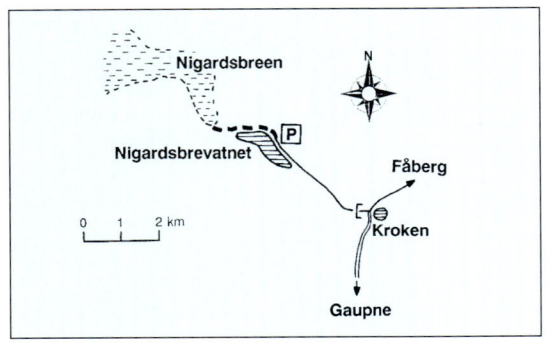

ein kleines Boot vom Parkplatz über den See, so daß man diese an sich reizvolle, ca. halbstündige Querung am Seeufer auch vermeiden kann.

Über riesige, unglaublich eindrucksvolle und glattgeschliffene Felsplatten, auf denen der Endpunkt der Gletscherzunge für einige Jahre aufgepinselt ist, erreicht man vom Parkplatz in etwa einer Stunde den leuchtend blauen Gletscher (Warntafeln beachten!). In den Sommermonaten werden auf dem Nigardsbreen auch geführte Gletscherwanderungen angeboten. Die Anmeldung kann direkt in der Hütte am Parkplatz erfolgen. Gletscherausrüstung kann gemietet werden. Zumindest bedingt steigeisenfeste Schuhe und warme Kleidung sind erforderlich.

48. Tungestølen – Blumenwiesen und Gletscherströme

Keines der vielen Täler, in die der mächtige Plateaugletscher Jostedalsbreen mit seinen Gletscherzungen hineingreift, ähnelt dem anderen. Zu den großartigsten Trogtälern Norwegens gehören die Täler Langedalen und Austerdalen; wo sie sich vereinigen, liegt die Hütte Tungestølen, die auf einer Mautstraße erreichbar ist. Über 1000 Höhenmeter ragen die dunklen Felsen des Skyttarpiggen hinter der Hütte auf. Unzählige Bäche stürzen von den Gletschern über die felsigen Hänge zu Tal. Die Flüsse beherrschen die breiten Talböden mit vielen Seitenarmen und Seen.

Die ganze Dramatik dieser Landschaft erlebt man bei einem viertelstündigen Helikopterflug, der in Gaupne angeboten wird. Eine der schönsten Gletscherwanderungen führt von Tungestølen in 14 Stunden nach Brigsdal und überquert den Jostedalsbreen von Süden nach Norden.

Wegbeschreibung:

Im Ort Hafslo (Abb. S. 32), dessen bunte Holzhäuser den lieblichen See Hafslovatn säumen, verlassen wir die Hauptverkehrsstraße Nr. 55

und folgen zunächst dem Ufer des in Wälder und Wiesen eingebetteten Sees Hafslovatn. Rasch ändert sich die Landschaft, und die Straße führt uns am rund 20 km langen See Veitastrondsvatnet entlang, der von steilen Felswänden umrahmt ist. Die Straßentrasse ist teilweise in den Felsen gesprengt, und im Hintergrund des engen Tales leuchtet der blauweiße Gletscher. Einen besonders reizvollen Kontrast zum Gletschereis im Hintergrund bieten die blumenreichen Wiesen um das Dorf Veitastrond am nördlichen Seeufer.

Beim letzten Hof Høgebru beginnt eine Mautstraße, die über den fast ebenen Talboden neben dem milchig-weißen Gletscherbach nach Tungestølen führt. Auch eine 6 km lange Wanderung auf dieser Mautstraße, die zuerst durch schütteren Birkenwald und dann über Alm- und Moorboden führt, ist in diesem von dunklen Felsgiganten beherrschten Tal ein Erlebnis. Die Hütte Tungestølen liegt inmitten einer Alm. Eine 1½stündige Wanderung durch das Tal Austerdalen bringt uns zum Fuß der relativ flachen Gletscherzunge Austerdalsbreen. Im Juni findet man hier allerdings oft noch eine geschlossene Schneedecke, während in dem nur 100 m tiefer gelegenen Veitastrond die Wiesen in voller Blüte stehen. Der gewaltige Gletscher wirkt wie ein gigantischer Kühlschrank, und man spürt die eisigen Luftmassen, die in das Tal fließen.

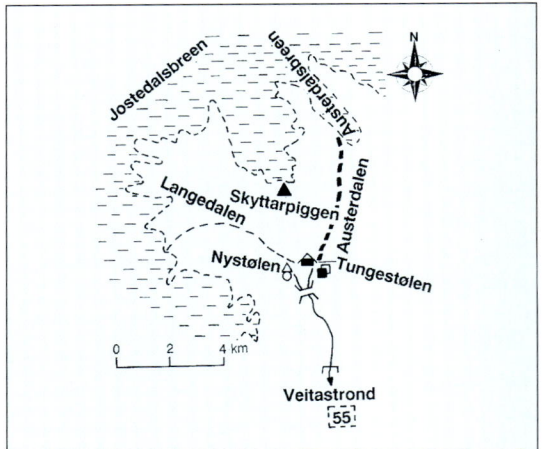

49. Marabreen – vom Fjord zum Gletscherplateau

Ein Nebenarm des Sognefjorden, der schmale Fjærlandfjorden, greift fast bis zum Gletscher des Jostedalsbreen. Der Ort Fjærland am Nordufer des Fjordes war durch viele Jahrhunderte nur mit dem Schiff erreichbar. Heute hat man den Südwestausläufer des Jostedalsbreen untertunnelt und den See Kjøsnesfjorden mit dem

Fjord Fjærlandfjorden verbunden. In früheren Zeiten mußten die Bewohner über 1000 Höhenmeter aufsteigen und den Gletscher überqueren, wenn sie vom Fjord zum See Kjøsnesfjorden gelangen wollten. Diesen alten Übergang, der durch eine faszinierende Fels- und Gletscherwelt führt, hat man markiert und an einigen Stellen mit Drahtseilen gesichert. Gegen Süden in Richtung des Fjærlandfjorden schickt der Jostedalsbreen einige eindrucksvolle Gletscherzungen. Gleich neben dem südlichen Tunnelausgang erblickt man den Bøyabreen, einen der steilsten Gletscher. Hier erlebt man, wie ein Gletscher wandert, denn vor allem an warmen Tagen brechen alle paar Minuten riesige Eisbrocken ab und vergrößern den Lawinenkegel aus Eistrümmern im Talgrund. Vom benachbarten Supphelledalen ist in einer leichten Wanderung (ca. 900 Höhenmeter) die Flatbrehytta (Selbstbedienungshütte, 994 m) zu erreichen, die in unmittelbarer Nähe des Gletschers Flatbreen liegt. Zu Füßen dieser Gletscher am Nordende des Fjærlandfjorden steht auch das sehenswerte norwegische Gletschermuseum (Norsk bre Museum).

Am nördlichen Ende des Tunnels liegt der fjordartige See Kjøsnesfjorden in einem der eindrucksvollsten U-Täler Norwegens. Vom Gletscher glattgeschliffene Felswände brechen steil zum See ab, dessen Gletscherwasser irisierend blau leuchtet. Nur einige winzige Wiesen mit einsamen Höfen kleben am Seeufer – sie wirken verloren unter diesen gewaltigen schwarzen Wänden.

Von hier führt unsere Tour durch eine wilde Felsschlucht hinauf zum Gletscherplateau des Jostedalsbreen. Es ist eine unglaublich eindrucksvolle Bergtour, die allerdings Trittsicherheit und Schwindelfreiheit erfordert, da einige Passagen des markierten Aufstieges fast Klettersteigcharakter haben.

Wegbeschreibung:

Der markierte Anstieg beginnt direkt am Nordausgang des Tunnels. Man wandert auf den Überresten eines alten gebauten Weges am Bachufer gegen den Talgrund. Wir sind von fast senkrechten, dunklen Felswänden umschlossen, nur hoch oben leuchtet der blauweiße, wildzerklüftete Gletscherrand. Man kann sich kaum vorstellen, daß ein Weg aus diesem gewaltigen Felskessel hinausführt. Aber dann erblickt man den Durchschlupf – eine steile, felsige Rinne, das Lundeskardet. In vielen Kehren zieht der Weg durch das steile Blockfeld unter der Rinne, in der oft bis in den Herbst hinein Schneefelder liegen. Über steile Rasenflächen und Felsschrofen, an ausgesetz-

ten Stellen mit Drahtseilen gesichert, führt der Weg empor. An einigen Stellen sind die alten Steinstufen noch erhalten, und durch einen Felsspalt leitet eine aus riesigen Steinen gelegte Treppe hinauf.

Nach rund 700 Höhenmetern ($1^3/_4$ Stunden) steigt man aus der Rinne aus und steht plötzlich am Rand einer weiten Hochfläche mit vielen Seen und glattgeschliffenen Felsbuckeln, eingerahmt von Gletschern. Am leuchtend blauen See Trollavatn steht die winzige unbewirtschaftete Hütte Trollvassbu, die vom Weg nicht berührt wird. Die Markierungen finden sich auf den riesigen, rundgeschliffenen Felsblöcken, die auf den flachen Felsplatten nach dem Rückzug des Gletschers liegen geblieben

Vom See Kjøsnesfjorden führte einst ein alter Übergang in 1200 m Höhe über den Marabreen, den westlichsten Teil des Gletscherplateaus des Jostedalsbreen, nach Fjærland. Diesen alten Steig, der eine urgewaltige Landschaft durchquert, hat man versichert und markiert.

Der Brigsdalsbreen ist eine der eindrucksvollsten und meistbesuchten Gletscherzungen, die vom Jostedalsbreen zu Tal fließt.

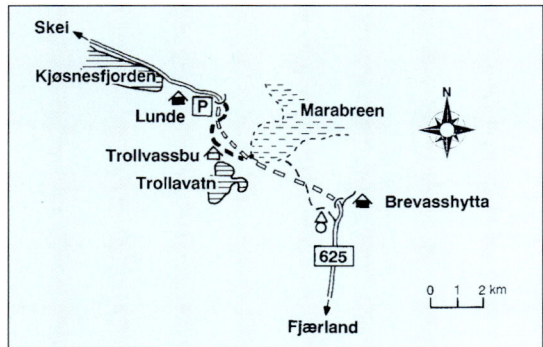

Tour auf einen Blick

Zufahrt: Von Fjærland auf Straße Nr. 625 durch das Tunnel Richtung Skei.

Wegverlauf: Nordausgang der Tunnelröhre (ca. 320 m) – Lundeskardet – Marabreen (ca. 1200 m), $2^{3}/_{4}$ Std.

Unschwierige Bergtour; Trittsicherheit und Schwindelfreiheit erforderlich, stellenweise gesichert.

Karte: Jostedalsbreen.

50. Brigsdalsbreen – berühmte, vielbesuchte Gletscherzunge

Eine wild zerrissene Gletscherzunge, die in einen Gletschersee kalbt, und ein malerisches Tal mit einem Wasserfall – so präsentiert sich Brigsdal. Gehmüde können sich von den norwegischen Fjordpferden in zweirädrigen Kutschen nahe an den Gletscherrand fahren lassen. Eine Pferdekutsche auf der Brücke über dem Wasserfall, im Hintergrund der Gletscher, das ist eines der meistfotografierten Motive Norwegens. Die stämmigen, semmelfarbenen Nordfjordpferde mit dem schwarzen Aalstrich auf dem Rücken, ein Merkmal der alten Wildpferderassen, fügen sich harmonisch in diese urgewaltige Landschaft.

Wer nicht nur von unten zum Gletscher aufblicken will, kann 1 bis 2 Stunden den Steig

sind. Bei guter Sicht ist die Markierung ausreichend, bei Nebel ist das Gelände sehr unübersichtlich.

Über Felsplatten wandert man eben, dann ansteigend in einer urgewaltigen Berglandschaft und erreicht nach einer weiteren Stunde in ca. 1200 m Höhe den Gletscher Marabreen, den südöstlichen Ausläufer des riesigen Plateaugletschers Jostedalsbreen.

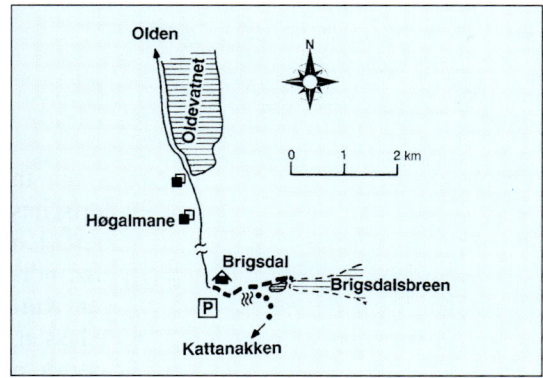

zum Kattanakken hinauf folgen. Mit zunehmender Höhe wird der Blick auf die Gletscherzunge immer schöner.

Wegbeschreibung:

Der berühmte Brigsdalsbreen hat Olden am Nordfjord (Abb. S. 10) zu einem beliebten Touristenzentrum gemacht. Hier folgt man dem eindrucksvollen Gebirgstal Oldedalen 24 km nach Süden, meist am Ufer des türkisfarbenen Sees Oldevatnet bis zur Fjellstue Brigsdalsbreen mit gebührenpflichtigem Parkplatz. Wir folgen dem Pferdekutschenweg, holen uns eine feuchte Dusche beim Überqueren der Brücke unter dem Wasserfall und erreichen den fast ebenen Talboden. Von der Endstation der Pferdekutschen wandern wir zum Ufer des Gletschersees, in den die mächtige Gletscherzunge kalbt. Am Seeufer entlang, in dem meist kleine Eisbrocken treiben, kann man bis zum Fuß des zerklüfteten Eises gehen, dessen Spalten in einem tiefen Blau leuchten (1 Stunde).

Variante Kattanakken:

Wenn der Fahrweg nach dem Wasserfall zum zweitenmal den Fluß quert und wieder auf die Nordseite führt, bleibt man am Südufer und wandert fast eben talaufwärts. Vor dem Bach,

Tour auf einen Blick

Zufahrt: Von Olden (Straße Nr. 60) zur Fjellstue Brigsdalsbreen.

Wegverlauf: Fjellstue Brigsdalsbreen (ca. 180 m) – Fuß des Brigsdalsbreen (ca. 380 m), 1 Std.

Variante: Fjellstue – Kattaken (ca. 700 m), 2 Std.

Leichte Wanderung; Aufstieg gegen Kattanakken **mäßig schwierige Bergtour.**

Karte: Jostedalsbreen.

der vom Kjøtabreen herunterstürzt, zieht der Steig von der Baumgrenze steil zum felsigen Rücken des Kattanakken hinauf. Der weitere Anstieg leitet sehr steil über den Kattanakken zum Gletscherplateau und ermöglicht eine Überschreitung des Jostedalsbreen nach Tungestølen, die versierten Bergsteigern mit Gletschererfahrung vorbehalten ist.

51. Kjenndalsbreen und Bødalseter – umrahmt von Gletschern

Parallel zu dem berühmten Tal Oldedalen, das nach Brigsdal leitet, führt das Lodalen in die Gletscherwelt des Jostedalsbreen. Das Tal wird beherrscht vom großen See Lovatnet, der bei Sonne in einem unwahrscheinlichen Blaugrün leuchtet. Die feinen Schwebstoffe, die die Gletscherbäche in den See bringen, reflektieren das Sonnenlicht und lassen den See wie einen Smaragd aufleuchten. Steil brechen die Felswände zum See ab, und darüber leuchten die ersten Gletscher. Im Süden verflacht der See, und einige kleine Inselchen und eine Bucht mit Sandstrand bilden einen reizvollen Kontrast zu der monumentalen Bergwelt.
Die Straße führt hier hoch über den See durch eine Felswand. Der Tiefblick ist so faszinierend, daß es lohnt, das Auto stehen zu lassen und auf der Straße zu wandern. Eine Mautstraße leitet bis zum Talschluß in das Kjenndalen, eines der urgewaltigsten Täler Norwegens. Rund 1500 m brechen die fast senkrechten Wände zu beiden Seiten zum Tal ab, und eine Gedenktafel erinnert an die gewaltigen Erd- und Felsstürze, die sich hier ereigneten und viele Menschenleben forderten. Der Talschluß wird beherrscht von der wildzerklüfteten Gletscherzunge Kjenndalsbreen. Eine freundlichere Landschaft erschließt sich, wenn man vom Lovatnet einer schmalen Mautstraße zur Alm Bødalseter folgt. Nach der Anfahrt durch das steile Tal erblickt man überrascht einen riesigen, fast ebenen Almboden. Von der Hütte Bødalseter werden geführte Gletschertouren zu dem wohl attraktivsten Gipfel des Jostedalsbreen, der Lodalskåpa, angeboten. Es ist eine elegante Felsspitze, die über die mächtige Eisdecke des Jostedalsbreen hinausragt und mit 2083 m der höchste Punkt des Gletschers ist. 1600 Höhenmeter sind in 6 Stunden Aufstiegszeit zu bewältigen.
Als Kurzwanderung bietet sich eine schöne Tour zu der eindrucksvollen Gletscherzunge des Bødalsbreen an.

Tour auf einen Blick

a) Bødalseter

Zufahrt: Von Loen an Straße Nr. 60 ins Lodalen und auf Mautstraße zum Parkplatz vor der Hütte Bødalseter.

Wegverlauf: Parkplatz (ca. 580 m) – Fuß des Bødalsbreen (ca. 700 m), 1 Std.

Leichte Wanderung.

b) Kjenndalsbreen

Zufahrt: Von Loen bis zur Ankündigungstafel der Mautstraße bzw. zum Parkplatz am Ende des Kjenndalen.

Wegverlauf: Ankündigungstafel der Mautstraße (ca. 120 m) – Parkplatz am Straßenende (ca. 140 m) 1 Std.; Parkplatz – Fuß des Kjenndalsbreen (ca. 300 m), 1/2 Std.

Leichte Wanderung.

Karte: Jostedalsbreen.

Wegbeschreibung:

a) BØDALSBREEN

Von Loen folgen wir ca. 10 km dem Ufer des malerischen Sees Lovatnet bis zu den Höfen von Bødal, wo eine steile, mautpflichtige Schotterstraße zu einem kleinen Parkplatz in ca. 580 m Höhe führt. In 10 Minuten erreicht man die Alm und Hütte Bødalseter. Der weite Almboden ist eingefaßt von mächtigen, glattgeschliffenen Felswänden, über denen in allen Himmelsrichtungen die Gletscher leuchten. Eine fast ebene Wanderung durch teils mooriges Gelände und lichte Birkenwäldchen bringt uns zur Gletscherzunge des gewaltigen Bødalsbreen, die sich in einem blauen Gletschersee spiegelt.

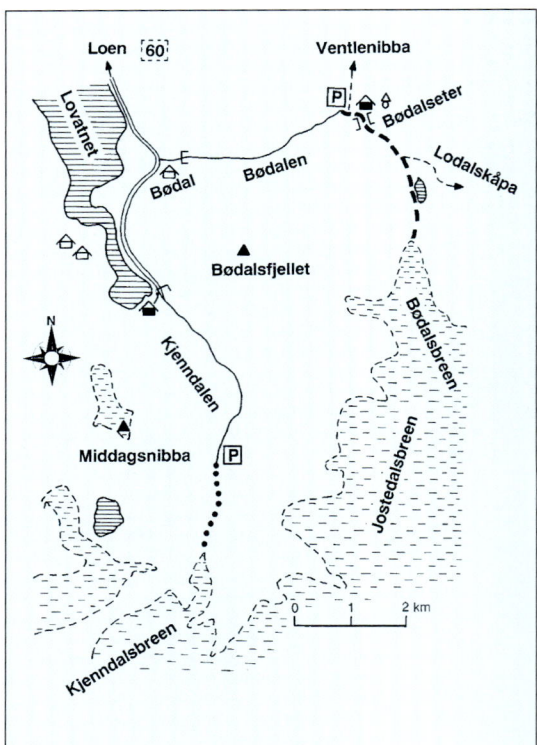

b) KJENNDALSBREEN

Vom Parkplatz am Ende der mautpflichtigen Straße in das Kjenndalen wandert man eine halbe Stunde bis zum Fuß des steilen Gletschers Kjenndalsbreen. Lohnend ist es auch, das Auto bei der Ankündigungstafel der Mautstraße abzustellen und auf der in den Felsen gehauenen Straße hoch über dem See Lovatnet und dann durch das wilde Kjenndalen zu Fuß zu gehen. Etwa 1 Stunde wird man für die 5 km lange Strecke bis zu dem oben erwähnten Parkplatz rechnen müssen.

Tips für Radfahrer

Viele Nebentäler, die zu den Gletscherzungen des Jostedalsbreen führen, sind als Radtouren sehr gut geeignet und bieten unvergeßliche Eindrücke. Die Straßen sind in der Vor- und Nachsaison wenig, in der Hauptsaison vor allem an Wochenenden stärker befahren. Auf einige landschaftlich besonders eindrucksvolle Strecken sei kurz hingewiesen.

JOSTEDALEN

Von Gaupne führt die gut ausgebaute Asphaltstraße Nr. 604 durch das wilde Jostedalen (ca. 34 km), von der eine 3 km lange mautpflichtige Schotterstraße zum Nigardsbreen (s. S. 103) abzweigt. Der Höhenunterschied beträgt 285 m; im Jostedalen sind einige kurze, unbeleuchtete Tunnels zu passieren.

TUNGESTØLEN

Sehr lohnend ist die Fahrt von Hafslo, den Ufern der Seen Hafslo- und Veitastrondvatnet folgend, 33 km nach Høgebru (Asphaltstraße). Die Tunnels können hier seeseitig auf der alten Straße umfahren werden. Eine 4 km lange, mautpflichtige Schotterstraße führt weiter bis Tungestølen, einer Hütte zu Füßen mächtiger Gletscher (s. S. 104). Der Höhenunterschied beträgt 110 m.

OLDE- UND LODALEN

Im Norden des Jostedalsbreen sind vor allem die schon beschriebenen Täler Oldedalen und Lodalen (s. S. 107/108) besonders lohnende Touren, die überwiegend den Ufern malerischer Seen folgen, über denen die weiß-blauen Gletscher leuchten. Auf der 24 km langen Strecke von Olden nach Brigsdal sind 180 Höhenmeter zu bewältigen (Asphaltstraße). Das Nebental, das von Loen ins Kjenndalen führt, ist ca. 18 km lang (davon ca. 3 km Schotterstraße), und die Höhendifferenz beträgt etwa 200 m.

Das Lodalen mit dem tiefblauen See Lovatnet ist Ausgangspunkt für Wanderungen zu den Gletscherzungen Kjenndals- und Bødalsbreen.

Rondane – beliebtes Wandergebiet

a) Gudbrandsdalen und westliche Rondaneberge

52. Gudbrandsdalen – das „Tal der Täler"

Das Tal Gudbrandsdalen, das „dal over alle daler", ist das bekannteste norwegische Tal und nimmt in Geschichte, Kultur und im Bewußtsein des Volkes einen besonderen Platz ein. Es ist seit frühgeschichtlicher Zeit der wichtigste Verkehrs- und Handelsweg, der Ostnorwegen zu Lande mit Mittel- und Nordnorwegen verbindet. Der Talboden, bedeckt von einer mächtigen Schicht eiszeitlicher Sedimente, bietet gute Anbaumöglichkeiten. An den sonnseitigen Hängen entstanden schon früh große Bauernhöfe, und es entwickelte sich eine traditionsreiche bäuerliche Kultur. In den Büchern der Nobelpreisträgerin Sigrid Undset lebt die mittelalterliche Kultur der stolzen „Gudbrandsdøler" Bauern noch heute. Auch das Leben der norwegischen Nobelpreisträger Bjørnstjerne Bjørnson, dem Dichter der Nationalhymne, und Knut Hamsun ist eng mit diesem Tal verbunden. Die Bilder des großen Malers Edvard Munch spiegeln Menschen und Natur seines Heimatlandes.

Die populärste Gestalt des Tales ist aber wohl der sagenumwobene Bauer und Jäger Peer Gynt. Das nach ihm benannte Drama von Henrik Ibsen und die Suite von Edvard Grieg machten den Träumer und Helden Peer Gynt und das Gudbrandsdalen, in dem er lebte, weltbekannt (s. S. 123).

Durch Jahrhunderte wurden viele Höfe im Gudbrandsdalen von der gleichen Familie bewirtschaftet, und auch den Namen verdankt das Tal den Bauern Dale-Gudbrand. Der Geschichtsschreiber Snorri Sturluson, der von 1178 bis 1241 lebte, erzählt folgendes vom Geschlecht der Dale-Gudbrand. König Olav der Heilige hatte es sich zum Ziel gesetzt, Norwegen mit Gewalt zu christianisieren. Er besiegte im Gudbrandsdalen ein Bauernheer, das vom Sohn Dale-Gudbrands angeführt wurde. Der Sohn geriet in Gefangenschaft, und König Olav schickte ihn mit einem Friedensangebot zum alten Gudbrand-Bauern. Dieser berief ein Thing ein, und man brachte der Statue des Gottes Thor Opfergaben dar. Nach drei Tagen erschien der König mit seinen Mannen bei der Versammlung der Bauern. Als einer der Königsmannen die Statue Thors zerschlug, tauchten unter den Trümmern zahllose Ratten und Mäuse auf, die von den Opfergaben gut gelebt hatten. Das raubte den Bauern den Glauben an ihren alten Gott. Sie ließen sich taufen.

53. Lillehammer und das Freilichtmuseum Maihaugen

Lillehammer, am großen See Mjøsa gelegen, hat sich zu einem beliebten Touristenzentrum entwickelt und veranstaltete 1994 die Olympischen Winterspiele. Viele Wanderwege und Loipen erschließen im Sommer und Winter die reizvolle Umgebung. Eine besondere Attraktion ist ein aus dem Jahr 1856 stammender Raddampfer, der auf dem See Mjøsa verkehrt. Es ist der älteste im Linienverkehr eingesetzte Raddampfer.

Ein Schmuckstück der Stadt Lillehammer ist die Hauptstraße Storgaten mit schönen, alten Holzhäusern. Die Storgaten gehört zu den wenigen alten Straßenzügen norwegischer Städte, deren Holzhäuser nicht im Laufe der Zeit ein Raub der Flammen wurden. Die bezaubernde Atmosphäre verlockt zu einem Einkaufsbummel.

Zum größten Anziehungspunkt in Lillehammer wurde das Freilichtmuseum Maihaugen, die „Sandvigschen Sammlungen". 1885 kam Anders Sandvig als Zahnarzt nach Lillehammer. Seine Eltern hatten in ärmlichen Verhältnissen einen kleinen Hof in Romsdalen bewirtschaftet. Anders Sandvig setzte es sich zum Ziel, die norwegische Volkskunst der Nachwelt zu er-

Tour auf einen Blick

Zufahrt: Von der Straße E6 nach Lillehammer und zum Museum.

Wegverlauf: Wanderung durch das Museumsgelände, ca. 2 Std.

halten. Er begann zuerst mit dem Sammeln von Einzelgegenständen und erwarb dann ganze Häuser, die er zunächst in seinem Garten aufstellen ließ, bis sie 1904 den Grundstock des neu errichteten Freilichtmuseums Maihaugen bildeten. Seine Idee für das fertige Maihaugen formulierte Anders Sandvig in folgender Weise: „In dieser Sammlung von Hütten, Häusern und Höfen können wir direkt zu ihren Bewohnern hineingehen, um von ihnen zu lernen. Durch ihre Hinterlassenschaft erzählen sie uns von ihren Gebräuchen, ihrem Geschmack und ihrer Arbeit. Ich will damit nicht nur eine zufällige Ansammlung von Häusern vor der Zerstörung bewahren, sondern das Dorf als Einheit den Beschauer erleben lassen."

Dieses Ziel wurde in vorbildlicher Weise verwirklicht. Eingebettet in eine reizvolle Landschaft mit Wald, Teichen und einer kleinen bewirtschafteten Alm wurden rund 140 kulturhistorisch bedeutende Gebäude vom Großbauernhof mit 27 einzelnen Gebäuden bis zur Hütte des Häuslers wieder aufgebaut. An bestimmten Tagen werden viele der 30 eingerichteten Werkstätten in Betrieb genommen, und jahrhundertealte Handwerkstradition wird wieder lebendig.

Wegbeschreibung:

Das Freilichtmuseum Maihaugen liegt am südöstlichen Stadtrand von Lillehammer auf einem Berghang. Die Zufahrt zu den großen Parkplätzen vor dem Museum ist vom Ort Lillehammer aus eindeutig ausgeschildert. Das Innere der Gebäude kann man im Rahmen von Führungen besichtigen, die auch in deutscher Sprache angeboten werden. Der deutschsprachige Museumsführer vermittelt viel Wissenswertes über die Geschichte und Funktion der einzelnen Gebäude, die fast alle aus dem Gudbrandsdalen und seinen Nebentälern stammen.

54. Neverfjellet und Lillehammer-Rondane-Pfad

Wer schon in Lillehammer etwas Fjell-Luft schnuppern und das Land nicht nur aus der Froschperspektive der Täler kennenlernen will, dem sei ein kurzer Abstecher auf das Neverfjellet empfohlen. Es bietet einen herrlichen Rundblick über die weite Hochfläche, die das Tal Gudbrandsdalen im Osten begrenzt.

Von Lillehammer führt eine für die Olympischen Spiele 1994 breit ausgebaute Asphaltstraße zu dem 800 m hoch gelegenen Nordseter hinauf, das einst eine Alm war. Seter oder setra ist das norwegische Wort für Alm. Heute ist Nordseter im Sommer und Winter ein beliebtes Touristenzentrum zum Wandern, Radfahren, Surfen und sogar Baden, mit vielen Berghotels, Gasthöfen und Ferienhütten.

Die Almsiedlung Nordseter ist der Ausgangspunkt für den bekannten Lillehammer-Rondane-Pfad, der die weite, in rund 1000 m Höhe gelegene Hochfläche östlich des Gudbrandsdalen durchquert. Nur wenige Gipfel überragen die einsame Hochebene. In sieben Tagesetappen führt der Lillehammer-Rondane-Pfad rund 100 km ohne größere Höhenunterschiede über diese meist von Flechten, Moosen und Matten bedeckte Hochfläche. Die Tagesetappen betragen etwa 5 bis 6 Stunden, und Stützpunkte sind teils bewirtschaftete, teils kleine Selbstversorgerhütten. Das Gelände ist unschwierig, teils moorig und von einem Netz von Almwegen durchzogen, die es ermög-

Das Freilichtmuseum Maihaugen in Lillehammer beherbergt viele alte Höfe des Gudbrandsdalen. Eine über dem Bett aufgehängte Wiege bewegte eine arme Häuslerin wahrscheinlich im Halbschlaf.

Tour auf einen Blick

Zufahrt: Von Lillehammer nach Nordseter.

Wegverlauf: Nordseter-Fjellstue (820 m) – Neverfjellet (1089 m), 1¼ Std.

Leichte Wanderung; Lillehammer-Rondane-Pfad, 7 Tage, leichte Bergtour.

Karte: 1817 II Lillehammer.

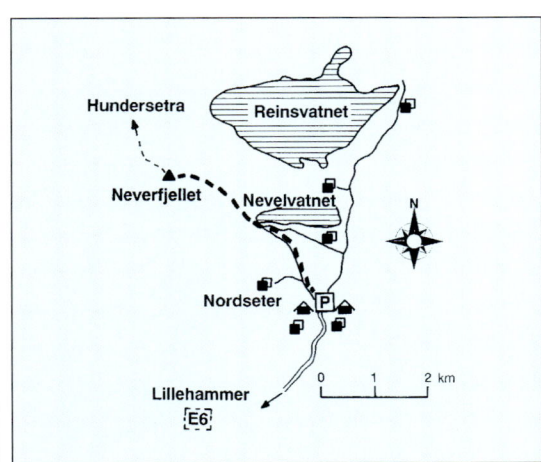

lichen, die Tour jederzeit abzubrechen und ins Tal abzusteigen.

Die alten Almen sind nur noch teilweise bewirtschaftet. Die Mutterschafe durchstreifen mit ihren Lämmern im Sommer unbeaufsichtigt die weiten Flächen. In ihrem dichten Pelz gleichen die Schafe „Wollkugeln auf X-Haxen", wie mein Sohn bei ihrem Anblick feststellte.

Ich möchte zwei typische Gipfelziele in dieser weiten Hochfläche vorschlagen, die in kurzen Wanderungen zu erreichen sind: das Neverfjellet und den Muen auf dem Ringebufjellet (s. S. 125).

Wegbeschreibung:

Von Lillehammer fahren wir die breite Asphaltstraße 25 km zur Ferienhüttensiedlung Nordseter mit dem Berggasthof Nordseter-Fjellstue (ca. 820 m). Die flache Bergkuppe des Neverfjellet-Gipfels ist von hier deutlich zu sehen. Wir wandern zuerst auf einem breiten Weg, dann auf einem Steig, teils durch Wald in 1¼ Stunden zum 1089 m hohen Gipfel, der einen überraschenden Weitblick bietet. Seen, Wälder und Almen beherrschen die endlos scheinende Hochebene. Man überblickt an

klaren Tagen fast die ganze Wegstrecke des Lillehammer-Rondane-Pfades bis zum Ziel, den noch recht weit entfernten Rondanebergen.

55. Rondane – ältester Nationalpark Norwegens

Rund um das mächtige Rondanemassiv wurde schon 1962 ein 572 km² großes Gebiet unter Naturschutz gestellt. In dem königlichen Erlaß, der die Rondane zum ersten Nationalpark Norwegens erklärt, heißt es u. a.: „In unserem Land ist es bisher nicht nötig gewesen, größere Naturschutzgebiete zu sichern. Der gestiegene industrielle Ausbau hat jedoch eine neue Situation geschaffen. In diesem Zusammenhang ist die Ausnützung von Wasserfällen, der Bau von Straßen und Stromleitungen u. a. zu nennen, die nach und nach in immer mehr Gebieten unseres Landes aktuell werden. Die allgemeine Verbesserung des Lebensstandards hat außerdem zu verstärktem Hüttenbau im Gebirge und an der See geführt. Die Staatsgewalt muß deshalb Maßnahmen zum Schutze schöner und charakteristischer Naturgebiete zum Nutzen und zur Freude der kommenden Generationen ergreifen." Wie richtig diese Erkenntnis war, zeigen die zahllosen Hüttensiedlungen, die inzwischen am Westrand des Nationalparks entstanden sind.

Die Schaffung des Nationalparks Rondane war ein erster wichtiger Schritt. Heute kann Norwegen auf die stolze Zahl von 19 Nationalparks verweisen. Es ist ein Erbe, für das ihnen die Nachkommen danken werden. Denn die kommenden Generationen werden uns nicht nach gebauten Autobahnkilometern, Länge der zu Kanälen umfunktionierten oder trockengelegten Flüsse und Kraftwerken beurteilen, sondern nach den Naturschönheiten, die wir ihnen bewahrt haben.

Im Freilichtmuseum Maihaugen in Lillehammer wurden kulturhistorisch bedeutende Gebäude – vom Großbauernhof mit 27 einzelnen Gebäuden bis zur einfachen Almhütte – detailgetreu wiederaufgebaut.

Schafe durchstreifen im Sommer frei die weiten Hochflächen der Rondane.

Im Rondanemassiv wurde der erste Nationalpark Norwegens geschaffen. Eine Mautstraße zu den Hütten Dørålseter erschließt die reizvolle Landschaft der östlichen Rondaneberge (s. Tour Nr. 63).

Die Rondane zählen zu den beliebtesten Bergwandergebieten Norwegens, sind gut erschlossen und leicht zugänglich. Weite, flache Ebenen mit sanften, runden Bergrücken und malerischen Seen werden abgelöst von mächtigen Berggipfeln mit felsigen Flanken und schluchtartigen Tälern. Zehn Gipfel überschreiten eine Höhe von 2000 m, und alle sind von geübten Bergsteigern zu bezwingen, zum Teil auf markierten Wegen. Das Rondanemassiv liegt bei der vorherrschenden Westwetterlage im Regenschatten der küstennahen Berge und gehört zu den niederschlagsärmsten Gebieten Norwegens.

Unsere erste Begegnung mit der Rondanebergwelt war ein unvergeßliches Erlebnis. Wir fuhren nachmittags von der E6 die wenigen Kilometer über Mysuseter zur Nationalparkgrenze hinauf. Dunkle Schauerwolken bedeckten den Himmel, und Grautöne in allen Abstufungen beherrschten das Bild. Die Rondaneberge ragten wuchtig, dunkel, fast bedrohlich über der Hochebene auf. Ihr Erscheinungsbild änderte sich extrem, als die Wolkendecke aufriß und Sonnenstrahlen auf die Bergflanken

und weiten Ebenen zu ihren Füßen fielen. Sie leuchteten in einem grellen Gelbgrün und Grünweiß. Ein Regenbogen bildete einen fast unwirklichen Rahmen für diese urzeitlich anmutende Landschaft. Für dieses einmalige Erscheinungsbild der Rondane ist das Gestein verantwortlich, das dieses Massiv aufbaut. Die Rondane bestehen hauptsächlich aus geschiefertem Sparagmit, einem feldspatreichen Sandstein. Die Baumgrenze liegt bei etwa 1000 Höhenmetern, und darüber können auf diesen nährstoffarmen Böden nur sehr genügsame Pflanzen gedeihen. Mit den widrigsten Lebensbedingungen werden die Flechten am besten fertig. Sie beherrschen das Landschaftsbild der Rondane mit ihren gelblich- und grünlich-weißen Farben.

56. Rondvassbu – am See Rondvatnet

Die Hütte Rondvassbu im Südwesten des Rondanemassivs liegt direkt an dem fjordartigen See Rondvatnet. Ihre zentrale Lage macht sie zum Ausgangspunkt für die Ersteigung der höchsten Gipfel dieses Gebietes. Die malerische Umgebung und die Tatsache, daß die Hütte ohne nennenswerte Steigung auf einem Fahrweg sogar mit Kinderwagen und Fahrrad erreichbar ist, machen sie zu einem beliebten Tagesausflugsziel.

Wegbeschreibung:

Wenn man von Süden auf der E6 kommt, zweigt knapp vor der Ortschaft Otta eine 13 km lange Straße nach Mysuseter ab, eine Almsiedlung in 900 m Höhe mit Ferienhütten und Berghotels. Von Mysuseter führt eine schmale Mautstraße zur Hütte Rondvassbu. Am Mauthäuschen hilft eine Panoramatafel die Gipfel, die unsere Tourenziele sind, zu identifizieren. Nach 4 km erreicht man die Nationalparkgrenze mit großem Parkplatz beim sogenannten Spranget (ca. 1080 m), wo ein Schranken die Weiterfahrt auf dem Transportweg verbietet. Noch 7 km sind es von hier zur 1173 m hoch gelegenen Hütte. Der Fahrweg führt in unmittelbarer Nähe des Flusses store Ula, und streckenweise kann man einen

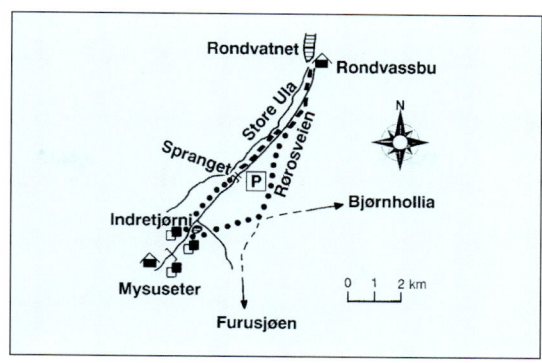

kleinen Steig direkt neben dem Fluß benützen. Eine Erfahrung wird man bei dieser Wanderung sicher machen: Die Strecken wirken hier in der klaren Luft Norwegens und in der weiten Landschaft viel kürzer, als sie sind. Auf eine $3/4$ Stunde maximal hatten wir den Weg nach Rondvassbu geschätzt, fast $1^1/_2$ Stunden wurden es schließlich. Geprägt wird die Landschaft von der gelblich-weißen Rentierflechte, die den Boden wie ein dichter Teppich überzieht. Nur kriechende Zwergbirken, Weidesträucher und verschiedene Beerensträucher bringen etwas Abwechslung in die hellen

Tour auf einen Blick

Zufahrt: Von der Straße E6 bei Otta zur Almsiedlung Mysuseter und auf Mautstraße zum Parkplatz Spranget an der Nationalparkgrenze.

Wegverlauf: Parkplatz (ca. 1080 m) – Hütte Rondvassbu (1173 m), $1^1/_2$ Std., Fahrweg.

Variante: Rundweg; See Indretjørni (1019 m) – Rørosveien – Rondvassbu, $3^1/_2$ Std.; retour auf Fahrweg, $2^1/_4$ Std.

Leichte Wanderungen.

Karten: Rondane, 1718 I Rondane.

Flechten bedecken Hochflächen und Gipfel der Rondane und geben der Landschaft einen eigenen Reiz. Rechts im Bild der Storronden, der meistbesuchte Rondanegipfel (Anstiegsweg sichtbar), und links der höchste Berg Rondslottet.

Flechtenfelder und zaubern im Herbst farbenfrohe Muster in den fahlgelben Teppich.

Variante:

Als Variante sei eine längere Route (3¹/₂ Stunden) zur Hütte Rondvassbu vorgeschlagen, bei der man abseits der Fahrstraße Aussicht und Ruhe genießen kann.

Beim kleinen See Indretjørni (1019 m) zweigt von der Mautstraße ein markierter Weg zur Hütte Bjørnhollia ab, dem wir über die teils sumpfige Hochebene folgen, bis wir auf den Weg Rørosveien treffen, der von dem See Furusjøen heraufzieht. Es ist ein alter Handelsweg, der einst das Tal Gudbrandsdalen mit der Bergwerksstadt Røros verbunden hat. Diesem Steig, dem Rørosveien, folgen wir über die weite Hochfläche mit prächtiger Aussicht, bis der Weg ca. 2 km vor der Hütte Rondvassbu in den oben beschriebenen Transportweg einmündet.

57. Storronden und Rondslottet – die höchsten Gipfel der Rondane

a) Storronden – leichtester Zweitausender der Rondane

Der Storronden ist mit 2138 m der zweithöchste und meistbesuchte Berggipfel der Rondane. Ohne Sonne ist der Berg dunkelgrau, im Sonnenlicht gelblich-weiß. Flechten sind die Ursache für dieses Farbenspiel, sie sind Meister im Überleben. Als erfolgreiches Gemeinschaftsunternehmen zwischen Pilz und Algen haben sie sich so extreme Lebensräume erobert. Der Mangel an Nahrung und Wasser stört sie nicht; sie assimilieren und wachsen nur, wenn die äußeren Bedingungen es zulassen. Da sie kein Wasser gespeichert haben, kann ihnen extremer Frost nichts anhaben. Das ist ein großer Vorteil, aber auch ein Nachteil;

an warmen Sommertagen müssen sie auf Wasser von außen warten, um Fotosynthese betreiben und wachsen zu können. So verwundert es nicht, wenn wenige zentimetergroße Flechten jahrhundertealt sind. Größere Flechten können jahrtausendealt sein. Man wandert durch eine sehr altehrwürdige Gesellschaft, wenn man den Storronden ersteigt. Die am Boden aufliegenden, strauchartigen Rentierflechten werden bald von den fest an den Steinen haftenden Krustenflechten abgelöst.

Wegbeschreibung:

Von der Nationalparkgrenze, dem Parkplatz am Spranget, folgt man zunächst wie bei Tour Nr. 56 beschrieben, den 7 km langen Fahrweg zur Hütte Rondvassbu (Wegskizze S. 118). Gleich hinter der Hütte erblickt man einen breiten Weg, der in Serpentinen nordöstlich über die Bergflanke hinaufzieht. Ein kurzes Stück folgen wir diesem Weg, der den Über-

gang zur Hütte Bjørnhollia bildet. Der gemeinsame Anstiegsweg zum Storronden und Rondslottet verläßt bald den Hüttenpfad und führt hinauf zum breiten Westrücken des Storronden. Nach einer Dreiviertelstunde Gehzeit trennen sich die Aufstiegswege. Wir wählen den rechten Steig, der über den breiten Rücken des Storronden hinaufzieht; der links abzweigende Steig führt zum Rondslottet.

Der Anstieg auf den Storronden bietet keinerlei Schwierigkeiten, wenn man davon absieht, daß der ganze Berg mit Gesteinsschutt und Blockwerk bedeckt ist. Es sind zwar nur 960 Höhenmeter von der Hütte zum Gipfel, aber der Weg zieht sich, weil der Storronden zu jenen Bergen gehört, wo man immer vor sich in jeder Erhebung des langgezogenen Kammes den Gipfel zu sehen glaubt. Nach $2^{1}/_{2}$ bis 3 Stunden hat aber jeder den echten Gipfel erreicht. Die prachtvolle Aussicht, die von den umliegenden Rondanebergen bis zu den gletscherbedeck-

Tour auf einen Blick

Zufahrt: Siehe Tour Nr. 74

Wegverlauf: Parkplatz Spranget (ca. 1080 m) – Hütte Rondvassbu (1173 m), $1^{1}/_{2}$ Std.

a) Storronden: Rondvassbu – Storronden (2138 m), $2^{1}/_{2}$ Std.

b) Rondslottet: Rondvassbu – Rondslottet (2178 m), 4–5 Std.

Storronden: **leichte Bergtour;** Rondslottet: **mäßig schwierig.**

Karten: Rondane, 1718 I Rondane.

Die Zwergbirke (Betula nana) ist durch ihren kriechenden Wuchs optimal an das rauhe Klima des Fjells angepaßt. Die Farbe der kleinen Blättchen durchläuft im Herbst die ganze Farbskala von Gelb über Orange, Rot und Violett und läßt das Fjell in einem wahren Farbenrausch leuchten.

ten Zinnen in Jotunheimen schweift, läßt den etwas eintönigen Anstieg vergessen. Bei einer Nächtigung auf der Hütte Rondvassbu erspart man sich den $1^1/_2$ stündigen Hüttenweg.

b) Rondslottet – das „runde Schloß"

Der Gipfel des Rondslottet, was wörtlich übersetzt das „runde Schloß" heißt, ist mit 2178 m der höchste Berg der Rondanegruppe. Von der Hütte Rondvassbu ist er in 4 bis 5 Stunden zu erreichen. Wer genügend Kondition hat, um zusätzlich zu der Bergtour auch noch je $1^1/_2$ Stunden Hüttenwanderung in Kauf zu nehmen, kann den Gipfel auch als Tagestour besteigen. Lohnender ist eine Nächtigung auf der Hütte Rondvassbu.

Denn obwohl das Rondslottet nur 40 m höher ist als der Storronden, sind mit einigen Ab- und Gegenanstiegen rund 1150 Höhenmeter zu bewältigen. Dafür ist die Tour auf das „Schloß" viel abwechslungsreicher und bietet vom Gipfel einen prächtigen Rundblick.

Beim Aufstieg im Frühsommer begleiten uns zarte, weiße Blütensterne, die fast verloren in den weiten, von Flechten bedeckten Bergflanken leuchten. Es sind die Blüten der Moltebeere, die bis in den hohen Norden des Landes zu finden ist. Sie ist eine Verwandte unserer Brombeere. Der Strauch wird nur 10 cm hoch und trägt nur eine Beere, aber diese erreicht die Größe einer Brombeere. Unreif ist sie rot, im Reifezustand wird sie aprikosenfärbig und schmeckt vorzüglich. Sie wird von den Norwegern sehr geschätzt. Zu den beliebtesten Joghurtsorten gehört der Moltebeerenjoghurt, der in keinem Geschäft fehlt – vom kleinsten Laden bis zum Supermarkt.

Wegbeschreibung:

Wir fahren und wandern zur Hütte Rondvassbu (s. S. 114). Der Anstieg von der Hütte zum Gipfel ist im ersten Teil identisch mit dem Aufstieg zum Storronden (s. S. 117). Bei der beschriebenen Weggabelung führt der ebenfalls markierte, aber weniger begangene Pfad zum Rondslottet hinunter in das Kartal Rondholet. Fast eben wandern wir am Ufer des Baches vorbei an winzigen Seen, die letzte Gelegenheit zum Anfüllen der Wasserflasche. Der Steig ist meist nur an den roten Markierungen zu erkennen.

Im Talschluß beginnt der Anstieg in den Sattel zwischen Vinjeronden und Storronden. Gegen Norden bricht der Sattel mit einer steilen Felswand zu einem Restgletscher ab, vor dem sich ein großer Karsee ausbreitet. Vom Sattel führt der Anstieg über große Felsblöcke zum Gipfelplateau des Vinjeronden. Der 2044 m hohe Berg ist ein prächtiger Aussichtsgipfel und als eigene Tour sehr lohnend.

Zum Rondslottet sind es je nach Verhältnissen noch rund $1^1/_2$ Stunden. Wir folgen dem breiten Grat nach Norden. Der Pfad führt zunächst gut 100 Höhenmeter hinunter in den Sattel zwischen Vinjeronden und Rondslottet. Ostseitig bricht eine Felswand rund 500 m ab und westseitig eine steile Flanke – eine eindrucksvolle Passage. Unschwierig erreicht man schließlich über den breiten Südrücken den Rondslottetgipfel und sieht erstaunt, mit welch gewaltiger Wand dieser Berg nach Norden abbricht. Die Aussicht ist des höchsten Berges der Rondanegruppe würdig und läßt bei schönem Wetter keinen Wunsch offen.

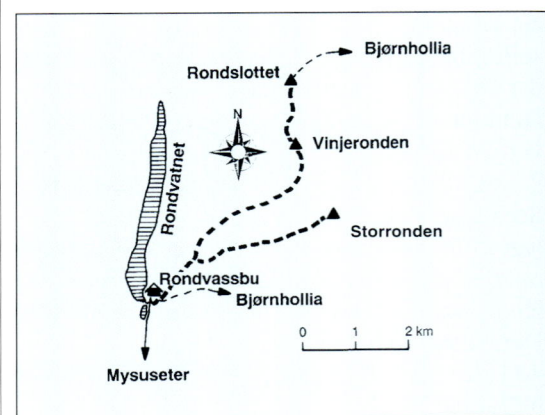

Der Rondslottet-Anstieg ist technisch unschwierig; nur beim Aufstieg zum Vinjeronden muß man einige größere Blöcke überklettern. Schneereste, rutschige Flechten und die nicht immer leicht zu findende Markierung lassen es mir trotzdem richtig erscheinen, diese Tour als „mäßig schwierig" einzustufen.

58. Veslesmeden – hoch über dem See Rondvatnet

Der Veslesmeden liegt in einem der wildesten Berggebiete der Rondane, das deuten schon die Namen der Berge an. Es gibt den Nördlichen, Südlichen und Östlichen Hammer (Hammaren), den Großen Schmied (Storsmeden) und den Kleinen Schmied (Veslesmeden), unser Gipfelziel. Gegen Osten brechen alle Berge mit mächtigen dunklen Felswänden ab, zu deren Füßen gewaltige Kare mit blauen Karseen liegen. Der Veslesmeden ist der einzige Gipfel, auf den ein markierter Steig führt.
Einige markierte Übergänge leiten von der Hütte Rondvassbu nach Norden zu den Dørålseter-Herbergen (s. S. 128). Am bequemsten ist es, ein Seetaxi, ein Holzboot, das in der Hauptsaison von Rondvassbu über den fjordartigen See Rondvatnet tuckert, zu benützen. Hoch über dem See führt ein Weg über den Rondhalsen (s. S. 129), der auch für den Aufstieg zum Veslesmeden genutzt wird.
Als Rundtour kann man beim Rückweg vom Veslesmeden vom Rondhalsen zum nördlichen Ende des Sees Rondvatnet absteigen und mit dem Seetaxi, das allerdings an Wochenenden überfüllt sein kann, zur Hütte Rondvassbu zurückfahren. Die Fahrt über den 4 km langen, schmalen, von steilen Felswänden flankierten See ist ein reizvoller Abschluß der Tour.

Wegbeschreibung:

Eine Entscheidungshilfe, ob man nur den Veslesmeden ersteigen will oder eine Rundtour mit dem Seetaxi plant, können die Gehzeiten sein. Von der Hütte auf den Veslesmeden sollte man 3 Stunden einplanen. Wer nicht auf der Hütte übernachtet, muß noch $1^1/_2$ Stunden Hüttenanmarsch dazurechnen. Der Abstieg vom Veslesmeden zur Hütte erfordert 2 bis $2^1/_2$ Stunden; der Abstieg zum Nordufer des Sees Rondvatnet ist kaum länger. Der Zeitaufwand für die Rückkehr zur Hütte Rondvassbu mit dem Seetaxi hängt vom Fahrplan ab (in der Hütte zu erfragen).
Der Anstieg zum Veslesmeden folgt die ersten 400 Höhenmeter dem vielbegangenen und gut beschilderten Übergang zu den Herbergen Dørålseter über den Rondhalsen. Man überquert bei der Hütte Rondvassbu den Abfluß des Sees Rondvatnet und steigt westlich des Sees auf. Da beidseitig des Sees die Felsen steil abbrechen, folgt der Weg einem alten Saumpfad über den aussichtsreichen Rondhalsen. Der Pfad verläuft 500 m oberhalb des Sees, wo das Gelände flacher ist.

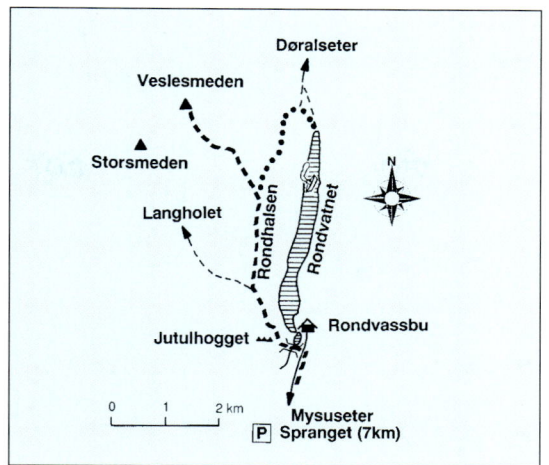

Noch bevor man die höchste Erhebung des Rondhalsenbandes von 1647 m Höhe erreicht hat, zweigt der markierte Pfad (Hinweisschild) nordwestlich zum Gipfel des Veslesmeden ab. Wir steigen über einen steilen Schutthang auf und passieren einen Jagdstand und eine Notunterkunft aus Steinen. Nach Überwindung des Schutthanges erreichen wir den aussichtsreichen Südostgrat, der zuletzt steil und gelegentlich über Blockwerk zum Gipfel (2015 m) führt. Die gewaltigen Kare, zu denen die Wände des Berges abbrechen, erzählen von den Gletschern, die diese Landschaft gestalteten.

Variante: Rundweg mit dem Seetaxi

Wir steigen vom Veslesmeden nur bis zur Weggabelung ab und folgen dem Übergang zur Dørålseter-Herberge. Zum höchsten Punkt des Rondhalsen sind noch rund 100 Höhenmeter zu überwinden. Von hier geht es steil hinunter zum nördlichen Ende des Sees Rondvatnet, von wo das Seetaxi zurück zur Hütte Rondvassbu fährt.

59. Store Ula – wilder Gebirgsfluß mit Wasserfällen

Der Fluß store Ula kommt aus dem See Rondvatnet und fließt in Richtung der Hüttensiedlung Mysuseter. Wo das Gelände steiler abfällt, hat die store Ula malerische Schluchten gegraben, unterbrochen von größeren und kleineren Wasserfällen. Diesen wilden Gebirgsfluß entlangzuwandern, gehört zu den reizvollsten und abwechslungsreichsten Touren der Rondane.
Im folgenden wird eine Kombination zwischen Fjell- und Flußwanderung vorgeschlagen – ein zweistündiger Rundweg. Man lernt dabei die verschiedenen Vegetationszonen kennen, den

Tour auf einen Blick

Zufahrt: Von Otta an der E6 zur Almsiedlung Mysuseter und 1,3 km die Mautstraße Richtung Rondvassbu.

Wegverlauf: Rundweg; Mautstraße (ca. 980 m) – See Bergetjønn (980 m) – store Ula (ca. 900 m) – Wasserfall Bruresløret (ca. 1060 m) – Ausgangspunkt an Mautstraße, 2 Std.

Leichte Wanderung.

Karten: Rondane, 1718 I Rondane.

Fast perfekt rechtwinkelig gespaltenes Gestein läßt den Fluß store Ula über Treppenstufen zu Tal fließen. Von Mysuseter folgt ein markierter Weg dem in vielen Kaskaden zu Tal stürzenden Fluß.

Fjellbirkengürtel mit den letzten Kampfbäumen, Moore und schließlich das baumlose Fjell, das mit Flechten, kriechenden Zwergbirken, Wacholder, Beerensträuchern und Bärlapp bedeckt ist. Im Juni, wenn die store Ula das Schmelzwasser führt, sind die Wasserfälle ein besonders eindrucksvolles Schauspiel.

Wegbeschreibung:

Von der E6 bei Otta folgen wir, wie bei Tour Nr. 56 beschrieben, der 13 km langen Straße zum Berggasthof Mysuseter. An der Mautstraße, die von hier zur Hütte Rondvassbu führt (s. S. 115), beginnt unsere Wanderung bei dem kleinen See Indretjørni. Der Steig führt durch freies Gelände auf Holzstegen über ein kleines Moor. In einer halben Stunde erreichen wir den malerischen See Bergetjønn, in dem sich die Rondaneberge spiegeln. In den lichten Birkenwäldchen am See und im Fjell haben sich viele Norweger ihre „hytter" errichtet, denn wir befinden uns noch außerhalb des Nationalparks. Wir wandern am Westufer des Sees entlang und folgen der grünen Markierung abwärts zum Fluß store Ula. Ein schmaler Steig führt

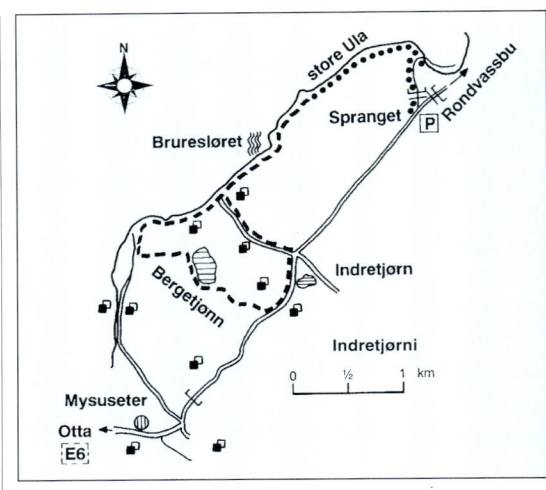

am Ufer flußaufwärts. Den Boden des Flußbettes bilden riesige, rechtwinkelige Platten, und das Wasser schießt wie in einer gewaltigen Rutschbahn darüber. Vorbei an vielen kleinen Wasserfällen und einer Holzbrücke, die einen Abstecher auf die andere Flußseite ermöglicht, wandern wir flußaufwärts und erreichen den schönsten Wegabschnitt.

Die store Ula hat hier eine Schlucht mit

senkrechten Wänden gegraben, die flußaufwärts immer tiefer wird und in dem 20 m hohen Doppelwasserfall Bruresløret („Brautschleier") endet. „Ein Paradebeispiel für rückschreitende Erosion – wie aus einem Geomorphologielehrbuch", stellte mein fachkundiger Sohn fest, um gleich für mich eine allgemeinverständliche Erklärung anzufügen. Ein zunächst kleiner Wasserfall hat durch Erosion das Gestein, über das die Wassermassen stürzen, immer weiter abgetragen, so daß die Gefällstufe und damit der Wasserfall im Lauf der Zeit rund 500 m flußaufwärts versetzt wurde. Dabei grub der Fluß eine Schlucht in die Hochebene, die beim heutigen Wasserfall ihre größte Tiefe von 20 m erreicht.

Ein kleiner Steig am Schluchtrand gestattet schöne Tiefblicke und bringt uns nach einer Stunde zur Oberkante des Wasserfalls. Das Gestein zerfällt hier bevorzugt in rechtwinkelige Platten und Quader, die so perfekt behauen aussehen, daß man manchmal glaubt, in den Überresten einer griechischen Ruine umherzuwandern. Zum Bau von Rentierfanggruben (s. S. 136), deren Reste man in der Nähe des Wasserfalls sehen kann, waren diese Steine hervorragend geeignet.

Es lohnt sich, noch ungefähr eine Viertelstunde flußaufwärts weiter zu wandern. Die Aussicht wird immer schöner, und die store Ula fließt hier sanft über die Stufen unzähliger Steinplatten zu Tal. Wer den Steig ausgeht, kommt zum Parkplatz Spranget an der Mautstraße (s. S. 115). Lohnender ist es, wieder am Wasserfall vorbei flußabwärts zu gehen und über einen Fahrweg in einer halben Stunde zum Ausgangspunkt zurückzukehren.

60. Erdpyramiden – die Priester des Ulatales

Der „Brautschleier"-Wasserfall des Flusses store Ula (Große Ula) war das Ziel der Wanderung im vorigen Kapitel. Auch ihre kleine Schwester, die vesle Ula (Kleine Ula) bildet einen malerischen Wasserfall, der unter einer Straße hindurchrauscht. Die Große und Kleine Ula vereinigen sich und durchfließen das tief eingeschnittene Tal Uladalen, das eine in

Tour auf einen Blick

Zufahrt: Von Otta an der E6 zur Almsiedlung Mysuseter und Mautstraße 6 km im Uladalen talabwärts oder von Selsverket an E6 2 km talaufwärts.

Wegverlauf: Mautstraße im Uladalen (ca. 440 m) – Erdpyramiden Kvitskriuprestene (ca. 500 m), $1/4$ Std.

Leichte Wanderung.

Karte: Rondane.

Nordeuropa sehr seltene Sehenswürdigkeit besitzt – Erdpyramiden, die Priester des Uladalen. In den steilen, bewaldeten Hängen des Tales sieht man weiße, vegetationsfreie Bereiche, in denen das dichte weiße Moränenmaterial zutage tritt, das aus einer früheren Eiszeit stammt. Im steilen Hang erblickt man schlanke Pyramiden aus dieser weißlichen Moränenmasse, die als Kopfschmuck einen dunklen Stein besitzen. Es sind „Kvitskriuprestene", die „weißgekleideten Priester". In Norwegen tragen die Priester breite, dunkle Kappen.

Der Stein auf der Pyramide hat bei der Auswaschung des umliegenden Moränenmaterials als Schutz gedient. Bei Trockenheit ist dieses Moränenmaterial sehr fest, aber der Regen spült es immer wieder weg. Sobald eine Pyramide den Stein auf ihrem Kopf, der den Regen abhält, verloren hat, verschwindet sie. Dafür entstehen neue Erdpyramiden – es ist ein fortdauernder Prozeß. Voraussetzung für das Entstehen solcher Pyramiden sind sehr steile Hänge und sehr wenig Niederschlag, der hier vor allem in Schauerform fällt.

Wegbeschreibung:

Vom Berggasthof Mysuseter (s. S. 115) wählen wir als Abfahrt nicht die beschriebene, von Otta heraufziehende asphaltierte Straße, sondern die kurz hinter Mysuseter abzweigende Mautstraße, die durch das Uladalen hinunter ins Gudbrandsdalen nach Selsverket zur E6 führt. Ein Fahrweg leitet uns mit einem kurzen Abstecher zum Wasserfall der vesle Ula.

Die Straße führt zunächst am Hang hoch über dem Fluß, und zwischen den Bäumen sieht man schon auf der gegenüberliegenden Talseite den auffallenden Hang aus weißlicher Moränenmasse. Im Talgrund erblicken wir an der Straße das Schild mit dem Zeichen für Sehenswürdigkeiten (s. S. 8) und den Hinweis „Kvitskriuprestene". Von hier führt ein deutlich sichtbarer und bezeichneter Pfad durch steilen Wald in etwa 10 Minuten an den Rand des Moränenhanges zu den Erdpyramiden, die unter Naturschutz stehen. Eine Tafel erklärt

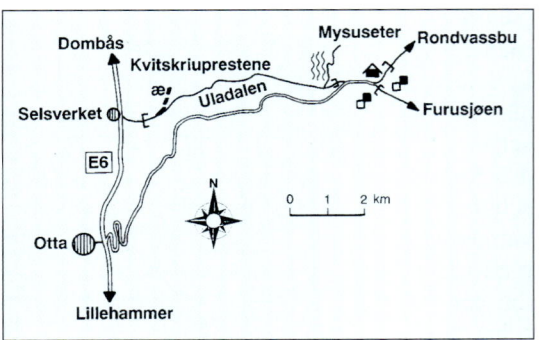

ihre Entstehung. Den unbewachsenen Moränenhang sollte man aus Sicherheitsgründen, aber auch zum Schutz der Priester des Ulatales nicht betreten.

61. Peer Gynthytta und Bråkdalsbelgen – auf den Spuren einer Sagengestalt

Henrik Ibsen hat in seinem Versdrama die Sagengestalt des norwegischen Bauern Peer Gynt weltbekannt gemacht. Er zeichnet Peer Gynt als armen, aber aufgeweckten Burschen voller Tatendrang mit hochgesteckten Zielen, aber auch als weltfremden Träumer und Phantasten. Er besteht Abenteuer mit Trollen und anderen Berggeistern und kommt mit der tristen Wirklichkeit immer weniger zurecht.

In der Ferne sucht er sein Glück und verläßt Solveig, seine Geliebte, die verspricht, auf ihn zu warten. „Solveigs Lied" aus der Peer-Gynt-Suite von Edvard Grieg zeichnet ergreifend ihr Schicksal. Peer Gynt zieht durch die ganze Welt und kehrt nach Jahrzehnten als gebrochener alter Mann bettelarm zu der inzwischen erblindeten Solveig zurück, die seine Waldhütte gehütet hat. Zu spät erkennt er, daß sein „Reich", das er überall gesucht hat, hier bei ihr gewesen wäre.

Ibsen hat in seinem Drama norwegische Sagen und Märchen verarbeitet und in Peer Gynt einen Helden geschaffen, der auch heute noch eine so große Popularität besitzt, daß alle Stätten, wo sich diese Sagengestalt aufgehalten hat, große Touristenattraktionen geworden sind. Der berühmte Besseggengrat (s. S. 83), über den Peer Gynt angeblich mit einem Ren geritten ist, zählt zu den meistbegangenen Touren Jotunheimens.

Auch die Peer Gynthytta ist eines der beliebtesten Ausflugsziele in den Rondane. Neben der neuen Hütte steht die alte Steinhütte, die Uløyhytta oder gamle Peer Gynthytta genannt wird. In dieser Hütte soll 1842 Peter Christen Asbjørnsen, der norwegische Sagen und Märchen sammelte, Geschichten über Peer Gynt gehört und dann aufgezeichnet haben. Sie dienten Henrik Ibsen als Vorlage für sein Drama, und so kann man diese Hütte ein wenig als Geburtsort der bekannten Sagengestalt sehen. Die Peer Gynthytta liegt am Westrand des Rondanemassivs in einer reizvollen Landschaft, durch die kurze, unschwierige Familienwanderungen führen. Seen, Bäche, Moore, niedrige Zwergsträucher und Flechten prägen die abwechslungsreiche Hochebene. Malerische, leicht zu ersteigende Bergkuppen über-

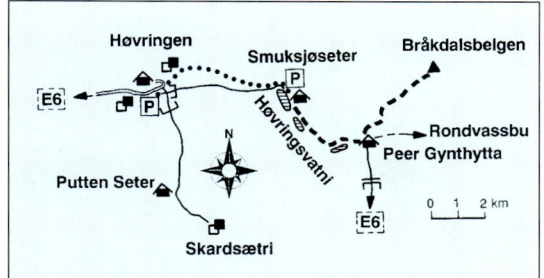

ragen die Hochfläche meist nur wenige hundert Meter. Als einziger höherer Gipfel bietet sich der Bråkdalsbelgen am Ostrand des Rondanemassivs an, von dem man einen prächtigen Rundblick hat.

Wegbeschreibung:

Wir folgen der E6 im Gudbrandsdalen von Otta 18 km flußaufwärts, bis die Straße nach Høvringen abzweigt. Sie führt in vielen Kehren durch den steilen, bewaldeten Talhang aufwärts, und nach 8 km erreichen wir das baumlose Fjell in ca. 1000 m Höhe. Høvringen besitzt viele Berghotels und zahllose Ferienhütten, es ist im wahrsten Sinne des Wortes „verhüttelt".

Wer eine längere Wanderung machen will, läßt das Auto gleich auf dem großen Parkplatz im Süden der Siedlung stehen und wandert in 1½ Stunden am Ufer des Flusses Høvringsåi aufwärts und folgt ihm bis zum größten der drei Seen Høvringsvatni, an dessen Ufer die Herberge Smuksjøseter (1130 m) liegt. Das Berghotel ist auch auf einer Mautstraße von Høvringen aus zu erreichen.

Von Smuksjøseter spazieren wir den See entlang und erreichen die Grenze des Rondane-Nationalparks. Der vielbegangene, markierte Weg ist fast eben, und bald passieren wir den See midre Høvringsvatnet (1124 m). Gleich hinter dem See liegt die Wasserscheide, und mit kaum merklichem Gefälle wird der dritte Høvringssee erreicht. Mit schöner Aussicht auf die schroffen Rondanegipfel überqueren wir zuerst einen kleineren Bach und dann auf einer Stegbrücke den Fluß vesle Ula, der hier durch eine kleine Schlucht rauscht. In 1 Stunde ist von Smuksjøseter die beliebte, malerische Peer Gynthytta (ca. 1100 m) erreicht, in der man sich stärken, aber nicht übernachten kann. Wände und Dach der Hütte sind aus den rechtwinkeligen Steinplatten errichtet, die überall im Gelände herumliegen.

Varianten:

Von der Peer Gynthytta bieten sich zahlreiche weitere Wanderungen an, die alle unschwierig und viel begangen sind. Ein markierter Über-

Tour auf einen Blick

Zufahrt: Von der E6 zum großen Parkplatz in Høvringen (ca. 980 m).

Wegverlauf: Parkplatz – Berggasthof Smuksjøseter (1130 m), 1½ Std. (Variante), auch auf Mautstraße erreichbar.

a) Peer Gynthytta:
Smuksjøseter – Peer Gynthytta (ca. 1100 m), 1 Std.
Peer Gynthytta – Steinhütte Ljosåbui (ca. 1350 m), 1 Std.

b) Bråkdalsbelgen:
Smuksjøseter – Peer Gynthytta – Bråkdalsbelgen (1915 m), 3¼ Std.

a) **Leichte Wanderung;**
b) **leichte Bergtour.**

Karten: Rondane, 1718 I
Rondane, 1718 IV Otta.

Linke Seite:
Die Kvitskriuprestene, die „weißgekleideten Priester" des Uladalen, sind Erdpyramiden aus weißlichem Moränenmaterial. Sie besitzen dunkle Steine als Kopfschmuck, die an die breiten, dunklen Kappen norwegischer Priester erinnern.

Die Peer Gynthytta ist ein beliebtes Ausflugsziel in den Rondanebergen. Über den Rücken rechts im Bild ist der Aussichtsgipfel Bråkdalsbelgen leicht zu ersteigen.

gang führt zur Hütte Rondvassbu. Wenn man dem Weg knapp eine Stunde rund 250 Höhenmeter ansteigend folgt, kommt man zu der offenen Steinhütte Ljosåbui (ca. 1350 m), die ein britischer Lord, der viele Sommer hier jagte, um 1860 errichten ließ. Gleich neben der Hütte ist eine alte Renfanggrube zu sehen.

Die lohnendste Gipfelbesteigung von der Peer Gynthytta ist der prachtvolle Aussichtsberg Bråkdalsbelgen (1910 m). Ein nichtmarkierter Steig bringt uns in $2^1/_4$ Stunden (820 Höhenmeter) auf den Gipfel, der gegen Osten mit einer mächtigen Wand in das eindrucksvolle Kar Verkilsdalsbotn abbricht und einen schönen Blick über das Smiubelgenmassiv bietet.

Tips für Radfahrer

HØVRINGEN

Zwei Mautstraßen erschließen für Radfahrer die abwechslungsreiche Hochebene. Eine führt

vom großen Parkplatz in Høvringen ca. 6 km mit knapp 200 m Anstieg zu der oben beschriebenen Herberge Smuksjøseter am See Høvringsvatnet. Eine weitere Mautstraße leitet von Høvringen 8 km fast eben, zum Teil durch lichte Birkenwälder zum Berggasthof Putten Seter und nach Skardsætri, wo zahlreiche Ferienhütten errichtet wurden (Naturstraßen).

RONDVASSBU

Ein Besuch des Sees Rondvatnet ist als eigene Fahrradtour ein lohnendes Ziel, wobei die bequemere von der Nationalparkgrenze nur 7 km mit 100 m Steigung zum See und der Hütte Rondvassbu führt. Wer das Auto gleich in Mysuseter stehen läßt, radelt 11 km mit 270 m Steigung immer mit prächtigem Rundblick im freien Gelände. Auch der See Furusjøen ist über ein Mautstraße erreichbar (Naturstraßen).

b) Östliches Rondanemassiv, Ringebufjellet und Røros

62. Muen – Bergkegel über dem Ringebufjellet

Über die ausgedehnte Fjellhochebene, die das Tal Gudbrandsdalen im Osten begrenzt, führt der bekannte Lillehammer-Rondane-Pfad (s. S. 111). Eines der landschaftlich reizvollsten Gebiete, das man bei dieser siebentägigen Wanderung durchquert, ist das Ringebufjellet. Die weite, abwechslungsreiche Hochfläche ist geprägt von schönen Seen, sanft geschwungenen Bergrücken und Birkenwäldern, die in den höchsten Lagen von Zwergbirken und Flechten abgelöst werden.

Vom Gudbrandsdalen führt eine im Winter gesperrte Straße über das Ringebufjellet. Be-sonders reizvolle Straßenabschnitte haben in Norwegen eigene Namen; dieser heißt Ronde-vegen. Wer vom Rondevegen 1 Stunde auf den zweithöchsten Gipfel des Ringebufjellet, den Muen, wandert, hat einen prächtigen Blick über die weite, freundliche Landschaft.

Wegbeschreibung:

57 km nördlich von Lillehammer durchquert die E6 den kleinen Ort Ringebu, der vor allem wegen seiner um 1200 erbauten Stabkirche berühmt geworden ist, die etwas oberhalb der heutigen Straße am alten Königsweg nach Trondheim steht (s. S. 134). Bei Ringebu zweigt die Straße Nr. 27 von der E6 hinauf zum Ringebufjellet ab. In einigen Kehren, vorbei an schönen Höfen und dunklen Nadelwäldern,

Tour auf einen Blick

Zufahrt: Von der E6 bei Ringebu auf Straße Nr. 27 auf das Ringebufjellet zum Parkplatz unter der Paßhöhe.

Wegverlauf: Parkplatz (ca. 1050 m) – Muen (1424 m), 1 Std.

Leichte Bergtour.

Karte: 1818 III Ringebu.

Rechte Seite:
Der Bergkegel Muen
überragt die Hochfläche des
Ringebufjellet. Flechten
verleihen ihm eine seltsam
grünliche Farbe.

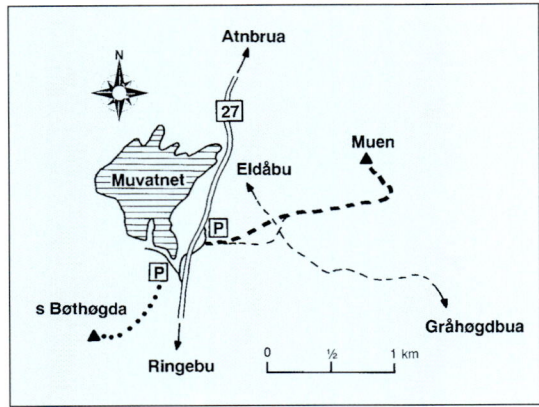

zieht die Straße zum Fjell hinauf. Man passiert viele Ferienhütten und Berggasthöfe und erreicht beim See Muvatnet, knapp unter der Scheitelhöhe des flachen, 1060 m hohen Passes, einen goßen, schön gelegenen Rast- und Parkplatz. Hier beginnt unsere Tour.

Schon bei der Anfahrt fällt ein grünlich-weißer Bergkegel auf, der die Hochfläche deutlich überragt; es ist der 1424 m hohe Muen, unser Bergziel. Der breit ausgetretene Weg – oft gleich mehrere Pfade nebeneinander – führt zunächst über die baumlose, nur mit Flechten, Zwergbirken und Beerensträuchern bedeckte, sanft ansteigende Hochfläche. Der Anstieg ist nur mit einigen roten Pfeilen und Klecksen markiert.

Der Weg quert durch die Südflanke des Berges, und jetzt erkennt man deutlich, daß der Muen ein einziger, riesiger Steinhaufen ist. Als höchster exponierter Gipfel ist er der Verwitterung offenbar besonders ausgesetzt, und sein anstehendes Gestein ist unter dem Verwitterungsschutt begraben. Im Gipfelbereich können nur noch Krustenflechten überleben, die die Felsbrocken und Steine überziehen und dem Berg seine grünlich-weiße Farbe geben. Der Weg führt von Osten, wo die Steinblöcke kleiner sind, mit Steinmännern markiert auf den aussichtsreichen Gipfel. Zu Füßen des Berges erblickt man die kleine Selbstversorgerhütte Gråhøgdbu, ein Etappenziel des Lillehammer-Rondane-Pfades, und über dem Ringebufjellet ragen die Gipfel der Rondane auf.

63. Durch das faszinierende Tal der Atna zu den Dørålseter-Hütten

Das Tal des Flusses Atna ist ein einsames, naturbelassenes Bergtal, das uns in den landschaftlich schönsten Teil des Rondane-Nationalparks bringt. Die lohnendste Anfahrt führt

von Ringebu an der E6 (s. S. 125) über die abwechslungsreiche Hochebene des Ringebufjellet hinunter in das Tal Atnedalen, das das Rondanemassiv im Osten begrenzt. Bei dem winzigen Ort Atnbrua/Brenn erreichen wir das Tal der Atna. Wie schon der Name Atnbrua andeutet, führt hier eine Brücke über den Fluß Atna. Im Hof Brenn bei Atnbrua lebte der bekannte norwegische Schriftsteller Knut Hamsun ein ganzes Jahr. Flußabwärts stürzt die Atna in einem kleinen Wasserfall zu Tal, flußaufwärts bildet sie einen großen See, den Atnasjøen. Die Straße Nr. 27 führt hoch über dem See durch lichten Kiefernwald.

Dann wird das Tal breiter und flacher. Der Talboden ist von Mooren und unzähligen größeren und kleineren Seen bedeckt, in denen sich die Gipfel der Rondaneberge spiegeln. Diese Moor- und Seenlandschaft, die die Atna in vielen Windungen durchfließt, war einst auch typisch für viele Täler Mitteleuropas. Hier ist sie in ihrer Ursprünglichkeit erhalten geblieben. Daß im Hochsommer auch Mücken solche intakten Landschaften lieben, muß man in Kauf nehmen.

Der Oberlauf der Atna, das Tal Dørålen, gehört zu den faszinierendsten Landschaften Norwegens. Gletscher haben die Landschaft geformt, und der Fluß Atna hat hier gewaltige Terrassen geschaffen, die wie kilometerlange, bewachsene Halden eines Bergbaugebietes aussehen. Linien – wie mit dem Lineal gezogen – flankieren das Tal der Atna. Riesige Trichter, in denen teilweise malerische Seen eingebettet sind, und mächtige Moränen erinnern auf Schritt und Tritt an die Gletscherströme, die einst diese Landschaft formten. Eine gewaltige und doch freundliche Landschaft, da längst ein Pflanzenteppich diese mächtigen Geröllmassen, Krater und Terrassen überzieht. Über dieser beeindruckenden Terrassenlandschaft erheben sich die höchsten Gipfel der Rondaneberge, die durch ihre mächtigen Nord- und Ostwände viel monumentaler wirken als von Südwesten im Bereich der Hütte Rondvassbu.

Wegbeschreibung:

Das obere Tal der Atna ist über eine 12 km lange Mautstraße zu erreichen, die 29 km flußaufwärts von Atnbrua zu den privaten Hütten Dørålseter abzweigt. 2 km vor dieser Abzweigung biegt auch ein Fußweg nach Dørålseter ab, der allerdings den größten Teil der Strecke auf der Mautstraße verläuft. Wer gerne mit Turnschuhen auf Fahrwegen spaziert, dem sei die $3^1/_2$stündige Wanderung zur Hütte Dørålseter empfohlen. Man wandert selten durch

Tour auf einen Blick

Zufahrt: Von der Straße Nr. 27 in ca. 800 m einer 12 km langen Mautstraße zu den Hütten Dørålseter (ca. 1060 m) folgen.

Wegverlauf: Die letzten 8 km des Fahrweges, 2 Std.

Leichte Wanderung.

Karten: Rondane, 1718 I Rondane.

Die Atna durchfließt im Oberlauf bei den Hütten Dørålseter eine faszinierende Landschaft mit kilometerlangen, fast wie mit dem Lineal gezogenen Terrassen. Unter den Felswänden der Hammaren (Bildmitte) führt ein beliebter Übergang zur Hütte Rondvassbu. Vor dem schneebedeckten Felsgipfel erkennt man die kraterförmigen Toteislöcher Skranglehaugan (s. Tour Nr. 65).

eine reizvollere Landschaft, und auch als Autofahrer sollte man öfters anhalten und kurze Abstecher einschieben.

Der Fahrweg verläuft hoch über dem tief eingeschnittenen Fluß Atna auf einer Flußterrasse mit prächtiger Aussicht auf die felsigen Gipfel der Rondane. Nur in dem geschützten Talbecken der Atna können sich kleine Birkenwäldchen behaupten. Die eleganten Berggestalten des Høgronden, Midtronden und Digerronden, alle über 2000 m hoch, begrenzen das Tal im Süden und spiegeln sich in den Seen Dørålstjørnin am Wegesrand (vgl. Skizze Tour Nr. 65 und Abb. Umschlagrückseite). Die Mautstraße endet bei der ehemaligen Alm Dørålseter. Hier liegen zwei private Hütten, die obere und untere Dørålseter-Herberge, am Kreuzungspunkt wichtiger Wanderwege, die das Bergmassiv der Rondane durchqueren.

64. Von Dørålseter nach Rondvassbu – eine beliebte Talwanderung

Die meistbegangene Tour von Dørålseter ist der Übergang zur Hütte Rondvassbu. Diese landschaftlich sehr reizvolle Wanderung gibt es in zwei Varianten: Eine bequemere, bei der man immer im Tal bleibt, nur 180 Höhenmeter zu bewältigen hat und den See Rondvatnet mit dem Seetaxi durchfährt, und eine aussichtsreichere, bei der man hoch über dem fjordartigen See zur Hütte Rondvassbu wandert und 600 Höhenmeter aufsteigt. Lohnend ist eine Kombination beider Varianten, die uns die höchsten Rondaneberge aus verschiedenen Perspektiven erleben läßt. Besonders eindrucksvoll ist der Blick auf die Felswände der Hammaren, der „Hämmer", den man beim Anstieg von Dørålseter lange genießen kann.

Wegbeschreibung:

Von den Dørålseter-Hütten (s. S. 126) wandern wir das breite Tal der Atna flußaufwärts und überqueren den Fluß. Nach der Brücke gabelt

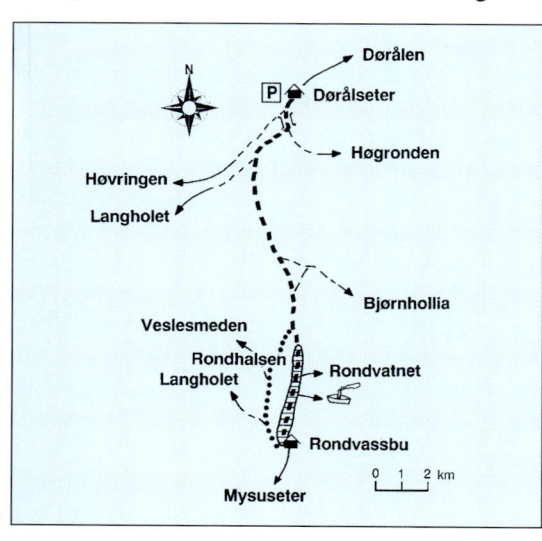

sich der Weg. Der Steig zu den Toteislöchern Skranglehaugan und den Høgronden zieht steil über die Moräne hinauf. Wir wandern am Fuß der Moräne flußaufwärts, überschreiten auf einer Stegbrücke den Nebenbach Bergedalsbekken und folgen ihm fast eben bachaufwärts. In 1233 m erreichen wir die Wasserscheide bei den Seen Bergedalstjørnin.

Mit kaum merkbarem Gefälle führt der Steig das Rondvassdalen abwärts, vorbei an zahllosen Seen und Pfützen und über viele Bäche. Die Bergwände, die das Tal begrenzen, werden immer steiler. Bevor sie in unbegehbare Felswände überleiten, zweigt etwa 1 km vor dem Nordufer des Sees Rondvatnet der Steig über den 1647 m hohen Rondhalsen ab. Über diesen Weg, der hoch über dem See mit schönem Blick auf den Digerronden nach Rondvassbu führt (s. S. 114), hat man früher die Pferde von Gudbrandsdalen zur Bergbaustadt Røros (s. S. 132) getrieben. Diese Fußwanderung

Tour auf einen Blick

Zufahrt: Wie bei Tour Nr. 82 zu den Hütten Dørålseter.

Wegverlauf:
a) **Rondvatnet:** Dørålseter (ca. 1060 m) – Seen Bergedalstjørnin (1233 m) – Nordufer des Sees Rondvatnet (1167 m), 3 Std.; Bootsfahrt über See zur Hütte Rondvassbu.

b) **Rondhalsen:** Dørålseter – Seen Bergedalstjørnin – Rondhalsen (1647 m) – Rondvassbu (1173 m), 5 Std.

a) **Leichte Wanderung;**
b) **Leichte Bergtour.**

Karten: Rondane, 1718 I Rondane.

Die Rosenwurz (Rhodiola rosea) ist in den Bergen Norwegens sehr verbreitet. Ihren Namen verdankt sie der leuchtenden Herbstfärbung.

hoch über dem See dauert 2 Stunden; von Dørålseter bis Rondvassbu muß man für diese Variante 5 Stunden rechnen.

Kürzer und bequemer ist es, im Tal bis zum Nordufer des Sees zu wandern, das von Dørålseter in 3 Stunden zu erreichen ist. Ein Weiterkommen ist hier aber nur noch mit dem Seetaxi (s. S. 119) möglich, da die Felswände extrem steil in den See abbrechen.

Falls das Boot nicht verkehrt (in der Hütte fragen), ist als Tagestour auch ein Aufstieg auf den Rondhalsen und die Rückkehr auf dem Anstiegsweg oder nur eine Wanderung zum Nordufer des Sees ohne Besuch der Hütte Rondvassbu lohnend.

65. Kraterlandschaft Skranglehaugan und Felspyramide Høgronden

a) Skranglehaugan

Die hier vorgeschlagene Wanderung führt auf keinen Gipfel, sondern zu den Toteislöchern der Skranglehaugan – eindrucksvolle Zeugen gewaltiger Gletscherströme. Den von den Bergen herabfließenden Gletschern wurde der weitere Weg ins Tal einst vom mächtigen Talgletscher versperrt. Riesige Eisblöcke brachen ab und wurden später von Moränenmaterial eingeschlossen. Als diese Eisblöcke später ab-

Tour auf einen Blick

Zufahrt: Wie bei Tour Nr. 82 zu den Hütten Dørålseter.

Wegverlauf: Dørålseter (ca. 1060 m) – Skranglehaugan (ca. 1100 m), ½ Std.

Variante: Skranglehaugan – Høgronden (2114 m), 4 Std.

Skranglehaugan – **leichte Wanderung;** Høgronden – **unschwierige Bergtour.**

Karten: Rondane, 1718 I Rondane.

schmolzen, hinterließen sie gewaltige Krater in der sonst fast ebenen Terrasse (s. Abb. S. 128).

Wegbeschreibung:

Unmittelbar hinter der Hütte Dørålseter folgen wir den Wegweisern „Rondvassbu, Høvringen" talaufwärts. Es sind einige kleine Bäche zu überqueren, einer davon kann nach der Schneeschmelze oder nach längerem Regen zu tief für normale Bergschuhe sein. Wir wenden uns hinunter zum Fluß Atna, der auf einer Brücke überschritten wird. Jenseits des Flusses folgen wir dem markierten Steig in Richtung Høgronden und steigen ca. 60 m steil über die vor uns liegende Moräne hinauf.

Als ich Anfang September hier wanderte, dauerte dieser kurze Anstieg über die Moräne sehr lange, denn unzählige Heidelbeeren standen in Griffweite am Wegesrand. Sobald man nach einer halben Stunde Gesamtgehzeit den oberen Plateaurand erreicht hat, steht man vor einer Mondlandschaft mit unzähligen Kratern, kleinen und riesig großen. Es ist eine unglaublich faszinierende, aber keine leblose Mondlandschaft, denn auf dem geschützten Grund der Krater leuchteten unzählige rot-orange Heidelbeersträucher. Wir verlassen den markierten Weg zum Høgronden und wandern eine Viertelstunde südwestlich durch diese beeindruckende Trichterlandschaft immer mit prächtigem Blick in das Tal der Atna und auf die umliegenden Berggipfel aus dunklem Felsen.

b) Høgronden – elegante Felspyramide

Auf dem Weg nach Dørålseter fallen im Süden markante Berggipfel auf, der Diggeronden, Midtronden und Høgronden, unser Gipfelziel (s. Bild Umschlagrückseite).

Wegbeschreibung:

Der Anstieg auf den Høgronden ist eine lange Bergtour, die gut 4½ Stunden Gehzeit erfordert. Wir folgen dem oben beschriebenen, markierten Steig zu den Toteislöchern Skranglehaugan, steigen kurz in den weiten Talboden des Vidjedalen ab, das überraschend üppigen Pflanzenwuchs aufweist, und folgen dem Bach flußaufwärts. Wer ohne Stiefel unterwegs ist, wird beim Durchqueren der Zuflußbäche meist die Schuhe ausziehen müssen. Wir queren die weite Hochfläche, die nur noch Flechten Überlebenschancen bietet. Nach einem kurzen Abstieg erreicht man den riesigen eindrucksvollen Kessel des Kares Midbotn mit einem schönen Karsee (1461 m).

Wir wandern am See vorbei und steigen zum verblockten Nordostgrat auf. Über diesen Grat,

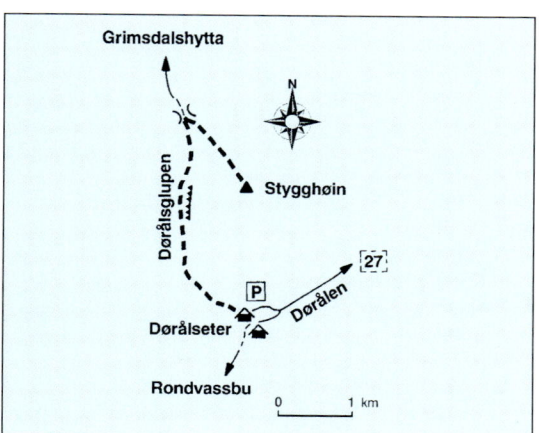

der im oberen Teil recht steil ist, erreichen wir den 2114 m hohen Gipfel des Høgronden mit prächtiger Aussicht. Die Markierungen sind bei dieser Tour nicht allzu zahlreich, aber bei guter Sicht für erfahrene Bergsteiger ausreichend.

66. Durch die Schlucht Dørålsglupen auf den Kamm Stygghøin

Über den Dørålseter-Hütten ragen die Stygghøin, die „grausigen Höhen" auf. Es sind breite Höhenrücken ohne markante Bergspitzen, die das Tal der Atna im Norden flankieren und zu den Dørålseter-Hütten mit steilen Flanken abfallen. Grausig wirken sie eigentlich nicht, aber beim alten Übergang von Dørålseter zur Grimsdalshytta bildeten sie doch das Haupthindernis, was ihnen wahrscheinlich zu dem wenig schmeichelhaften Namen verhalf. Auch heute noch überquert der Weg zur Grimsdalshytta die Stygghøin durch die Schlucht Dørålsglupen; es ist der leichteste Übergang. Die gesamte Wanderung von Dørålseter zur Grimsdalshytta dauert 6 Stunden, führt teilweise durch sumpfiges Gelände und

ist nicht unbedingt zu empfehlen. Die Grimsdalshytta kann auch auf einer 18 km langen Mautstraße, die von der Straße Nr. 27 abzweigt, erreicht werden.

Sehr lohnend ist dagegen wegen der prächtigen Aussicht der etwa $1^3/_4$ Stunden dauernde Aufstieg auf den Bergkamm der Stygghøin durch die Schlucht Dørålsglupen.

Wegbeschreibung:

Bei der oberen Dørålseter-Herberge weist das Schild „Grimsdalshytta" gleich den Hang hinter der Hütte hinauf. Der gut markierte Weg führt im oberen Teil durch die Schlucht

Die Winternahrung der Rene besteht aus der nach ihnen benannten Rentierflechte, die sie mühsam unter dem Schnee hervorscharren.

Tour auf einen Blick

Zufahrt: Wie bei Tour Nr. 82 zu den Hütten Dørålseter.

Wegverlauf: Dørålseter (ca. 1060 m) – Schlucht Dørålsglupen – Kamm des Stygghøin (1639 m), $1^3/_4$ Std.

Leichte Bergtour.

Karten: Rondane, 1718 I Rondane.

Dørålsglupen, den tiefsten Einschnitt im Kamm der Stygghøin. Große Blöcke decken den Schluchtgrund, unter denen man das Glucksen des Baches hört.

Eine umfassende Aussicht genießt man, wenn man den markierten Weg nach der Schluchtdurchquerung im flacheren Gelände verläßt und östlich auf den Kamm zur namenlosen, 1639 m hohen Kuppe der Stygghøin aufsteigt.

67. Røros – alte Bergbaustadt

Vom Gudbrandsdalen führte mitten durch das Rondanemassiv der alte Handelsweg Rørosveien (s. S. 116) nach Røros. 1644 hatte man in Røros nach der Entdeckung von Kupfervorkommen die erste Grube in Betrieb genommen. Bald wurden weitere Gruben und Kupferhütten eröffnet. Arbeitskräfte aus ganz Europa strömten hierher, besonders die erfahrenen deutschen Grubenarbeiter waren sehr gefragt. Viele deutsche Namen in Røros erinnern noch heute daran.

Mehr als 300 Jahre blieb Røros im Gegensatz zu den meisten anderen Städten Norwegens von einem Brand verschont. Das alte Stadtbild mit den charakteristischen Holzhäuschen konnte hier erhalten werden und wurde in die World Heritage List der UNESCO aufgenommen. Die riesigen Schlackenhalden in der Umgebung der Stadt und der Kirchturm, der das Bergwerkszeichen Hammer und Schlägel trägt, erinnern unübersehbar, daß Røros eine Bergbaustadt war. Seit die letzte Grube 1986 stillgelegt wurde, hat man sich dem Fremdenverkehr zugewandt. Führungen durch die Altstadt und die Olavsgrube, die uns bis 500 m unter Tage bringt, werden angeboten. In der Altstadt sind viele Kunsthandwerker in die kleinen Häuschen eingezogen. Kupfer- und Silberschmiede, Keramiker, Glasbläser und Schnitzer bieten ihre Arbeiten an.

Wegbeschreibung:

Ein Bummel durch die reizvolle Altstadt, ein Besuch des Museums in der Kupferhütte und eine Bergwerksführung zeigen uns ein Stück vom alten Norwegen. Ebenso sehenswert ist

Zwergbirken zeichnen im Herbst rotorange Muster in die dicken Teppiche von Rentierflechten. Im Hintergrund ragen die Stygghøin, die „grauslichen Höhen", auf. Es sind leicht zu ersteigende Aussichtsgipfel.

die Umgebung von Røros. Im nahegelegenen Naturschutzgebiet Sølendet blühen viele Orchideen, unter anderem das Schwarze Kohlröschen. Das Pflanzenschutzgebiet Sakrisodden ist der einzige Ort in Westeuropa, wo man die blaublühende Aster sibiricus, die sonst nur auf der Kola-Halbinsel in Rußland vorkommt, sehen kann. Der riesige See Fermund ist ein Eldorado für Kanuten, und der Nationalpark Fermundsmarka bewahrt unberührte Natur. Im Informationszentrum in Røros sind deutschsprachige Führer des Gebietes erhältlich.

Tips für Radfahrer

RONDEVEGEN

Der Rondevegen (oder Rondeveien, Nr. 27) über das Ringebufjellet ist eine gut ausgebaute Asphaltstraße. Der aussichtsreichste Teil der Strecke führt 19 km von Lunde nach Enden, meist in einer Höhe von 1000 m. Sehr lohnend ist eine Verlängerung der Radtour nach Norden auf der verkehrsarmen Straße Nr. 27 durch das romantische, fast unbesiedelte Tal Atnedalen (s. S. 126).

TAL DER ATNA

Wer das naturbelassene Tal der Atna in seiner ganzen abwechslungsreichen Vielfalt kennenlernen will, dem sei die Fahrt von Atnabrua 29 km flußaufwärts auf der asphaltierten Straße Nr. 27 und die 12 km lange Mautstraße zu den Dørålseter-Herbergen empfohlen. Die oben beschriebene Mautstraße, eine Naturstraße, ist der landschaftliche Höhepunkt der Strecke und auch als eigene Radtour lohnend. Die Straße Nr. 27 ist fast eben, auf der Mautstraße nach Dørålseter sind auch nur 260 Höhenmeter zu überwinden (s. S. 126).

BJØRNHOLLIA

Der für motorisierten Verkehr gesperrte, etwa 8 km lange Fahrweg, der von der Straße Nr. 27 zur Hütte Bjørnhollia (914 m) abzweigt, ist nur für Mountainbikes zu empfehlen, da er teilweise schottrig ist. Der Fahrweg führt mit einer Höhendifferenz von rund 200 m über weite Strecken durch Wald zu den malerischen Gebäuden der einstigen Bjørnhollia-Alm, die heute eine DNT-Hütte beherbergen.

Dovrefjell und Trollheimen – Heimat seltener Pflanzen und Tiere

Tour auf einen Blick

a) Vårstigen

Zufahrt: Auf E6 zu großem Parkplatz 5 km südlich von Kongsvoll.

Wegverlauf: Alter Königsweg (Kongeveien) über Vårstigen parallel zur E6, 1¹/₂ Std.

Karte: 1519 IV Snøhetta.

b) Magalaupe

Zufahrt: Bei Engan (13 km südlich von Oppdal) von E6 zu Parkplatz über dem Fluß Driva.

Wegverlauf: In 5 Min. zur Schlucht Magalaupe.

Im Dovrefjell lebt eine kleine Herde von Moschusochsen. Mit ihrem langen, dichten Fell wirken sie wie ein Urbild an Kraft.

a) Dovrefjell

68. Nationalpark und jahrhundertealter Übergang

Der Bergstock des Dovrefjell liegt zwischen dem Gudbrandsdalen im Süden und dem Drivdalen im Norden. Eine breite Senke trennt das östliche, flachere Dovrefjell vom westlichen, alpineren Teil, der in der 2286 m hohen Snøhetta gipfelt. Sie ist in einer zweitägigen Bergtour über die Selbstversorgerhütte Reinheim unschwierig zu ersteigen.

Seit Jahrhunderten führen Verkehrswege über die in rund 1000 m Höhe gelegene Senke des Dovrefjell. Der sogenannte Kongeveien („Königsweg") war die Reiseroute der dänischen Könige zum Nidaros-Dom (s. S. 152) in Trondheim, dem traditionellen Krönungsort. Der historische Königsweg ist heute noch teilweise erhalten. Als gefährlichste Strecke des alten Pilger- und Königsweges galt der schon 1182 erwähnte Wegabschnitt Vårstigen. Der Königsweg quert hier hoch über dem wildtosenden Fluß Driva durch den steilen Talhang und ist heute ein beliebter Wanderweg.

Die dänischen Könige konnten es natürlich nicht mit ihrer Stellung und Würde vereinbaren, dieses ausgesetzte Wegstück zu Fuß zu überqueren. Informationstafeln am Wegesrand erzählen, daß sich Christian V., Frederik IV. und Christian VI. über den berüchtigten Vårstigen-Paß ziehen und schieben ließen und daß manchem dänischen Adeligen, der nur das flache Land seiner Heimat gewöhnt war, dabei schlecht wurde.

Das Dovrefjell besitzt eine vielfältige Flora und Fauna. Mit sehr viel Glück bekommt man sogar Moschusochsen (s. S. 17) zu Gesicht.

Wegbeschreibung:

a) Vårstigen

Etwa 5 km nördlich von Kongsvoll zweigt bei einem großen Parkplatz der alte Königsweg ab, der hoch über der E6 ca. 6 km nach Norden zieht.

b) Magalaupe

Bei Engan, ca. 13 km südlich von Oppdal, zweigt von der E6 eine Straße mit dem Hinweisschild „Magalaupe", d. h. „Riesentrichter", ab. Von einem kleinen Parkplatz geht man einige Minuten hinunter zur Driva, die hier eine fantastische Schlucht bildet. Der Fluß hat riesige, kreisrunde Kessel mit senkrechten Wänden ausgewaschen. Man kann kurz am felsigen Ufer entlanggehen und in den Schluchtgrund hinabblicken.

69. Fokstumyra – artenreiches Vogelschutzgebiet

Bei der Auffahrt zum Dovrefjell passiert man das zwischen Dombås und Hjerkinn gelegene Moorgebiet Fokstumyra, in dem schon 1923 7,5 km^2 unter Schutz gestellt wurden. Das Gebiet besteht aus Mooren, Seen, unzähligen Wassertümpeln und bewachsenen Moränen. Es ist ein beliebter Rastplatz für durchziehende Vögel, die schon seit Jahrtausenden diesen Übergang nützen, aber auch Brutgebiet für viele Vögel. Zu den Raritäten zählen die Kornweihe, der Prachttaucher, der Rauhfußbussard, die Sumpfohreule u. v. a. Die Vielfalt brütender Vögel konnte nur bewahrt werden, weil das Betreten des Vogelschutzgebietes während der Brutzeit von Anfang Mai bis Anfang Juli verboten ist.

Wegbeschreibung:

Durch das Naturreservat führt ein ca. 6,5 km langer Rundweg, der die Moorgebiete auf Bohlen überquert. Als Bohlen dienen meist alte Eisenbahnschwellen. Der Steig leitet sehr abwechslungsreich, fast eben durch das ganze Schutzgebiet, in dem sich auch gerne Elche aufhalten. Ausgangspunkt ist die Bahnstation Fokstua an der E6, die auch die Vogelschutzstation beherbergt, Informationen bietet und auf einer Übersichtstafel den Wegverlauf zeigt.

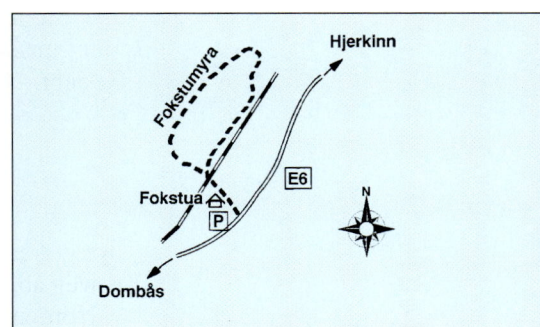

70. Falketind – Wanderung mit Blick zur Snøhetta

Von der E6 zweigen in der weiten Dovrefjell-Senke einige Wanderwege zu der Grimsdalshytta ab. Sie überqueren den knapp 1700 m hohen Bergrücken, der im Osten die seenreiche Talsenke des Dovrefjell begrenzt. Ein Weg zweigt beim Berggasthof Dovregubbens hall ab; unmittelbar neben diesem Gasthof kann man eine schöne Steinbrücke des alten Königsweges (s. S. 134) bewundern.
Der gesamte Übergang zur Grimsdalshytta er-

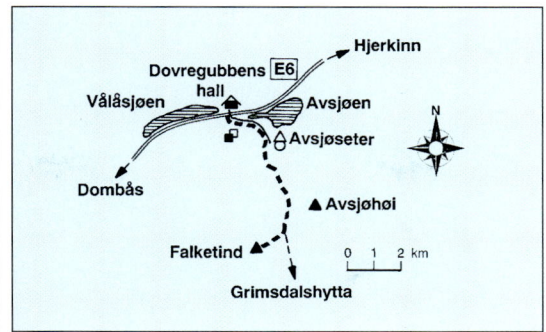

fordert 6 Stunden, aber der aussichtsreiche Bergrücken über der Straße mit dem 1684 m hohen Falketind ist in 2 Stunden zu erreichen. Bei dieser Wanderung lernt man die typischen Landschaften des Dovrefjell – Seen, Fjellbirkenwälder, eine Alm und die Zwergstrauchregionen – kennen. In der Ferne erblickt man die Snøhetta, die wie ein halbrundes Amphitheater wirkt. Ihre drei Gipfel fallen mit steilen Wänden in ein mächtiges Kar ab.

Wegbeschreibung:

Direkt gegenüber dem Gasthof Dovregubbens hall, neben dem sich ein großer Rastplatz der E6 befindet, beginnt unsere Wanderung. Wir folgen zunächst einem mit Schranken gesperrten Fahrweg, der an dem großen See Avsjøen vorbeiführt, an dessen Ufer im lichten Birkenwäldchen einige Ferienhütten errichtet wurden. Nach einer halben Stunde erreicht man die Alm Avsjøseter, von der ein deutlich markierter Steig zwischen Beerensträuchern, Zwergbirken und Weiden den Hang hinaufzieht. Nach 1$^3/_4$ Stunden hat man den Bergrücken erreicht und kann weglos in einer Viertelstunde zu der nur wenig höheren Bergkuppe des Falketind aufsteigen. Wie schon der Name des Berges andeutet, kann man bei dieser Wanderung häufig Falken beobachten, die in diesem Gebiet brüten.

71. Knutshøa – Pilgerstätte für Botaniker

Die Kongsvoll Fjellstue am alten Königsweg über das Dovrefjell besitzt eine interessante Ausstellung über den Nationalpark und beherbergt eine biologische Forschungsstation. Seit 320 Jahren dient die Kongsvoll Fjellstue als Raststätte, und ihre rustikalen Gaststuben vermitteln Atmosphäre.
Am Berghang über der Fjellstue wurde ein Alpengarten (Fjellhage) angelegt, der alle typischen Fjellbiotope – felsige Hänge, Fjellbirkenwald und sogar eine kleine, von einem

Tour auf einen Blick

Zufahrt: Auf der E6 von Dombås ca. 11 km in Richtung Dovrefjell zur Bahnstation Fokstua (925 m).

Wegverlauf: Ebene Rundwanderung durch das Vogelschutzgebiet Fokstumyra, 2 Std.

Leichte Wanderung.

Karte: Informationstafel mit Wegverlauf in Fokstua.

Tour auf einen Blick

Zufahrt: Auf der E6 von Dombås zur Raststätte Dovregubbens hall am Dovrefjell.

Wegverlauf: Dovregubbens hall (ca. 945 m) – See Avsjøen – Alm Avsjøseter (ca. 950 m) – Falketind (1684 m), 2 Std.

Leichte Wanderung.

Karten: Snøhetta, 1519 III Hjerkinn.

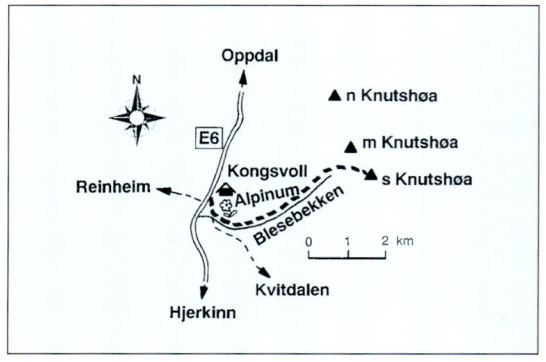

Seen und Moore prägen die tiefe Senke, die den Bergstock des Dovrefjells durchschneidet und seit Jahrhunderten ein wichtiger Übergang ist. Der Nationalpark Dovrefjell beherbergt viele seltene Pflanzen und Tiere.

Bach durchflossene Schlucht – besitzt. Im kleinen Felsengarten sind die Pflanzen mit mehrsprachigen Namensschildern, auch in deutscher Sprache, versehen. An den Felsengarten schließt ein 2 km langer Naturlehrpfad „Natursti" an.

Dieser Pfad folgt auch kurz dem alten Königsweg, neben dem man einige alte Rentiergruben sehen kann. Eine Tafel zeigt, daß man an den Wanderwegen der Rene einst ein ganzes System von Fallgruben errichtete, allein hier bei Kongsvoll zählte man 173. Sie waren etwa 2 m lang, 2 m tief und 70 cm breit. Man bedeckte sie mit Ästen und legte Moose und Flechten darüber.

Das Dovrefjell besitzt teilweise kalkreichen Schiefer, auf dem eine für Norwegen einmalige Pflanzenvielfalt mit vielen Raritäten, die sonst nur in Nordamerika und Grönland zu finden sind, gedeiht. Schon im vorigen Jahrhundert hatten sich geschäftstüchtige Botani-

ker darauf spezialisiert, die seltenen Pflanzen mit den Wurzeln auszugraben und an Sammler in ganz Europa zu verkaufen. Man hatte sogar eigene Räume zum Pressen und Trocknen der Pflanzen eingerichtet. Dieser Raubbau führte schon 1911 zu einem königlichen Erlaß, der 50 Arten unter Schutz stellte, und 1974 wurde ein 265 km² großes Gebiet zum Nationalpark erklärt.

Berühmte Pilgerstätten für Botaniker sind der nodre und søndre Knutshøa, auf denen einige endemische Pflanzen wachsen, wie z. B. der Norwegische Beifuß.

Wegbeschreibung:

Von der Fjellstue Kongsvoll wandert man durch den Alpengarten aufwärts. Am höchsten Punkt trifft man auf den alten Königsweg. Hier gabelt sich der Steig. Während der Naturlehrpfad, mit Holzstangen markiert, einen Rundweg bildet, leitet ein markierter Weg Richtung Kvitdalen und Knutshøa aufwärts. Bald verlassen wir den T-markierten, in Richtung Kvitdalen leitenden Weg und folgen einem Steig, der am Ufer des Baches Blesebekken aufwärts zieht. Nach 2¹/₄ Stunden erreichen wir die breite, 1690 m hohe Aussichtskuppe des søndre Knutshøa. Botanisch Interessierte können sich in Kongsvoll auch zu einer geführten pflanzenkundlichen Wanderung in diesem Gebiet anmelden. Manche seltene unscheinbare Blumen werden viele nicht botanisch interessierte Wanderer übersehen, aber die reizenden Frühlingsanemonen, die nach der Schneeschmelze ihre pelzigen Blüten hervorschieben, die farbenprächtigen Läusekräuter und sogar einige Orchideen werden jeden begeistern.

Tour auf einen Blick

Zufahrt: Auf der E6 zur Raststätte Kongsvoll am Dovrefjell.

Wegverlauf: Kongsvoll (ca. 900 m) – Alpengarten – søndre Knutshøa, 1690 m, 2¹/₄ Std.

Leichte Wanderung.

Karten: Snøhetta, 1519 IV Snøhetta.

Die Frühlingsanemone (Pulsatilla vernalis) schiebt gleich nach der Schneeschmelze ihre pelzigen Blüten hervor. Sie besitzt in Norwegen auffallend rote Blütenblätter.

b) Trollheimen

72. Trolle – geheimnisvolle Mächte der Finsternis

In früheren Jahrhunderten, als nur Kienspäne und Öllampen ein spärliches Licht in die langen, dunklen Wintermonate Norwegens brachten, mußte den Menschen die Natur in dieser sonnenlosen Zeit bedrohlich und angsteinflößend erscheinen. In Wäldern und Mooren, auf den hohen Bergen und in der stürmischen See vermeinten sie geheimnisvolle Mächte der Dunkelheit zu sehen – die Trolle. Diese beherrschen die Sagen und Märchen Norwegens.

Wenn die Sonne hinter dem Horizont versinkt und es dunkelt, beginnt ihre Herrschaft. Beim ersten Morgenlicht endet sie. Wenn die riesigen Trolle vergessen, sich vor den ersten Sonnenstrahlen zu verbergen, platzen sie oder werden in Steine verwandelt. Die Trolle werden uralt, und in ihrem zottigen Fell wachsen Flechten, Moose und Sträucher. Schwanz besitzen sie nur einen, aber die Zahl der Köpfe kann variieren. Wenn ein Troll gar sechs Köpfe hat und alle zugleich reden, kann es passieren, daß er vergißt, sich vor der aufgehenden Sonne zu verstecken, und zerplatzt. Einige Trolle ziehen es vor, ihren Kopf unter dem Arm spazieren zu tragen.

Menschen, vor allem Christen, mögen sie nicht, und wo sie ihrer habhaft werden, ziehen sie diese in Flüsse, Seen und Moore. Die Trolle besitzen unermeßliche Reichtümer und ein prächtiges Trollschloß. Sie haben es nie eilig, und wenn sie zu einem Fest im Trollschloß geladen sind, können Jahrhunderte vergehen, bis sie ankommen. Ihre Schwerfälligkeit und

Die alte Alm bei der Gjevilvasshytta ist Ausgangspunkt für schöne Wanderungen entlang des großen Sees Gjevilvatnet und in die umliegenden Berge. Diese reizvolle Landschaft im Bergmassiv Trollheimen soll ein weiterer Nationalpark werden; es wäre der Zwanzigste.

Dummheit kann man ausnützen, um sie zu überlisten, und die norwegischen Sagen erzählen von Helden, unter ihnen Peer Gynt, die Trolle überwältigt haben.

Theodor Kittelsen (1857–1914) hat in Gemälden und Strichzeichnungen die Trolle und ihr Treiben nach den alten Sagen und Märchen festgehalten. Viele dieser mit großem Einfühlungsvermögen geschaffenen Werke hängen heute in der Nationalgalerie in Oslo.

Inzwischen hat auch die Touristenbranche die Trolle entdeckt. In allen Ausführungen und jeder Größe sind sie in Souvenirgeschäften erhältlich, und Postkartenserien zeigen eher liebenswerte, tolpatschige Geschöpfe.

Das Bergland Trollheimen, das „Heim der Trolle", ist ein sehr reizvolles, abwechslungsreiches und eher einsames Wandergebiet. Es umfaßt freundliche Fjellebenen mit alten Almen und große, malerische, von Birkenwäldern gesäumte Seen. Der westliche Teil Trollheimens um das Innerdalen hat einen ausgesprochen alpinen Charakter mit eleganten Felsspitzen und Gletschern.

73. Gjevilvatnet – lieblicher See mit Badestrand

Im südlichen Trollheimen liegt der rund 17 km lange, malerische See Gjevilvatnet. Im Ostteil begleiten lichte Birkenwälder und Almwiesen, auf denen Schafe, Rinder und Pferde weiden, den See. Im Westen brechen die steilen, dunklen Felshänge des vergletscherten Berges Gjevilvasskamman zu dem in nur 660 m Höhe gelegenen See ab.

Am Nordufer des Sees steht in etwas erhöhter Lage in der Nähe einer alten Alm die Hütte Gjevilvasshytta, von der man einen prächtigen Blick über den See hat. Die Hütte ist Ausgangspunkt für schöne Wanderungen am Seeufer und in das Bergland Trollheimens.

Tour auf einen Blick

Zufahrt: Von Oppdal an E6 auf Straße Nr. 70 gegen Sunndalsøra. Nach 7 km Richtung Nerskogen abzweigen und über Mautstraße zur Gjevilvasshytta.

Wegverlauf:
a) Seeufer-Wanderung
Gjevilvasshytta (700 m) – Rensbekksetra (660 m), 2 Std. ab Straßenschranken.
b) Fjellwanderung zum See Kamtjørnin
Gjevilvasshytta – Kamtjørnin (1147 m), 3 Std.
a) Leichte Wanderung;
b) Leichte Bergtour.
Karte: Trollheimen.

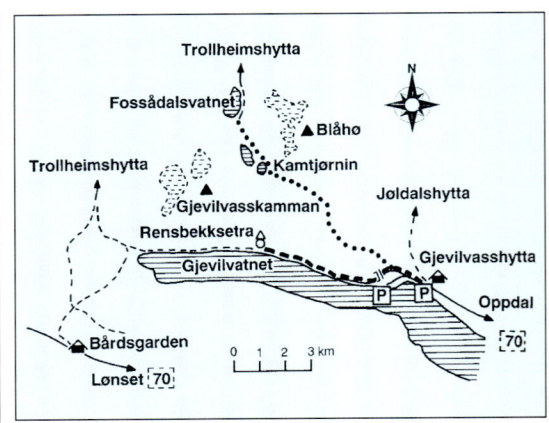

In den Strichzeichnungen und Gemälden von Theodor Kittelsen leben die Trolle, die norwegischen Sagengestalten und geheimnisvollen Mächte der Finsternis, weiter.

Wegbeschreibung:

Von Oppdal an der E6 ist die Gjevilvasshytta über die Straße Nr. 70 und eine Mautstraße rasch (ca. 21 km) zu erreichen. Am Seeufer, nur 1,3 km von der Hütte entfernt, entdeckt man bei Rauøra einen herrlichen Sandstrand, der im Sommer zum Baden einlädt. Auch einige Ruderboote und Kajaks können gemietet werden, um den idyllischen See vom Wasser aus zu erkunden.

a) Seeuferwanderung

Die Wanderung am Seeufer kann man direkt bei der Gjevilvasshytta beginnen oder dem Fahrweg noch 2¹/₂ km folgen, bis ein Schran-

ken die Weiterfahrt sperrt. Bald verläßt man das sumpfige, von vielen Wasserläufen durchzogene Delta einiger Flußläufe und folgt dem Seeufer gegen Westen. Der Fahrweg endet auf einer Alm, und ein Steig leitet meist knapp über dem See durch Birkenwälder in Richtung der Hütte Bårdsgarden.

Wo Flüsse Schwemmkegel in den See aufgeschüttet haben, sind kleine Almen entstanden. Die gesamte Strecke zur Hütte Bårdsgarden erfordert 5 Stunden und führt am westlichen Ende des Sees durch sumpfiges Gebiet. Lohnend ist eine etwa zweistündige Wanderung bis zur Alm Rensbekksetra.

b) Fjellwanderung zum See Kamtjørnin

Von der Gjevilvasshytta leitet ein Übergang in 8 Stunden zur Trollheimshytta, die im Herzen Trollheimens liegt. Der Steig führt durch eine Senke zwischen den beeindruckenden Berggestalten des Blåhø und des Gjevilvasskamman über einen 1300 m hohen Paß. Die gesamte Wanderung zur Trollheimshytta ist nur als Zweitagetour mit Nächtigung in der Hütte zu empfehlen.

Als Tagestour ist eine etwa dreistündige Wanderung zu dem von steilen Felshängen eingefaßten See Kamtjørnin (1147 m) lohnend. Der markierte Weg führt zunächst sanft ansteigend durch lichten Mischwald mit einer üppigen Flora. Der attraktive Nördliche Eisenhut leuchtet überall blauviolett im Unterholz. Wir folgen dem Tal des Flusses Gravbekken aufwärts und erreichen nach 1 Stunde das weite, baumlose Talbecken mit schöner Aussicht. Ohne größere Steigung folgt der Weg dem Nebenfluß Tverrbekken, der einen schmalen See bildet. Im zum Teil sumpfigen Gelände (Stiefel vorteilhaft) wandern wir fast eben zu dem in steilen Hängen eingebetteten Karsee Kamtjørnin.

74. Jøldalshytta – Begegnung mit wilden Rentieren

Die Wanderung über die weiten Hochflächen im Osten Trollheimens zur Jøldalshytta führt durch eine einsame Fjell-Landschaft, die mir die immer wieder aufregende Begegnung mit wilden Rentieren bescherte. Moore, kleine Seen, letzte Kampfbirken und trockene, mit Heidekraut bewachsene Riegel prägen diese Landschaft. Nichts engt den weiten Blick ein. Die Flora ist sehr vielseitig, und zu den reizvollsten Fjellgewächsen zählt neben der Blauheide die reizende Moosheide, die auf trockenen Schneeböden wächst. Es ist ein nur wenige Zentimeter hoher Zwergstrauch mit moosähnlichen, immergrünen Zweigen. Dieses Moospolster schmückt sich mit winzigen, weißen Glöckchen, die von leuchtend roten Stielen getragen werden. Schon Carl von Linné nannte die Moosheide eine der bezauberndsten Fjellpflanzen.

Wegbeschreibung:

Westlich von Oppdal zweigt von der Straße Nr. 70 eine Nebenstraße ab, die parallel zur E6 nach Norden leitet. Eine Mautstraße führt in Richtung Jøldalshytta und endet bei den Almen Rishaugsetra und Røgøgjerdsetra in etwa 800 m Höhe. Hier beginnt der markierte Steig über die Hochebene. Viele Bäche sind zu überqueren. Wasserfestes Schuhwerk oder Stiefel ersparen Umwege, die man oft machen muß, um eine überspringbare Stelle oder eine etwas trockenere Moorpassage zu finden. Man wandert im freien Gelände mit prächtiger Aussicht auf die umliegenden Bergketten.

Vorbei an winzigen Seen erreicht man – fast ohne es zu merken – die Wasserscheide in etwa 850 m Höhe. Man quert fast eben den flachen Hang des Ondusfjellet, steigt rund 100 m durch Fjellbirkenwald ab und erreicht nach 2^1/$_2$ Stunden die Jøldalshytta (739 m), bei der sechs

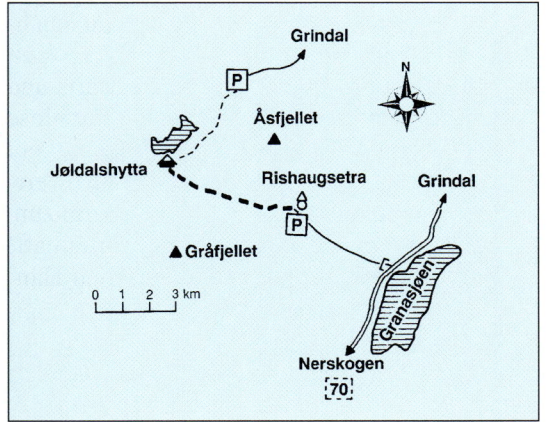

Wanderwege aus allen Himmelsrichtungen zusammenlaufen. Als Kurztour ist auch die etwa einstündige Wanderung bis zur Wasserscheide zu empfehlen.

75. Gråsjøen – See inmitten eines reizvollen Wandergebietes

Das Gebiet um den großen Stausee Gråsjøen im nördlichen Teil Trollheimens bietet schöne Wanderungen und Bergtouren. Die Zufahrt führt über die Hauptverkehrsstraße Nr. 65, die Trondheim mit Kristiansund verbindet.

In Kvammen bei Rindal zweigt eine Mautstraße ab, die rasch in vielen Kehren durch den Wald aufwärts leitet. Immer wieder kann man einen Blick in die tiefe Schlucht der Folla werfen. Fast eben führt uns die Straße am Stausee Follsjøen entlang, und bald erblickt man den großen Staudamm des Sees Gråsjøen. Noch bevor man den See erreicht, zweigt eine Straße zu der am Westufer des Gråsjøen liegenden Fjellstue Gråhaugen (ca. 500 m) ab, die an einem prächtigen Aussichtsplatz errichtet wurde.

Weiche, runde Formen dominieren in diesem einsamen Wandergebiet mit den großen Seen. Da es sich um Stauseen handelt, muß man je nach Wasserstand manchmal einen breiten, häßlichen Rand zwischen Wasseroberfläche und Ufervegetation in Kauf nehmen. Man kann wählen zwischen einer gemütlichen Seeuferwanderung und einer hochalpinen Tour auf die Snota, die den See überragt.

Wegbeschreibung:

a) Seeuferwanderung

Am Ostufer des Sees Gråsjøen verläuft ein markierter, 15 km langer Steig, auf dem man in 4 bis 5 Stunden die Trollheimshytta erreicht. Im ersten Teil des Weges brechen die Berghänge steiler zum See ab, und man wandert zwischen malerischen Kiefern, Erika und Heidelbeersträuchern meist knapp über dem Seeufer. Später wird das Gelände flacher und moorig. Lohnend ist eine etwa einstündige Wanderung, bei der man den eigenen Reiz dieser Landschaft kennenlernt.

b) Snota

Als Variante sei eine Bergtour auf die Snota vorgeschlagen. Am westlichen Seeufer leitet von der Fjellstue Gråhaugen auch ein markierter Pfad im freien Gelände zur Trollheims-

Tour auf einen Blick

Zufahrt: Von Oppdal über Nerskogen (s. Tour Nr. 93) und eine Mautstraße zur Alm Rishaugsetra (bzw. Røgøgjerdsetra).

Wegverlauf: Rishaugsetra (ca. 800 m) – Wasserscheide (ca. 850 m), 1 Std. – Wasserscheide – Jøldalshytta (739 m), 1^1/$_2$ Std.

Leichte Wanderung.

Karte: Trollheimen.

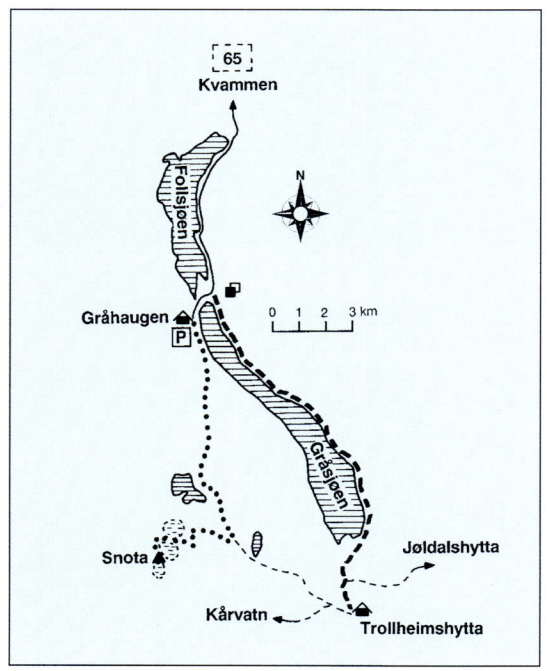

Tour auf einen Blick

Zufahrt: Von Orkanger auf Straße Nr. 65 Richtung Kristiansund. 5 km nach Ringdal auf Mautstraße zum See Gråsjøen.

Wegverlauf:
a) **See Gråsjøen:** Gråsjøen (483 m) – Wanderung am Ostufer, 1 Std. (Trollheimshytta 4 Std.).

b) **Snota:** Fjellstue Gråhaugen (ca. 550 m) – Snota (1668 m), 5^1/$_2$ Std.

a) **Leichte Wanderung;**
b) **unschwierige Bergtour,** Schneefelder, Gletscher.

Karten: Trollheimen, 1420 I Snota.

hytta. Er steigt rund 450 m über dem See an, quert ein malerisches Seenplateau und zieht wieder hinunter zur Trollheimshytta (5 Stunden). Von dem Seenplateau zweigt ein markierter Weg zum Gipfel der 1668 m hohen Snota ab, die mit steilen Gipfelfelsen und kleinen Gletschern zum See abbricht und eine weite Aussicht bietet (5^1/$_2$ Stunden ab Gråhaugen).

76. Innerdalen – Tor zu einer hochalpinen Gebirgswelt

Das Tal Innerdalen im westlichen Teil Trollheimens gehört mit seinen Fels- und Gletscherbergen, seinen Seen und Bächen zu den schönsten Landschaften Norwegens. Das Gebiet wurde rechtzeitig unter Schutz gestellt und so erfreulicherweise eine Verhüttelung dieses Kleinods verhindert.

Besonders reizvoll ist der Kontrast zwischen der üppigen Flora des Tales, das in nur 300 m Seehöhe liegt, und den vergletscherten Bergen, die das Tal säumen. Im Juni wird man bei der Wanderung durch das Tal zur Innerdalshytta vom Duft der Maiglöckchen begleitet. Die Rote Nachtnelke, der Nordische Eisenhut und Knabenkräuter leuchten im lichten Wald. Zart, fast zerbrechlich wirkt der Europäische Siebenstern, dessen weiße Blüten den Wegesrand säumen. Das Gemeine Fettkraut kann sich auch an sehr nährstoffarmen Stellen behaupten, da es notfalls den Speisezettel mit winzigen – in einem von den Blättern abgesonderten klebrigen Sekret – gefangenen Insekten aufbessert.

Schon die einstündige Wanderung auf einem Fahrweg zur Innerdalshytta ist ein unvergeßliches Erlebnis. Die weitere vorgeschlagene Tour zum See Gilkingdalsvatnet vermittelt einen prächtigen Blick über das Innerdalen.

Eine sehr beliebte Tour, bei der man allerdings für eine Rückfahrgelegenheit sorgen oder zwei Tage einplanen muß, ist die Überschreitung von der Innerdalshytta über den Paß Bjøråskardet zum Berggasthof Todal oder der Hütte Kårvatn im Tal Todalen.

Wegbeschreibung:

a) Innerdalshytta

Von der Hauptverkehrsstraße Nr. 70, die Oppdal mit Kristiansund verbindet, zweigt 10 km nördlich von Sunndalsøra das Virumdalen ab, das in das Innerdalen übergeht. Vorbei an einer kleinen achteckigen und leuchtend roten Kirche kann man das Tal ungefähr 10 km weit hineinfahren, immer von einem kristallklaren Bach begleitet. Auf einem kleinen Parkplatz untersagt eine Tafel die Weiterfahrt in das Landschaftsschutzgebiet.

Das Tal Innerdalen im Bergmassiv Trollheimen gehört mit seinen kühnen Fels- und Gletscherbergen, seinen klaren Seen und Bächen zu den schönsten Landschaften Norwegens und steht unter Naturschutz. Im Hochsommer kann es im Fjell so warm sein, daß man gerne mit kurzen Hosen unterwegs ist.

Tour auf einen Blick

Zufahrt: Von der Straße Nr. 70, 10 km nördlich von Sunndalsøra, ins Innerdalen abzweigen; weitere 10 km zum Parkplatz.

Wegverlauf:
a) **Innerdalshytta:**
Parkplatz Innerdalen (ca. 280 m) – Innerdalshytta (ca. 400 m), 1 Std.

b) **Gilkingdalsvatnet:**
Innerdalshytta – Gilkingdalsvatnet (729 m), 1¹/₂ Std.

Innerdalshytta – **leichte Wanderung;** Gilkingdalsvatnet – **leichte Bergtour.**

Karten: Trollheimen, 1420 III Sunndalsøra.

Wir folgen dem Fahrweg zur Innerdalshytta und passieren bald den letzten Bauernhof des Tales. Neben dem großen, modernen Stallgebäude steht auch noch ein uraltes, bedeckt mit Birkenrinde und Grassoden. Beachtlich sind auch die riesigen Vorräte an Birkenscheitern, die in den ländlichen Gegenden das häufigste Heizmaterial sind.

Wir steigen rund 160 Höhenmeter an und erreichen nach einer knappen halben Stunde den höchsten Punkt (ca. 400 m). Jetzt geht es leicht abwärts, dann eben zum malerischen See Innerdalsvatnet, in dem sich das Matterhorn Trollheimens, der elegante Felsspitz des Innerdalstårnet, spiegelt.

Wir passieren die Alm Renndølssetra und bewundern ein aus mächtigen Baumstämmen gezimmertes Almgebäude – ein Meisterwerk der bäuerlichen Holzverarbeitung. In einer Stunde ist die Innerdalshytta erreicht; neben der reizvollen, alten steht die neue, komfortable Hütte. Auch sie ist ein schöner Holzbau mit Grasdach und liegt an einem lieblichen kleinen See in rund 400 m Höhe.

b) Gilkingdalsvatnet

Die weitere Tour zum See Gilkingdalsvatnet (auch Storvatnet genannt) führt zum Teil auf Holzstegen über den moorigen Talboden. Wir wandern vorbei an verfallenen Almhütten, wo außer den Grundmauern nur der riesige Kessel zur Käseerzeugung überdauert hat.

Der Steig führt durch Krüppelbirken zu dem gegenüberliegenden Talhang, über den der Bach Fluå in Kaskaden zu Tal stürzt. Neben diesen Wasserkaskaden steigen wir in vielen Serpentinen aufwärts, erreichen die weite sumpfige Ebene vor dem Gilkingdalsvatnet und bald den See (729 m) selbst. Es ist eines der eindrucksvollsten Hochtäler Norwegens – flankiert von dem Kletterberg Innerdalstårnet und der vergletscherten Trolla (1850 m).

Rund 1¹/₂ Stunden sind wir von der Innerdalshytta bis hierher gewandert, und wer die eindrucksvolle Gebirgswelt länger genießen will, folgt dem markierten Weg weiter nach Süden. Er steigt im Talschluß bis auf 1000 m an und führt dann hinunter nach Fale an der Straße Nr. 70 (ca. 5 bis 6 Stunden ab Innerdalshytta).

Tips für Radfahrer

GJEVILVASSHYTTA

Die 9 km lange Mautstraße zur Gjevilvasshytta ist eine sehr reizvolle Strecke durch Birkenwald und malerische Almen hoch über dem

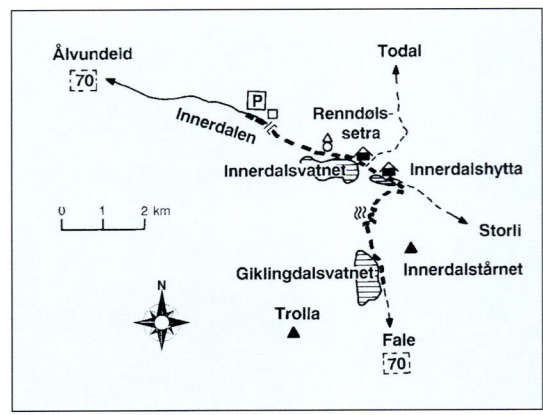

See Gjevilvatnet. Von der Hütte ist in 1,3 km das Seeufer mit herrlichem Sandstrand zu erreichen und nach 3 km auf einer gesperrten Straße die Alm Håmårsetra am Seeufer. Die Mautstraße ist eine Naturstraße mit wenig Verkehr und weist nur ca. 150 m Höhendifferenz auf.

NERSKOGEN

Sehr lohnend ist auch eine Radwanderung auf der aussichtsreichen, asphaltierten und wenig frequentierten Straße, die von der Straße Nr. 70 wie beschrieben nördlich nach Nerskogen leitet. Die etwa 23 km lange Strecke führt am von vielen Ferienhütten umgebenen See Skarvatn vorbei, der in 869 m Seehöhe liegt (ca. 300 m Anstieg), und mit geringem Gefälle durch das breite, von Fjellbirken gesäumte Skardalen nach Nerskogen (ca. 700 m). Eine Verlängerung der Tour (ca. 5 km) zum See Granasjøen ist sehr lohnend.

INNERDALEN

Eine landschaftlich sehr reizvolle Radtour, die auch schon im Mai möglich ist, zweigt bei Ålvundeid, 10 km nördlich Sunndalsøra, von der Straße Nr. 70 ab. Sie führt 10 km durch das Virum- und Innerdalen entlang eines glasklaren Gebirgsflusses mit schönem Blick auf das elegante Felshorn des Innerdalstårnet. Der erste Teil der Straße ist asphaltiert.

Die Weiterfahrt auf dem ca. 4 km langen, für öffentlichen Verkehr gesperrten, teils grobschottrigen und steilen Fahrweg zur Innerdalshytta ist nur mit dem Mountainbike möglich.

Litle-, Eikes- und Romsdalen – urgewaltige Täler

77. Vom Litle- zum Eikesdalen – wildromantischer Übergang

In den drei benachbarten Tälern Litle-, Eikes- und Romsdalen mit dem Nebental Isterdalen haben die eiszeitlichen Gletscher gigantische Trogtäler, fast senkrechte, bis 1700 m hohe Felswände und elegante Felsspitzen modelliert. Nur über kühne Straßenanlagen durch steile Wände ist das Hochfjell von diesen Tälern erreichbar.

Das Litledalen leitet von Sunndalsøra am gleichnamigen Fjord zum Hochplateau des Eikedalsfjell; die serpentinenreiche Straße ist für Omnibusse, Wohnwagen und größere Camper gesperrt. Die steilen, dunklen Felswände, die das Litledalen umrahmen, gipfeln in den Felsspitzen des Litle und Store Kalkjin, die schon bei der Anfahrt über den Sunndalsfjorden die Silhouette über Sunndalsøra beherrschen.

Unter nahezu lotrechten Felswänden, über die Wasserfälle zu Tal stürzen, vorbei an malerischen Seen, zieht die schmale Schotterstraße rund 850 Höhenmeter zum Hochplateau hinauf. Dann führt sie fast eben über das Hochfjell, vorbei an den Stauseen Holbuvatn und Osvatnet durch eine reizvolle Landschaft mit liebevoll eingerichteten Rastplätzen. Wir passieren die Mautstation und erreichen nach ca. 18 km den riesigen Stausee Aursjøen mit der bewirtschafteten Aursjøhytta (ca. 860 m). Die Fahrt vom Aursjøen hinunter in das Eikesdalen gehört zu den landschaftlich großartigsten Erlebnissen einer Norwegenreise und übertrifft die berühmte Trollstigen bei weitem. Lange quert die Straße am Hang hoch über den schluchtartigen, von senkrechten Wänden begrenzten Tal. Dann beginnt sie in Serpentinen hinabzuziehen, und plötzlich sieht man vor sich nur eine Felswand und fragt sich, wie es weitergehen soll. Da taucht das Schild „Tunnel" auf, die Straße verschwindet in der Felswand, und nach einer Serpentine im Bergesinneren kommt man wieder ans Tageslicht.

Bei Finnset erreicht man den Talboden, ein kleines grünes Paradies mit großen Höfen und liebevoll gepflegten Rosengärten. In Reitan zweigt ein 2,5 km langer Fahrweg zu einem Aussichtspunkt beim Wasserfall Mardalsfossen ab, der einst mit 655 m Gesamthöhe und 297 m freiem Fall der höchste Norwegens war. Heute wird ein Großteil des Wassers zur Energieerzeugung abgeleitet und nur während der Hauptsaison speist eine Restwassermenge den Fall. Aber auch ohne diese Attraktion zählt das Eikesdalen mit dem 18 km langen See Eikesdalsvatnet, über dem dunkle Felswände aufragen, zu den schönsten Norwegens.

Das unschwierige Gelände über der Baumgrenze zwischen den Stauseen Holbuvatn und Aursjøen bietet zahlreiche Wandermöglichkeiten.

Wegbeschreibung:

Stellvertretend für viele längere und kürzere Wanderungen, die man von der Straße aus, die das Litle- mit dem Eikesdalen verbindet, auf markierten Wegen unternehmen kann, soll eine $1^1/_2$stündige Wanderung am See Reinsvatnet beschrieben werden. Der See ist zu Fuß oder auf einem 3 km langen Fahrweg, der bei dem großen Stausee Holbuvatnet abzweigt, zu erreichen. Der markierte Weg führt im Süduferbereich zur Selbstbedienungshütte Reinsvassbu (ca. 900 m), die vom Ende der Fahr-

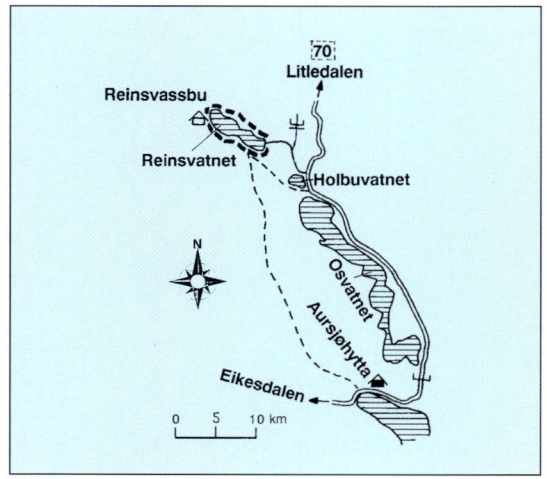

straße in rund 1¹/₂ Stunden zu erreichen ist. Auch die meisten Gipfel des Hochfjells sind von der Straße aus unschwierig, aber weglos zu besteigen.

78. Trollstigen – auf dem alten Saumpfad

Eine der landschaftlich schönsten und beliebtesten Routen Norwegens führt von Geiranger über Valldal nach Andalsnes. Tourismusmagnet dieser Strecke ist die berühmte Trollstigen (Trollstigveien). In vielen Haarnadelkurven, neben und über dem Wasserfall Stigfossen, leitet die gut ausgebaute, teils einspurige Straße durch die Felswand im Talschluß des Isterdalen. Die kühne Straße und den alten Saumpfad, über dem unsere Tour verläuft, überblickt man von einer Aussichtsplattform, die in 5 Minuten auf einem gebauten Weg von den Souvenirhäuschen am oberen Ende der Trollstigen zu erreichen ist.

Schon um 1700 wurde durch diese felsige Wand, mit der die elegante Felspyramide Bispen (s. S. 147) in das Tal abfällt, ein Saumpfad angelegt. Erst 1925 begann man, in mühsamer Arbeit eine Straße durch die Felswand zu bauen. Das Trollstig-Vegmuseum neben dem Trollstigen-Fjellstue zeigt mit vielen Fotografien und Ausstellungsstücken die Entstehung dieser kühnen Straßenanlage. König Håkon VII. eröffnete die Straße im Jahr 1936; ein Gedenkstein südlich der Paßhöhe erinnert daran.

Den alten Saumpfad, der durch den Bau der Straße zum Teil zerstört worden war, hat man wieder restauriert, an einigen Stellen mit Drahtseilen gesichert und sehr gut markiert.

Wegbeschreibung:

Am Fuß der Trollstigen zweigt der deutlich mit „Klövstien" (was wörtlich übersetzt Klettersteig heißt) bezeichnete Weg ab. Auf einer Brücke überquert man den Fluß Istra und wandert am westlichen Ufer durch Birkenwald zum Wandfuß. Der gut beschilderte, an einigen rutschigen und felsigen Passagen mit Drahtseilen gesicherte Saumpfad führt ebenso wie die Straße in Serpentinen, die allerdings wesent-

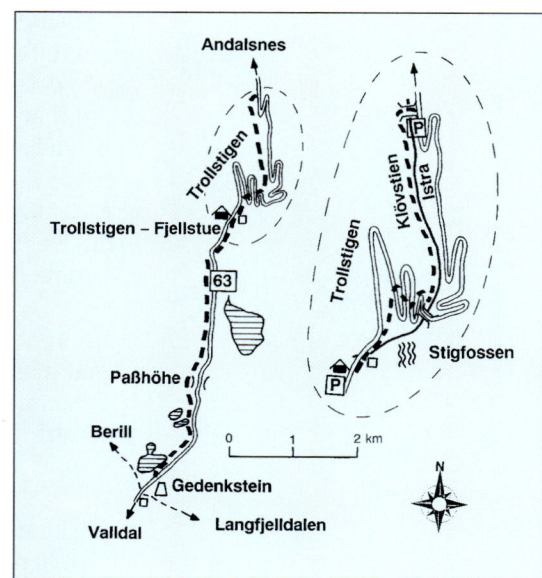

oberhalb der Straße 2,7 km zur Paßhöhe und dann noch 1,7 km abwärts. Diese Strecke ist eine gemütliche Wanderung und auch als eigene Tour sehr lohnend.

In den Sommermonaten verkehrt zweimal täglich von Andalsnes ein Bus zur Trollstigen (s. S. 29), den man zur Rückfahrt benützen kann.

79. Über den Bergsee Bispevatnet zur Felspyramide des Bispen

Direkt über dem Berggasthof Trollstigen-Fjellstue ragt die elegante Felspyramide des Bispen auf, durch dessen Wandabbruch die Trollstigen führt. Durch die Felswände des 1462 m hohen Bispen leiten einige schöne Klettertouren. Etwas sanfter fällt der Nordwestgrat ab, über den ein mit Steinmännern markierter Steig zieht, der zwar Trittsicherheit erfordert, aber nur einige ganz leichte Kletterstellen aufweist.

In engen Serpentinen zieht die berühmte Trollstigen durch die Felswand. Schon lange vor dem Bau der Straße leitete ein Saumpfad durch diese steile Wand. Er wurde in den letzten Jahren wieder instand gesetzt, teilweise versichert und bietet einen erlebnisreichen Anstieg ohne Auto.

lich steiler sind, durch die Wand. Er quert einige Male die Straße und erreicht nach ca. 1½ Stunden die Souvenirhäuschen bei der Trollstigen-Fjellstue.

Ab hier führt der alte Saumpfad im breiten Tal mit geringer Steigung und prächtiger Aussicht

Tour auf einen Blick

Zufahrt: Von Andalsnes Straße Nr. 63 zur Trollstigen-Fjellstue.

Wegverlauf: Trollstigen-Fjellstue (ca. 700 m) – Bispevatnet (1002 m), ³/₄ Std.; Bispevatnet – Bispen (1462 m), 1¹/₄ Std.

Bispevatnet – **leichte Wanderung;** Bispen – **unschwierige Bergtour** (einige leichte Kletterstellen).

Karten: Romsdalen, 1319 IV Valldal.

Der Anstieg erfolgt über den in 1000 m Höhe gelegenen See Bispevatnet, auf dem noch im Hochsommer Eisschollen treiben. Ein Besuch des Sees ist auch ohne anschließende Besteigung des Bispen eine sehr lohnende Wanderung, die ein prächtiges Panorama bietet.

Wegbeschreibungen:

a) Bergsee Bispevatnet

Der Anstieg beginnt bei der Trollstigen-Fjellstue und führt auf einem deutlich ausgetretenen Steig über die steilen Wiesenhänge in einer Dreiviertelstunde zum eindrucksvollen Bergsee. Direkt über dem See, der bis weit in den Sommer hinein eine Eisdecke trägt, erhebt sich der mächtige Gletscher des Finnan, der fast bis zum Seeufer reicht. Südlich des Sees ragt der ebenfalls vergletscherte Alnestinden auf, zu dessen Spitze sich meist ein messer-

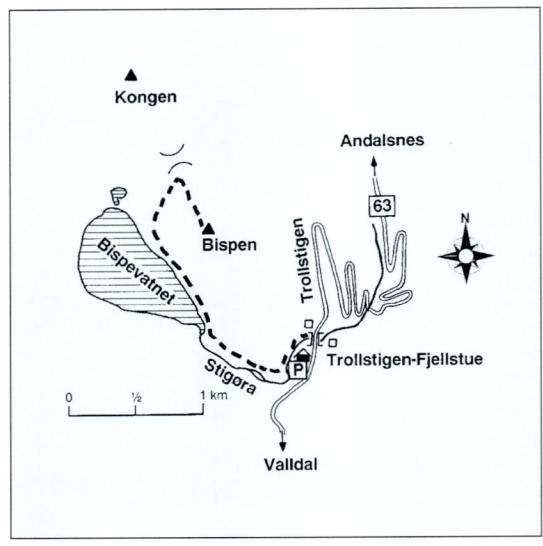

scharfer Schneegrat zieht. Von einem wunderschönen Rastplatz am Seeufer genießt man dieses prächtige Bergpanorama.

b) Felspyramide Bispen

Der Anstieg auf diese elegante Felsspitze führt ebenfalls zum Bispevatnet und quert dann das Nordostufer des Sees direkt unter dem Bispen, der hier mit gewaltigen Blockfeldern zum See abbricht. Das Überqueren der Blockfelder erfordert Trittsicherheit, aber die eher quadratischen Blöcke sind recht gut verkeilt und wackeln kaum. Hier sucht sich jeder seinen Weg selbst, nur wenige Steinmänner weisen die Richtung, die bei guter Sicht eindeutig ist.

Vor sich erblickt man den höheren und eleganteren Nachbarn des Bispen, den Felsspitz Kongen, der Kletterern vorbehalten ist. Noch bevor man den breiten Sattel zwischen beiden Gipfeln erreicht, zieht ein jetzt deutlich mit Steinmännern markierter Steig zum Nordwestrücken des Bispen und auf diesem über Felsschrofen zum Gipfel. Geübte Bergsteiger werden nur gelegentlich die Hände beim Anstieg zu Hilfe nehmen müssen. Wenn Schnee und Eis den Felsrücken überziehen, kann diese Tour allerdings viel schwieriger werden.

Nach etwa 2 Stunden Gesamtgehzeit stehen wir auf dem Gipfel, der eine Traumaussicht bietet. Tief unten leuchtet der See Bispevatnet in tiefem Blau. Im Osten fallen vor allem die versteinerten Trolle, die Trolltindane mit der Trollklørne („Trollklaue"), auf, eine bizarre Felswelt.

80. Breidtind und Trolltindane – versteinerte Trolle

Rund 1700 m brechen die Felsgipfel der Trolltindane und des Romsdalshornet ins Romsdalen ab. Die Klettertouren durch diese gewaltigen Wände gehören zu den schwierigsten Norwegens. Ob man von Süden durch das beeindruckende Romsdalen (Straße Nr. 9) oder

Hoch über der berühmten Trollstigen liegt der Bispevatnet, auf dem noch Anfang September Eisschollen treiben. Er ist Ausgangspunkt für die landschaftlich großartige Tour auf die Felspyramide des Bispen.

Tour auf einen Blick

Zufahrt: Von Andalsnes Straße Nr. 63 zur Trollstigen-Fjellstue.

Wegverlauf:

a) Trolltindane: Trollstigen-Souvenirhäuschen (ca. 700 m) – Fuß des Breidtind – Aussichtspunkt Trolltindane (1536 m), 2½ Std.

b) Breidtind: Trollstigen-Souvenirhäuschen – Breidtind (1797 m), 3¼ Std.

Leichte Bergtouren, Firn- und Blockfelder.

Karten: Romsdalen, 1319 IV Valldal und 1319 I Romsdalen.

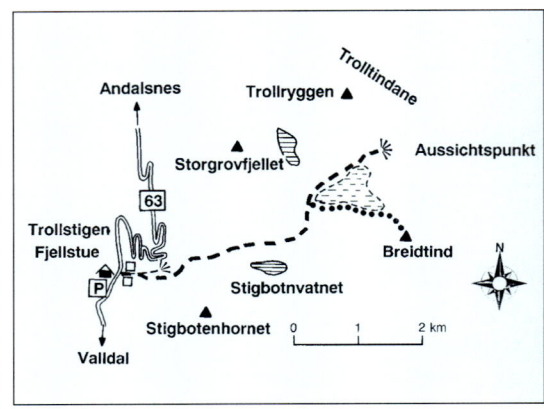

von Norden über den malerischen Isfjorden (Straße Nr. 64) nach Andalsnes kommt, die kühnen Felswände und Felsspitzen werden einen immer in ihren Bann ziehen. Noch eindrucksvoller als der Blick vom Romsdalen hinauf zu den Felsgiganten ist ein Blick hinunter in dieses von lotrechten Wänden flankierte Tal. Zwei Tourenziele, die diesen atemberaubenden Tiefblick vermitteln, sind im folgenden beschrieben.

Wegbeschreibung:

a) Trolltindane

Als Trolltindane wird der mächtige Felskamm bezeichnet, der westlich des Romsdalen verläuft und steil zum Tal abbricht. Die berühmtesten Klettertouren leiten durch die Wand Trollveggen, deren Durchsteigung erst 1958 gelang. Am Fuß der Wand befindet sich eine Tafel, auf der die Anstiegsrouten eingezeichnet sind.

Gegen Osten fällt der Kamm der Trolltindane flacher ab, und von der Trollstigen-Fjellstue kann man auf einem markierten Steig einen Aussichtspunkt südlich der bizarren Felsspitzen der Trolltindane erreichen.

Neben den Souvenirhäuschen am Trollstigen erblickt man ein großes Schild, das aufmerksam macht, daß das Paragleiten vom Trolltindane verboten ist. Unser Tourenziel, der Aussichtspunkt am Felskamm der Trolltindane, von dem eine 1400 m hohe Wand fast senkrecht zum Romsdalen abbricht, übte auch auf Paragleiter eine große Faszination aus. Nach dem ersten tödlichen Unfall wurde das Abspringen über diese Wand verboten, und der Aussichtspunkt ist bei Norwegern seither unter dem Begriff Paragleiterpunkt bekannt.

Der Anstieg verläuft oberhalb der berühmten Trollstigen-Aussichtsterrasse (s. S. 146) mit schönem Blick auf die Trollstigen und ins Isterdalen. Der Beginn des später breiten Weges ist gar nicht so leicht zu finden, nicht weil ein Steinmann als Markierungszeichen fehlt, sondern weil Hunderte, von begeisterten Trollstigenbesuchern erbaute Steinmänner herumstehen.

Über grasiges Gelände mit vielen Beerensträuchern und flachgeschliffenen Felsplatten wandert man auf dem markierten Weg eine gute Stunde erst eben, dann über eine Steilstufe in das gewaltige Kar mit dem Karsee Stigbotnvatnet.

Die riesigen Blockhalden, die das Kar im Norden begrenzen, werden etwas mühsam überquert. Für geologisch Kundige ist das Überqueren des Blockfeldes sicher sehr interessant. Botanisch Interessierte, zu denen ich mich zähle, vermissen die Blümchen. Bei Schnee, der sich hier bis weit in den Hochsommer, oft auch bis in den Herbst hinein hält, ist das Überqueren der Halde angenehmer.

Der letzte Teil des Anstieges führt am Fuß des Breidtind über Firnfelder, die hier nie verschwinden, und dann mit einem kurzen, aber steilen Anstieg in einen Sattel südlich der bizarren Felsgestalten der Trolltindane. Im zweiten Teil des Anstieges gibt es nur vereinzelt Steinmänner und Markierungen, aber bei guter Sicht ist der Wegverlauf eindeutig und im Firn meist eine getretene Spur sichtbar. Fast wie vom Flugzeug aus schweift der Blick hinunter ins grüne Romsdalen, durch das sich in vielen Mäandern der Fluß Rauma windet. Direkt gegenüber ragt die gewaltige Wandflucht des Romsdalshornet auf. Es ist ein atemberaubend schöner Aussichtsplatz, den man je nach Verhältnissen in 2½ bis 3 Stunden erreicht.

b) Breidtind

Breidtind, die „breite Spitze", ist ein sehr treffender Name für diesen Gipfel, der mächtig über dem Kar Stigbotn aufragt. Beim Aufstieg zu dem oben beschriebenen Paragleiter-Aussichtspunkt quert man den Fuß des Nordwestrückens des Breidtind. Über diesen erreichen wir in 1 Stunde unschwierig, aber teilweise mühsam über Blockwerk und Firnfelder, den Gipfel des 1797 m hohen Breidtind.

Da er alle Nachbarn überragt, genießt man von diesem Berg eine prächtige Rundschau über die teils vergletscherten Felsgiganten des Romsdalen. Fast noch großartiger ist der Blick hinunter über die mächtige Ostwand in das 1700 m tiefer gelegene Romsdalen, und in der Ferne glitzert der Romsdalsfjorden.

Der Anstieg ist nicht markiert, aber bei guter Sicht eindeutig; bei Schlechtwetter ist diese

Tour ebenso wie der Weg zum Trolltindane-Aussichtspunkt nicht zu empfehlen. Bei hartem Firn sind zumindest Stöcke ratsam. Je nach den Verhältnissen sollte man 3 bis 3 1/2 Stunden für die gesamte Tour auf den Breidtind einplanen.

Tips für Radfahrer

LITLEDALEN

Der kaum befahrene Übergang von Sunndalsøra durch das Litledalen auf das Hochfjell (s. S. 145) und die Abfahrt in das Eikesdalen zum Nordende des Eikesdalsvatnet (ca. 80 km, ca. 900 Höhenmeter) sind landschaftlich großartig, aber nur geübten Mountainbikern zu empfehlen.

Lohnend für jedermann sind folgende Teilstrecken: Von Sunndalsøra kann man 9 km der Asphaltstraße fast eben in das Litledalen folgen. Die weiterführende Straße durch das Tal auf das Hochfjell ist eine mit Schlaglöchern übersäte Schotterstraße. Sehr lohnend ist die überwiegend ebene, ca. 18 km lange Strecke (Schotterstraße) vom Stausee Holbuvatnet zur Aursjøhytta. Im September bilden die leuchtenden Herbstfarben einen wunderbaren Kontrast zum tiefen Blau der Seen, denen die Straße folgt.

EIKESDALEN

Die 29 km lange Strecke von Finnset zum Nordufer des Eikesdalsvatnet, die überwiegend am Seeufer verläuft, ist eine überaus lohnende Tour in einem der großartigsten Täler Norwegens. Die asphaltierte Straße weist nur geringes Gefälle auf; zwei kurze Tunnels sind zu passieren.

Von der leicht zu ersteigenden Scharte zu Füßen der Trolltindane, der „versteinerten Trolle", bricht die Felswand 1400 m ins Romsdalen ab. Es ist ein selten schöner Aussichtsplatz.

Trondheim bis Mo i Rana – Touren an der E6

81. Trondheim – alte Krönungsstadt

Der berühmte Nidaros-Dom in Trondheim gehört zu den größten mittelalterlichen Bauwerken Nordeuropas. Seit Jahrhunderten ist er Krönungs- und Grabstätte der dänischen und norwegischen Könige.

Schon im Jahr 997 gründete der Wikingerkönig Olaf Tryggvason im Gebiet der heutigen Stadt Trondheim den Königshof Nidaros. Sein Nachfolger, König Olaf II., war ein leidenschaftlicher Verfechter des Christentums. Als er im Kampf für die neue Religion 1030 bei Stiklestad fiel, wurde er bald danach heiliggesprochen. Durch das Grab des Königs wurde Trondheim zu einem berühmten Wallfahrtsort und erlebte seine erste Blüte.

Über der Grabstätte Olaf des Heiligen begann man im 11. Jahrhundert mit der Errichtung der Nidaros-Kathedrale, dem größten mittelalterlichen Bauwerk Nordeuropas und einem Nationalheiligtum der Norweger. Der mächtige Dom, eines der bedeutendsten Kulturdenkmäler Skandinaviens, dient seit Jahrhunderten als Krönungs- und Grabstätte der norwegischen Könige, auch die meisten Erzbischöfe des Landes fanden hier ihre letzte Ruhestätte. Wie die meisten Städte Norwegens wurde auch Trondheim immer wieder von Bränden heimgesucht, die die mittelalterliche Altstadt mit ihren Holzhäusern in Schutt und Asche legten.

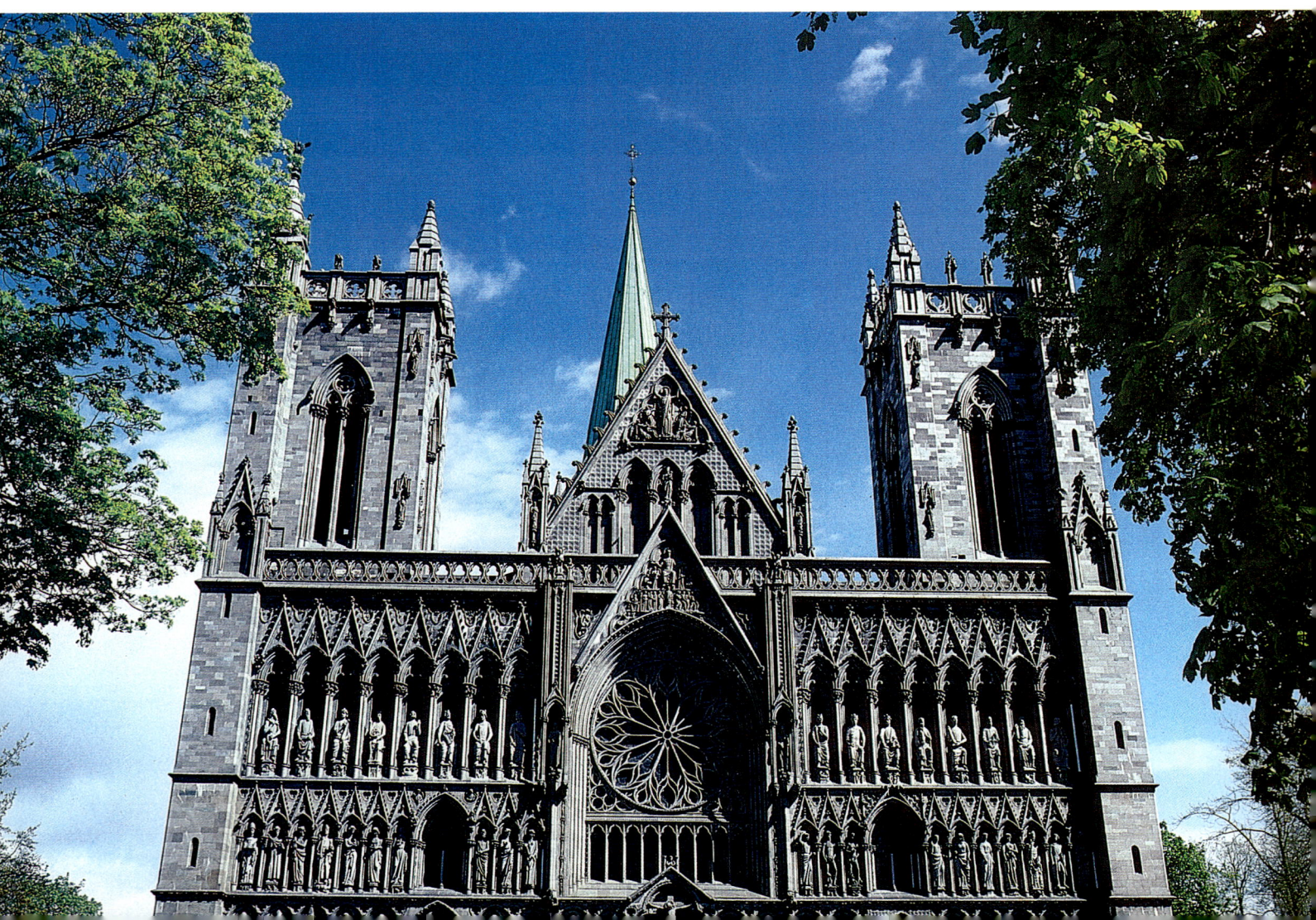

Bei einem Stadtrundgang durch das heute recht moderne Trondheim sollte man nicht versäumen, die alten Speicherhäuser am Fluß Nidelva und die alte Stadtbrücke Gamle Brua mit ihren schönen Holzportalen zu besuchen. Norwegens zweitgrößtes Gebäude in Holzbauweise mit rund 70 Zimmern ist das Palais Stiftsgården, das heute der Königsfamilie als Residenz bei einem Aufenthalt in Trondheim dient. Trondheim, das bis ins 16. Jahrhundert Nidaros hieß, ist heute die drittgrößte Stadt Norwegens, Zentrum der Provinz Trøndelag, die zu den reichsten Anbaugebieten Norwegens zählt und eine der ältesten besiedelten Kulturlandschaften des Landes ist.

82. Namskogan – reizvoller Naturlehrpfad

Wer von Trondheim nach Norden reist, wird überrascht sein, plötzlich durch ein liebliches hügeliges Land mit vielen Getreidefeldern zu fahren, das an das Alpenvorland erinnert. Behäbig liegen die großen Höfe inmitten dieser fruchtbaren Landschaft, die in keiner Weise dem Klischee Norwegens entspricht. Im September spiegeln sich die goldenen Felder in den weiten Trondheimfjorden – ein unerwartetes neues Gesicht dieses vielfältigen Landes. Die berühmte E6 verläßt bei Steinkjer die Küste und verläuft im Landesinneren. Über 40 km führt die Straße mit schönen Rastplätzen am Ufer des Snåsavatnet entlang durch ausgedehnte Wälder. Zwei Kurzwanderungen bieten sich nach der langen Autofahrt an.

Wegbeschreibung:

a) Familienpark Trones

Knapp 50 km nördlich von Grong passiert man den deutlich ausgeschilderten Familienpark Trones, der in weitläufigen Gehegen die häufigsten Tiere Norwegens, darunter Elche und Rentiere, zeigt. Angeschlossen ist ein Erlebnispark, der viele Aktivitäten für Kinder und die ganze Familie bietet.

b) Naturlehrpfad Namskogan

In Namskogan, 75 km nördlich von Grong, steht auf dem Parkplatz des kleinen Ortes neben einer Informationstafel ein Wegweiser, der die gewaltigen Entfernungen zu vielen europäischen Hauptstädten angibt. Von hier führt ein Naturlehrpfad mit Hinweistafeln auf Flora und Fauna am Ufer des Flusses Mellingselva

entlang. Die bräunliche Farbe des Wassers, das in Kaskaden über Steinplatten rauscht, zeigt, daß Moore im Einzugsgebiet liegen. Der Pfad ist zwar nur $1^1/_4$ km lang, aber er vermittelt eine sehr typische Landschaft dieser Region.

83. Simskarhytta – im einsamen Børgefjell-Nationalpark

Der Børgefjell-Nationalpark umfaßt eine Fläche von 1100 km^2 und ist eine der unberührtesten Landschaften Norwegens, in der man bewußt darauf verzichtet hat, Wanderwege zu markieren und bewirtschaftete Hütten zu errichten.

Unzählige Seen und Moore mit wogenden Feldern der silbrigen Samenstände des Wollgrases und einer reichen Flora und Fauna prägen weite Teile des Nationalparks. Sanfte, gerundete Bergrücken und schroffe, felsige Grate gestalten eine Bergwelt von unvergleichlicher Schönheit. Viele Gipfel, wie der 1699 m hohe Kvigtind, sind von Restgletschern bedeckt.

Auf einem zwar nicht markierten, aber deutlich sichtbaren Weg kann man die bereits im Nationalpark liegende Simskarhytta erreichen, einen Ausgangspunkt für weiterführende Wanderungen.

Wegbeschreibung:

30 km nördlich von Namskogan passiert die E6 den malerisch an dem großen See Majavatn gelegenen gleichnamigen Ort. Für unsere Tour zur Simskarhütte zweigen wir nördlich von

In Namskogan an der E6 steht ein Wegweiser, der die großen Entfernungen zu einigen norwegischen und europäischen Städten angibt. Er macht dem fast identischen, viel bekannteren Wegweiser in Narvik Konkurrenz.

Tour auf einen Blick

a) Familienpark Trones
Zufahrt: Ca. 50 km nördlich von Grong an E6.
Wegverlauf: Besuch der weitläufigen Tiergehege, 1 bis 2 Std.

b) Namskogan
Zufahrt: Ca. 75 km nördlich von Grong an E6.
Wegverlauf: Naturlehrpfad, $1/_4$ Std.
Karte: Cappelens Straßenkarte Mittel-Norwegen III

Tour auf einen Blick

Zufahrt: 15 km nördlich von Majavatn an E6 zum See øvre Fiplingvatn und Parkplatz am Fluß Simskarelva abzweigen.

Wegverlauf: Parkplatz (ca. 370 m) – Simskarhytta (ca. 460 m), 1 Std.; weiterführende Wanderung zum See Simskarvatnet (877 m), 2 Std.

Simskarhytta – **leichte Wanderung**; Simskarvatnet – **leichte Bergtour**, weglos.

Karten: 1925 IV Sveningdal, 1925 I Susendalen.

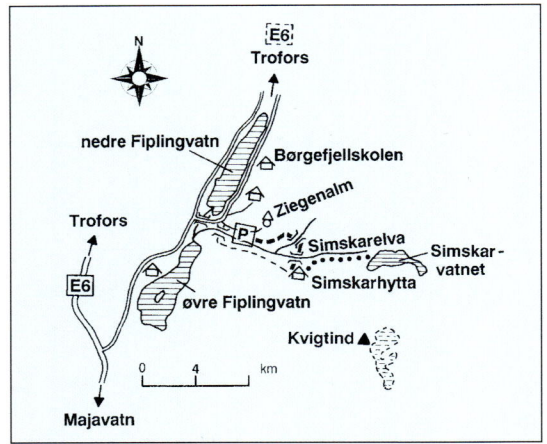

Majavatn zu den Seen øvre und nedre Fiplingvatn ab.

Eine neu ausgebaute Straße führt hoch über den øvre Fiplingvatn, dessen moorige Uferbereiche zum Teil Naturschutzgebiet sind. Wir passieren die Senke zwischen beiden Seen und folgen einem Fahrweg, der am Ufer des wildschäumenden, leuchtend blaugrünen Flusses Simskarelva zu einer großen Ziegenalm führt. Kurz bevor die Straße auf der Ziegenalm endet, erreicht man einen eingezäunten Parkplatz mit Tischen, Bänken und einer Informationstafel über den Nationalpark. Der Zaun soll die sehr kontaktfreudigen und neugierigen Ziegen abhalten, die ohne Hemmung ins Auto steigen und alles Eßbare auch kosten wollen. Der Weg folgt fast eben dem Ufer des Flusses durch Birkenwälder, zu dessen Füßen noch Anfang Juli große Teppiche weißer Buschwindröschen blühen. Bald fällt auf, daß es hier nur uralte, aber keine einzige junge Birke gibt. Die zu großen Ziegenherden haben ganze Arbeit geleistet und sogar große Bäume geschält und zum Absterben gebracht.

Einige Bächlein sind zu queren, und nach einer halben Stunde kündigt eine Tafel an, daß wir die Nationalparkgrenze erreicht haben. Stiefel sind in dem teils morastigen Gelände vorteilhaft, mit Bergschuhen muß man gelegentlich kleine Umwege in Kauf nehmen.

Neben dem Weg stehen malerische Kiefern, das Holz der Stämme und Äste ist auffallend gedreht. Zwei Hängebrücken über einen Nebenfluß der Simskarelva und den Fluß selbst bringen uns in einer Stunde zu der winzigen, unbewirtschafteten Simskarhytta (ca. 460 m). Sie liegt an der Waldgrenze, und in einer kurzen Wanderung gelangt man in das Kar Simskaret, das ein wahres Schlaraffenland für Liebhaber von Molte- und Heidelbeeren ist. Weglos ist von hier in rund zwei Stunden der Simskarvatnet, der größte See des Nationalparks, zu erreichen.

Tour auf einen Blick

Zufahrt: In Korgen von E6 ins Leirskardalen und zu kleinem Parkplatz bei Klemethelleren.

Wegverlauf: Parkplatz (ca. 400 m) – Leirbotnhytta (ca. 650 m), 1¼ Std.; Leirbotnhytta – Sattel (ca. 760 m), 1¼ Std.

Leichte Wanderung.

Karten: 1927 II Korgen und 2027 III Storakersvatnet.

84. Durch das Leirskardalen zum mächtigen Okstindanemassiv

Die 49 km lange Strecke der E6 von Mosjøen nach Korgen ist ein landschaftlich besonders reizvoller Streckenabschnitt. Die Straße führt vorbei an großen Seen und erklimmt das 643 m hohe Korgfjellet, das in dieser geographischen Breite schon oberhalb der Baumgrenze liegt. Jedem Besucher werden von dem Paß die mächtigen, stark vergletscherten Berggipfel der Okstindane-Berggruppe beeindrucken, die im Osten aufragen. Die Gipfel selbst sind nicht auf markierten Wegen erreichbar, und ihre Ersteigung erfordert Gletschererfahrung. Aber einige markierte Wege verbinden die nichtbewirtschafteten Unterkunftshütten, die dieses Gebiet erschließen.

Wegbeschreibung:

Von Korgen führt eine 15 km lange Straße durch das Leirskardalen zum letzten Bauernhof, auf dem man Anfang September gerade erst die Johannisbeeren erntete. Von hier kann man noch 1,7 km eine Kraftwerksstraße benützen, die in einigen Serpentinen eine Steilstufe überwindet, über die der Fluß Leirskarelva in vielen Kaskaden zu Tale stürzt. Pechschwarze, glattgeschliffene Felswände ragen über dem Tal auf. Unvermittelt erreicht man bei Klemethelleren einen idyllischen, fast ebenen Talboden mit saftig grünen Wiesen.

Auf dem kleinen Parkplatz bleibt das Auto zurück, und wir beginnen unsere Wanderung durch das malerische Leirskardalen. Mächtige Bergkämme, über die Wasserfälle zu Tal stürzen, flankieren den Talboden. Die wenigen Birken, die sich im Tal noch behaupten können, sind meist windschief, von Lawinen und Schneemassen immer wieder zu Boden gedrückt. Anfang Juni hatten sie noch kein einziges grünes Blatt, aber auf den schneefreien Flächen leuchtete überall der Rote Steinbrech und die Gemsheide (Alpen-Azalee).

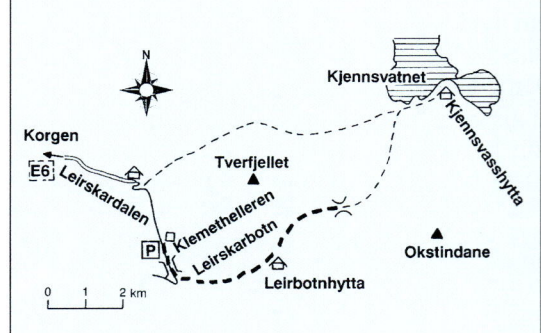

Vom Gletscher flachgeschliffene, dunkle Felsplatten begleiten das Leirskardalen. Das Schmalblättrige Weidenröschen (Chamaenerion angustifolium), das fast in ganz Norwegen beheimatet ist, bildet einen leuchtenden Kontrast.

Aber rasch hält der Sommer Einzug mit einer reichen Flora. Trollblumen, Storchschnabel und der Alpenmilch-Lattich gedeihen im Schutz der letzten Birken. Die attraktive Alpenscharte, die Rosenwurz, das Zweiblütige Veilchen, der Klappertopf, das Studentenröschen und das Crantz-Fingerkraut setzten leuchtende Tupfen in den Talboden. An trockenen Stellen finden wir den Fetthennensteinbrech und Heidekraut, weiters auch zwei typisch norwegische Pflanzen: das Norwegische Ruhrkraut und das Norwegische Wintergrün.

Wir wandern immer in der Nähe des schönen Flusses über grasiges, teils mooriges Gelände und über gewaltige, vom Gletscher glattgehobelte Felsplatten fast eben in $1^1/_4$ Stunden zur winzigen Leirbotnhytta, die sich in einem kleinen Birkenwäldchen versteckt. Der mit Steinmännern und rotem T ausreichend markierte Weg steigt von der Hütte weiter zu einen Sattel auf und führt jenseits hinab zu der ebenfalls unbewirtschafteten Kjennsvasshytta (4 Stunden). Es ist sehr lohnend, diesem Weg wenigstens eine Stunde zu folgen, die Aussicht wird mit jedem Schritt schöner.

Tips für Radfahrer

FIPLINGVATN

Ca. 6 km nördlich von Majavatn zweigt von der E6 eine neu gebaute Naturstraße zu den øvre und nedre Fiplingvatn ab, der umrundet werden kann. Die Fahrt weist kaum Höhenunterschiede auf, führt durch eine sehr einsame, waldreiche Gegend und bietet gute Chancen, Elche zu sehen. Bis zum nördlichen Ende des Fiplingvatn sind es ca. 28 km.

BLEIKVASSKALI

Eine weitere lohnende Tour leitet von Korgen an der E6 auf der asphaltierten Straße Nr. 806 22 km nach Bleikvasskali, immer dem Fluß Røssåga folgend, der den riesigen See Røssvatnet entwässert. Gleich nach Korgen kann man eine alte Steinbrücke besichtigen. Die Namen der Erbauer, Ingenieur und Arbeiter, sind in einen Stein gemeißelt. Nach ca. 10 km passiert man den mächtigen Wasserfall Fallfossen, dann folgt eine aussichtsreiche Strecke, vorbei an Seen mit winzigen Inseln.

Die Straße steigt im unteren Teil mäßig an mit einer kurzen Steilstufe, im oberen Teil ist sie fast eben. Von Bleikvasskali erreicht man in östlicher Richtung Røssbu und in südlicher Richtung gegen Hattfjelldal nach je 18 km auf leicht ansteigenden Schotterstraßen das Ufer des 40 km langen Sees Røssvatnet.

Von Mo i Rana nach Norden – im Reich der Mitternachtssonne

85. Saltfjellet-Svartisen – Nationalpark der Gegensätze

Der Saltfjellet-Nationalpark ist ein beliebtes Wandergebiet mit reicher Flora. Beim Anstieg von der Graddis Fjellstue zum Litlfjell erzählen glattgehobelte Felsbänder von den Gletschern, die einst dieses Land formten. Die elegante Felsspitze im Hintergrund ist der Solvågtind.

1989 konnten regionale Naturschutzverbände der Provinz Nordland einen großen Sieg feiern. 1840 km² einer faszinierend vielfältigen und in weiten Bereichen unberührten Landschaft mit seltenen Pflanzen wurden unter Schutz gestellt. Die für diese Breitengrade nördlich des Polarkreises einzigartige Vielfalt der Pflanzen- und Tierwelt ist geologisch bedingt. Kalkstein

– sonst eine Rarität in Norwegen – läßt eine üppige Flora gedeihen, zu deren reizvollsten Vertretern der Arktische Rhododendron, der Norwegische Mohn und seltene Orchideen gehören. Berühmt ist die vielfältige Flora um den großen See Balvatnet im Osten des Nationalparks, um den See Kvitbergvatnet im Norden des Parks und im Junkerdalen (s. S. 159). Die reiche Vegetation schafft auch Lebensraum für viele Tiere. Der Elch ist im Park weit verbreitet; Vielfraß, Luchs und Polarfuchs haben im Saltfjellet feste Bestände, und die

Schnee-Eule brütet hier. Zahlreiche alte Rentierfanggruben erzählen, daß das Saltfjellet schon immer zu den Weide- und Wandergebieten der Rene zählte. Heute leben hier einige Lappenfamilien von etlichen tausend halb domestizierten Rentieren.

Der mittlere und östliche Teil des Nationalparks mit seinen fruchtbaren Tälern, großen Seen, weiten Fjellhochflächen und seinem unermeßlichen Reichtum an Beeren und Pilzen ist ein beliebtes Wandergebiet (s. S. 159). Der westliche Teil des Parks umschließt das gewaltige Gletschergebiet des Svartisen, das mit 370 km² die zweitgrößte vergletscherte Fläche des norwegischen Festlandes ist und insgesamt 60 Gletscher umfaßt. Zu den leicht erreichbaren Gletscherzungen, die der gewaltige Plateaugletscher zu Tal schickt, gehören das Austerdalsisen (s. Tour Nr. 86) bei Mo i Rana und der Engabreen bei Glomfjord (s. S.165). Unter der Erdoberfläche beherbergt das Saltfjellet eine in Norwegen einzigartige Grottenwelt. Rund 150, zum Teil mit Tropfsteinen und Marmor geschmückte Grotten hat man im Kalkgestein entdeckt. Die meisten sind nur

Einheimischen bekannt und werden als besondere Naturschätze gehütet. Nördlich von Mo i Rana, am Weg zum berühmten Svartisengletscher (s. unten), hat man zwei Grotten für Besucher ausgebaut und veranstaltet Führungen.

Die Eisenbahnlinie und die E6 durchschneiden das Saltfjellet und sind direkter Ausgangspunkt für Wanderungen.

86. Austerdalsisen – in einen See kalbende Gletscherzunge

Das Austerdalsisen, eine Gletscherzunge des Svartisen („schwarzes Eis"), ist unmittelbar von der E6 erreichbar und wird in der Hauptsaison gerne besucht. 10 km nordöstlich von Mo i Rana weisen große Tafeln („Svartisen") zu einem riesigen Parkplatz, auf dem eine Informationstafel die Abfahrtszeiten des Motorbootes über den See Svartisvatnet und die Führungszeiten in zwei für Besucher geöffnete Grotten angibt.

Tour auf einen Blick

Zufahrt: 10 km nördlich von Mo i Rana von E6 zum Parkplatz am See Svartisvatnet.

Wegverlauf: Mit Motorboot oder zu Fuß (3,5 km) zum Westende des Svartisvatnet (75 m) – Austerdalsvatnet (208 m) – Fuß der Gletscherzunge Austerdalsisen (208 m), $^3/_4$ Std.;

Variante: Fuß der Gletscherzunge – Felsrücken neben Gletscherzunge (ca. 600 m), 1 Std.

Fuß der Gletscherzunge – **leichte Wanderung;** Felsrücken – **leichte Bergtour,** kaum markiert.

Karten: Saltfjellkartet, 1928 II Svartisen.

Wegbeschreibung:

Schon bei der 21 km langen Anfahrt durch das wilde Røvassdalen, in dem wir einen Fischadler beobachteten, läßt die Nähe eines gewaltigen Gletschers ahnen. Das Wasser des Flusses hat ebenso wie der 75 m hoch gelegene See Svartisvatnet, an dem die Straße endet, eine milchige Farbe.

Vor 100 Jahren reichte der östliche Arm des Gletschers Austerdalsisen noch bis in diesen See. Seither hat er sich stark zurückgezogen und kalbt heute in den 133 m höher gelegenen See Austerdalsvatnet. Von ca. Mitte Juni bis Ende August fährt ein Motorboot über den Svartisvatnet zum Ausgangspunkt der Tour. Außerhalb dieser Zeit kann man am Nordufer des Sees etwa $3^1/_2$ km auf einem teilweise recht verwachsenen Steig zum Westende des Sees wandern.

Von der Bootsanlegestelle am Westende des Sees führt ein gut markierter Weg über glattgeschliffene Felsplatten hinauf zum See Austerdalsvatnet. In den Steinplatten des zum Teil gebauten Weges sind viele Granathalbedelsteine zu sehen.

Sobald man den See erreicht hat, erblickt man die wildzerrissene Gletscherzunge, die in den See kalbt. Herabstürzende Eistrümmer können im See meterhohe Flutwellen erzeugen, so daß man bei der kurzen Wanderung zum Gletscher einige Meter über der Wasserlinie bleiben und sich keinesfalls knapp vor oder unter den Eistürmen aufhalten sollte, denn der steile Gletscher bewegt sich relativ rasch und ist sehr gefährlich ($3/_4$ Stunde ab Bootsanlegestelle).

Sehr lohnend ist es, über den Felshang östlich des Gletschers noch etwa 1 Stunde aufzusteigen (Variante). Der Blick über die von Spalten zerrissene Gletscherzunge, die gewaltigen Eisbrüche, Eiszacken und -türme wird mit zunehmender Höhe immer schöner. Der einst vom Gletscher glattgeschliffene Felshang ist heute durch Verwitterung in Schuttbänder und mehrere Meter hohe Felsstufen zerfallen. Stein-

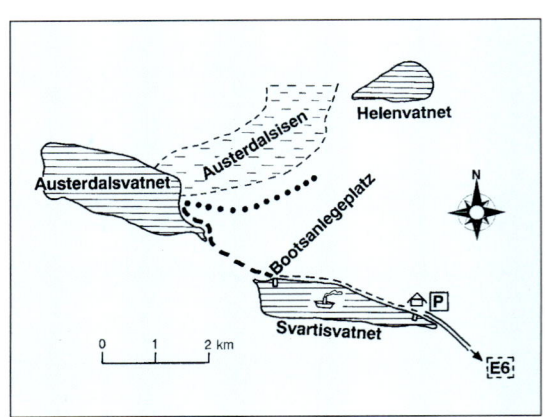

männer markieren teilweise die Durchstiege durch die Felsstufen. Bei guter Sicht ist der Anstieg unschwierig und problemlos, bei Nebel ist er nicht zu empfehlen.

87. Stormdalen – von Elchen geschätzt

Wer erwartet, im Bereich des Polarkreises ein Tal mit üppigster Vegetation zu finden? Bis in den Juni hinein liegt oft Schnee in dem rund 300 m hoch gelegenen Stormdalen. Aber in den hellen Sommertagen, wenn die Sonne kaum untergeht, holt die Vegetation alles nach. Meterhohe Farne und Gräser gedeihen in den Birkenwäldern, unterbrochen von leuchtend gelben Feldern der Trollblumen, die man im südlichen Norwegen vermißt. Im Juni leuchtet das Unterholz oft gelb von unzähligen Zweiblütigen Veilchen, und der Waldstorchschnabel bringt violette Farben in das üppige Grün. Sumpfgebiete und die vielen Nebenarme, die der Fluß Stormdalsåga hier bildet, schaffen neben der oft urwaldartigen Vegetation ein Biotop, in dem Elche sich besonders wohl fühlen. Einige Bauern haben sich einst hier angesiedelt, aber die extrem harten Lebensbedingungen führten Ende des 19. Jahrhunderts zu einer Auswanderungswelle nach Amerika, so daß viele Höfe verlassen wurden. Die Namen der Höfe sind geblieben, und man hat sie teilweise wieder restauriert. Eine kürzere oder längere Wanderung durch das Stormdalen zu den alten Siedlungen erschließt einen Teil der vielfältigen Landschaft des Saltfjellet-Nationalparks.

Wegbeschreibung:

Wer von Mo i Rana auf der E6 nach Norden fährt, erreicht nach ca. 48 km den kleinen Ort Storvoll, in dem eine große Informationstafel über den Nationalpark Auskunft gibt und eine Karte den Weg ins Stormdalen zeigt.
Auf einer Hängebrücke überschreitet man den

Fluß, passiert den letzten bewirtschafteten Hof und genießt nur noch die Ruhe der unberührten Landschaft. Nach 150 m Anstieg kann man in einem kurzen Abstecher den verlassenen Hof Grannes besuchen (³/₄ Stunde). In dem zunächst engen Tal wird man vom Rauschen des Wasserfalls Bredekfossen begleitet, in dem der Fluß Stormdalsåga die Geländestufe überwindet. Dann wird der Talboden breit und teils moorig, an den Talhängen ziehen sich die Birkenwälder bis etwa 600 m Höhe – da liegt die Baumgrenze in diesen Breiten. Der zwar nicht markierte, aber deutlich sichtbare Weg führt in insgesamt 3 Stunden zum letzten verlassenen und heute restaurierten Hof im Stormdalen. Mit etwas Glück wird man Elche sehen, mit weniger Glück nur ihre Losung.

88. Junkerdalen – tief eingeschnittenes Tal, faszinierende Bergwelt

Das Junkerdalen zählt zu den großartigsten Tälern des Saltfjellet und ist berühmt für seine einmalige Flora. Es ist Ausgangspunkt für einige Wanderungen in einer wunderschönen Bergwelt. Weite, sanfte Fjellregionen, überragt von eleganten Felsspitzen und mächtigen Felsbergen, wechseln mit großen Seen inmitten weiter Birkenwälder.
Rund 113 km nördlich von Mo i Rana zweigt die Straße Nr. 77 ins Junkerdalen ab, erklimmt den Hang östlich der E6 mit prächtiger

Elche sind von Süd- bis Nordnorwegen heimisch. Bullen können ein Gewicht von 530 kg und eine Schulterhöhe von 2,20 m ereichen.

Linke Seite:
Der Austerdalsisen, eine Gletscherzunge des mächtigen Svartisen, kalbt in den See Austerdalsvatnet. Winzig wirkt ein Mensch unter diesem gewaltigen Eisstrom, der relativ rasch fließt.

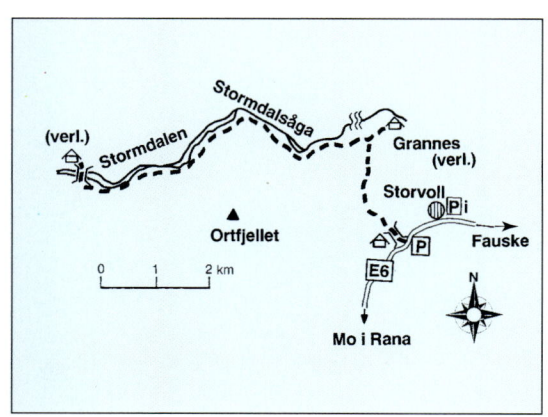

Tour auf einen Blick

Zufahrt: Von Mo i Rana 48 km auf E6 nordöstlich nach Storvoll.

Wegverlauf: Storvoll (150 m) – Stormdalen (320 m), 1–3 Std.

Leichte Wanderung.

Karte: Saltfjellkartet.

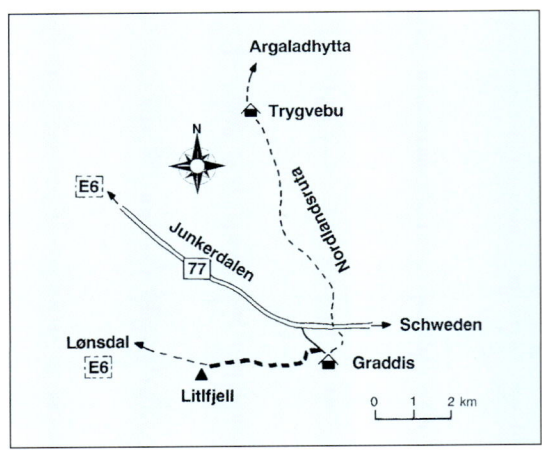

Tour auf einen Blick

Zufahrt: 113 km nördlich von Mo i Rana von E6 auf Straße Nr. 77 ins Junkerdalen und zur Graddis-Fjellstue.

Wegverlauf: Graddis-Fjellstue (ca. 440 m) – Litlfjell (725 m), 1 Std.; Litlfjell – Lønsdal an E6 (450 m), 3 Std.

Leichte Wanderung.

Karte: Saltfjellkartet.

Aussicht auf die vergletscherten Gipfel des Ølfjellet (1751 m). Hoch über dem Junkerdalen quert die Straße den steilen Berghang und erlaubt einen großartigen Blick in das enge, schluchtartige Tal. Wo der Talboden weiter wird, liegen die wenigen Häuser des Weilers Junkerdalen. Die reizvolle Landschaft lockt viele Sommergäste an und ließ das Junkerdalen-Touristenzentrum entstehen, von dem es nur wenige Kilometer zur schwedischen Grenze sind.

Eine schöne Wanderung führt vom Berggasthof Graddis Fjellstue auf das Litlfjell (s. Abb. S. 156) und weiter nach Lønsdal an der E6. Sie ist ein Teil der berühmten „Nordlandsruta", die das Saltfjellet durchzieht.

Wegbeschreibung:

Von der E6 folgen wir 20 km der Straße durch das Junkerdalen, bis eine Nebenstraße zur Graddis Fjellstue abzweigt. Von hier steigen wir durch lichten Birkenwald an. Im September war der Weg gesäumt von zahllosen Rotkappen, Birken- und Herrenpilzen. Ohne einen Schritt vom Weg abzuweichen, war das köst-

liche Abendessen in wenigen Minuten gesichert.

Schon nach 10 Minuten kommt man in freies Gelände und bewundert die elegante Spitze des Solvågtind und die mächtige Berggestalt des Båtfjellet. Im September ist es eine Traumwanderung. Leuchtend gelb stehen die letzten Krüppelbirken inmitten rot-violetter Felder des Schwedischen Hartriegels. Wir überqueren vom Gletscher rundgeschliffene Felsplatten

und ein letztes kleines Birkenwäldchen, das Schneehühnern Schutz bietet, die laut schnarrend auffliegen. Ihr Gefieder war schon halb weiß und erinnerte an diesem strahlend schönen Herbsttag, daß der Winter vor der Tür stand.

Nach rund 1 Stunde erreicht man das Litlfjell, den höchsten Punkt (725 m) des weiten Fjellrückens, der eine prächtige Aussicht bietet. Der gut markierte Weg führt noch eine halbe Stunde über das freie Fjell und dann durch schöne Birkenwälder, in die viele große und kleine Seen eingebettet sind. Für den gesamten Weg von Graddis nach Lønsdal an der E6 muß man mit 4 Stunden rechnen. Sehr lohnend ist es auch, von Graddis der Nordlandsruta in die entgegengesetzte Richtung zur Hütte Trygvebu (2$^1/_2$ Stunden) zu folgen. Nach weiteren 2 Stunden ist die Argaladhytta erreicht, von der die Nordlandsruta in 3$^1/_2$ Stunden zum riesigen See Balvatnet zieht, dessen Ufersaum eine reiche Flora aufweist.

89. Storskogvatnet – unterwegs im Rago-Nationalpark

Der Rago-Nationalpark umfaßt eine Fläche von 167 km². Zusammen mit den anschließenden, in Schweden gelegenen Nationalparks Padjelanta, Sarek und Stora Sjøfallet wurde eine zusammenhängende Fläche von 5700 km² unter Schutz gestellt. Die in Schweden gelegenen Gebiete sind überwiegend baumlose Hochflächen mit großen Seen. Dieses Hochland wird von den Lappen als wertvolle Rentierweide genützt.

Der kleine Zipfel des geschützten Gebietes, der in Norwegen liegt, der Rago-Nationalpark, ist ein Naturparadies mit wilden Schluchten, gewaltigen Wasserfällen, weiten Wäldern und großen Seen. Darüber erheben sich glattgeschliffene Felskuppen mit Gletscherkappen. Es ist eine Landschaft von unvergleichlicher Faszination, die sich mit keinem anderen Gebiet Norwegens vergleichen läßt.

Geübte Bergsteiger, die mit Karten und Kom-

Der Weg zum Storskogvatnet im Rago-Nationalpark führt durch eine wilde Urlandschaft. Man steigt neben einem in Wasserkaskaden zu Tal stürzenden Fluß auf. Nur Kiefern schaffen es, sich auf den glattgeschliffenen Felsplatten festzukrallen. Tief unten mäandriert der Fluß Laksåga, dessen Ufer der Weg über weite Strecken folgt.

Tour auf einen Blick

Zufahrt: Ca. 25 km nördlich von Fauske von E6 nach Nordfjord und Lakshola abzweigen.

Wegverlauf: Lakshola (9 m) – Storskogvatnet (193 m), 3³/₄ Std.

Leichte Bergtour.

Karte: 2129 I Sisovatnet.

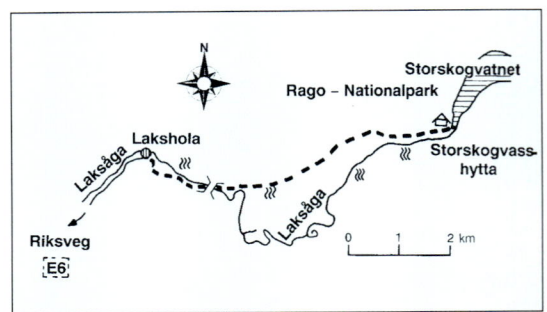

paß zu wandern verstehen, werden in dieser wilden Urlandschaft unvergeßliche Touren machen können. Es gibt aber auch einen markierten Weg, der in rund 4 Stunden zur winzigen Storskogvasshytta führt und es jedem Bergwanderer ermöglicht, einen Teil dieses wilden Naturparadieses zu erleben.

Wegbeschreibung:

Etwa 25 km nördlich von Fauske zweigt von der E6 eine Straße ab, die uns entlang des leuchtend blau-grünen Flusses Laksåga 6,5 km zum Ende der Straße in Lakshola bringt. Hier beginnt der Weg in den Nationalpark. Wir steigen auf durch lockeren Birkenwald mit prächtigem Blick auf den Fluß Steipdalselva, der auf der gegenüberliegenden Talseite in vielen Kaskaden zu Tal stürzt.

Der Weg erreicht wieder die Laksåga, die sich hier mit wildem Getöse durch eine enge Schlucht zwängt. Wir folgen dem Tal flußaufwärts, Wasserfälle stürzen im Frühjahr über die steilen Felswände, ihre Abflüsse muß man überqueren. Der Talboden wird fast eben, die wilde Laksåga fließt breit und ruhig, sie

wirkt fast wie ein herrlich blau-grüner See. Nach rund 1 Stunde erreicht man eine Hängebrücke, die auf das nordseitige Ufer des Flusses führt. Sehr kurzweilig leitet der gut markierte Weg zwischen Felsbrocken über Bäche und moorige Stellen durch diese Urlandschaft. Im Frühjahr, zur Zeit der Schneeschmelze, zog ich meine Bergschuhe einige Male aus und durchwatete barfuß die kleinen Bäche. In den moorigen Passagen verlegt man zunehmend Holzstege, nicht um menschliche Füße vor Nässe zu schützen, sondern um das Moor vor den menschlichen Füßen zu schützen. Sumpfdotterblumen, Trollblumen und das Echte

Mädesüß fühlen sich hier besonders wohl. Wir verlassen die Laksåga, die sich in malerischen Mäandern über den Talboden windet, und steigen am Rand eines Nebenflusses über Felsplatten auf. Auf den Platten befestigte Holzstämme ersparen Ungeübten das Gehen über die geneigten, oft rutschigen Felsplatten. Direkt neben uns stürzt das Wasser in unzähligen Kaskaden wie über eine gewaltige Rutschbahn in die Tiefe.

Eine Tafel kündigt an, daß wir die Nationalparkgrenze erreicht haben, und nach ca. 2¼ Stunden erblicken wir tief unter uns wieder die Laksåga, die Gefällstufen in zwei gewaltigen Wasserfällen überwindet. Den höchsten Punkt (220 m) haben wir erreicht, und nun geht es fast eben über Felsplatten, auf denen sich Kiefern festkrallen, und zwischen unzähligen Beerensträuchern zum großen Storskogvatnet, wo am Ufer die unbewirtschaftete Storskogvasshytta liegt, die auch Stützpunkt für die Betreuer dieses Parks ist.

Eine Hängebrücke überspannt den Seeabfluß, der gleich dahinter in einem Wasserfall zu Tal stürzt – ein Traumplatz. Nur die Nationalpark-wächter mit ihrem Hund habe ich in dieser einsamen Gegend getroffen. Der Hund trug in Hängetaschen seinen Proviant selbst. Über die Hängebrücke zieht der Steig ins baumlose Bergland und weiter nach Schweden.

90. Felszeichnungen und Traumstrände am Tysfjorden

a) Felszeichnungen bei Bognes

Die Felszeichnungen bei Bognes werden der Älteren Steinzeit zugeschrieben und ihr Alter auf 6000 bis 8000 Jahre geschätzt. Auf großen, von Gletschern glatt gehobelten Felsplatten sind Elche, Rene, Wal, Bär, Hase und ein Entenpaar in Lebensgröße eingeritzt. Einige Figuren sind sehr gut zu erkennen, andere nur noch fragmentarisch vorhanden. Sie erzählen, daß die vom Golfstrom beheizten Küsten Norwegens auch jenseits des Polarkreises schon in der Steinzeit besiedelt waren.

An vielen Küsten Norwegens findet man idyllische Sandstrände, so wie hier am Tysfjorden bei Korsnes. Die Vesteralen im Hintergrund sind Anfang Juni noch schneebedeckt. Aber wenn im Juni und Juli die Sonne 24 Stunden scheint, erreicht das Wasser – abgehärtete Schwimmer vorausgesetzt – in geschützten Buchten sogar Badetemperatur.

Tour auf einen Blick

Zufahrt: Von E6 bei Bognes nach Korsnes. Felszeichnungen 2 km südlich von Korsnes; Ausgangspunkt für Wanderungen 1 $\frac{1}{2}$ km westlich von Korsnes.

Wegverlauf:
a) Felszeichnungen 5 Min. von der Straße.

b) Küstenwanderung: Von der Sandbucht Herrevika (0 m) an Küste westwärts, $\frac{3}{4}$ Std.

c) See Herøyvatnet: Sandbucht Herrevika (0 m) – Sattel (150 m) – Herøyvatnet (142 m), $\frac{1}{2}$ Std.; Sattel – Korsnesheia (332 m), $\frac{1}{2}$ Std.

Variante: Tysnes (3 m) – Sattel (159 m) – Moldvika (5 m), 1 Std.

Leichte Wanderungen.

Karten: 1231 I Lødingen, 1231 II Ulsvåg.

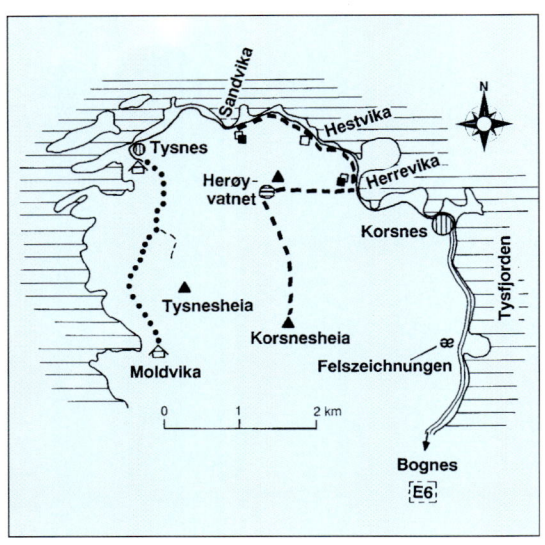

Wegbeschreibung:

Bei Bognes (81 km südwestlich von Narvik) wird die E6 durch den Tysfjorden unterbrochen, Fährschiffe überbrücken den Fjord. 2 km vor der großen Schiffsanlegestelle in Bognes zweigt nördlich eine Straße nach Korsnes ab, die den Ufern des malerischen Tysfjorden folgt. Ein großes Hinweisschild „Helleristninger" und eine Informationstafel am Straßenrand markieren den Beginn des Anstieges. Einige Steinmänner und Plastikschleifchen an kleinen Bäumchen kennzeichnen den Weg, und schon nach 5 Minuten steht man auf den riesigen Steinplatten mit den Felszeichnungen.

b) Korsnes – Strände wie in der Karibik

Nur 6 km von der E6 entfernt liegt an der oben beschriebenen Straße der Ort Korsnes, der eine Kirche, einen malerischen kleinen Hafen und Rorbuer zum Vermieten besitzt. Rorbuer sind kleine, auf Pfählen ins Meer hinausgebaute Holzhütten, die einst den Fischern ein winterfestes Quartier boten, und heute – mit Komfort ausgestattet, das Boot vor der Haustür – an Touristen vermietet werden.

Eine schmale holprige Schotterstraße führt von hier an der Nordküste der Halbinsel entlang nach Tysnes, das nur aus einer Handvoll verstreuter Häuser besteht.

Diese Nordküste ist ein kleines, einsames Paradies. Flachgeschliffene Felsplatten, auf denen Kiefern, Beerensträucher und Katzenpfötchen die kleinen Humusinseln nützen, wechseln mit großen und kleinen Sandbuchten. Der schneeweiße Sand und das saphirblaue Wasser erinnern an die Karibik. Austernfischer trippeln die Strände entlang und versuchen zur Brutzeit, Eindringlinge lautstark zu verjagen. Seeadler holen Fische aus dem Meer – Men-

schen waren im Juni und September nicht zu sehen.

In der Ferne leuchten die bis in den Sommer hinein schneebedeckten Gipfel der Vesteralen und die monumentalen Felsberge, die über dem Tysfjorden aufragen. Sie erinnern, daß man sich nicht in der Karibik, sondern hoch im Norden befindet.

Wegbeschreibung:

Von Korsnes folgen wir knapp 1,5 km der schmalen Schotterstraße an der Nordküste der Halbinsel bis zu der großen flachen, von Kiefernwald gesäumten Sandbucht Herrevika, wo sich Abstellplätze für das Auto finden, die später rar werden. Eine lohnende halbstündige Wanderung führt von hier auf der Fahrstraße oder direkt der Küstenlinie folgend über die Sanddünen der Bucht Hestvika in Richtung Tysnes bis zur malerischen Sandbucht Sandvika. Bei Ebbe kann man über weite Strecken auf Sand gehen.

c) See Herøyvatnet

Direkt von der Bucht Herrevika beginnt ein T-markierter Steig, der den Bergrücken der Halbinsel hinaufzieht. Wir wandern über glattgeschliffene Felsplatten, die mit einer Decke aus Heide, Beerensträuchern und Moosen überzogen sind. Nur einige Kiefern schaffen es, sich auf den Felsplatten festzukrallen. Durch die Begehung wurde diese dünne Vegetation zerstört, und so leitet der Weg, von einigen moorigen Stellen abgesehen, meist über nackte Felsplatten hinauf.

Die Aussicht über den Tysfjorden mit den über dem Meer aufragenden Felsgipfeln wird mit zunehmender Höhe immer großartiger. Nach einer halben Stunde erreichen wir einen breiten Sattel auf dem Bergrücken (ca. 150 m). Der Blick nach Westen wird frei, und vor uns ragen die Bergspitzen der Lofoten aus dem Meer. Direkt zu unseren Füßen liegt der See Herøyvatnet in freiem Gelände – ein wunderschöner Rastplatz.

Weglos kann man den flachen Bergrücken gegen Süden folgen und erreicht nach einer weiteren halben Stunde die doppelt so hohe Korsnesheia (332 m), die einen traumhaften Rundblick über Lofoten, Vesteralen und Tysfjorden bietet.

Variante:

Eine weitere einsame Wanderung führt von Tysnes am Nordwestzipfel der Halbinsel vom letzten Haus an der Straße in einer guten

Stunde hoch über dem Meer mit schönem Blick zu den Lofoten zur Bucht und Siedlung Moldvika an der Westküste; sie folgt einem alten, teilweise erhaltenen Übergang.

91. R17 – Panoramastraße an der Küste

Von Steinkjer bis kurz vor Fauske verläuft die berühmte E6 im Landesinneren. Parallel dazu führt an der Küste die Reichsstraße Nr. 17. Sie ist alles andere als eine Rennbahn zum Nordkap, aber eine der schönsten und abwechslungsreichsten Panoramastraßen Norwegens. Zu den landschaftlichen Höhepunkten dieser Strecke und ganz Norwegens gehört der nördliche Abschnitt, den man von Süden kommend über Mo i Rana, von Norden über Bodø erreicht.

Nur einige Höhepunkte dieser Route, die auch Ausgangspunkt schöner Wanderungen ist, sollen von Norden nach Süden kurz vorgestellt werden. Südlich von Tverrlandet bei Bodø überbrückt die Straße Nr. 17 den Saltstraumen, einen nur 150 m breiten Sund, durch den im Gezeitenwechsel die Wassermassen hindurchgepreßt werden, gefährliche Strudel mit metertiefen Trichtern bildend. Der Mahlstrom am Saltstraumen ist eines der faszinierendsten Naturschauspiele Norwegens.

Jenseits des Saltstraumen steigt die Straße an, und über dem großen See Valnesvatnet taucht die dolchscharfe Felsspitze des Spisstind auf (s. S. 168). Bald erreichen wir wieder einen Fjord, über dem der mächtige gezackte Felskamm des Småtindan aufragt. Im Juni liegen die rotgestrichenen Häuschen an den Fjorden in üppigen Blumenwiesen, überragt von den noch schneebedeckten Bergkämmen.

So schlängelt sich diese traumhafte Panoramastraße hinauf und hinab in unzähligen Kurven der Küste entlang. Es ist keine Route für Eilige, sondern eine Fahrt zum Schauen, zum Bummeln, zum Genießen dieser großartigen Landschaft, die nach jeder Kehre ein anderes Gesicht zeigt. Vom höchsten Paß öffnet sich ein herrlicher Blick zu der großen Sandbucht bei Storvik, und der folgende Straßenabschnitt, der an einer Nordküste verläuft, ist ein idealer und beliebter Platz, um die Mitternachtssonne zu erleben (s. Abb. S. 26).

Über dem Glomfjorden erhebt sich eine mächtige, teils vergletscherte Bergkette, die sich im dunklen Wasser des Fjords spiegelt. Ein Traumpanorama, das man auf dem Streckenabschnitt von Ornes nach Glomfjord genießt. Von Glomfjord, das mit seiner großen Kunst-

düngerfabrik abseits der Straße liegt, hat man einen 7 km langen Tunnel unter dem Gletscher des Svartisen gebaut. Wer am Ende der Tunnelröhre hinaufschaut, sieht ober sich das blauweiße Eis des Gletschers über die Felswand hängen. Die Straße zieht am Nordfjorden entlang, und am gegenüberliegenden Ufer reichen die gewaltigen Gletscherströme des Svartisen fast bis zum Fjord (s. Tour Nr. 92).

Im folgenden Streckenabschnitt ist die R17 von einer kurzen und einer langen Fährpassage unterbrochen, die an vielen Inseln vorbeiführt. Wie die steilen Felsgipfel eines versunkenen Gebirges sehen diese mit steilen Felswänden zum Meer abbrechenden Inseln aus. Die Küste präsentiert sich nicht weniger wild, und in der einsamen, großartigen Landschaft kann man von der Fähre aus oft Seeadler beobachten. Der Polarkreis wird auf dem Meer überschritten: kein Souvenirladen, sondern nur eine Schiffssirene kündigt ihn an.

92. Engabreen – Gletscherzunge fast bis zum Meer

Vor 70 Jahren reichte eine Zunge des Gletschers Engabreen noch bis zum Holandsfjorden. Meine Mutter erinnert sich, daß der ins Meer fließende Gletscher die große Attraktion der Reise mit einem Kreuzfahrtschiff war. Die Gletscherzunge des Engabreen, ein Teilgletscher des mächtigen Svartisen, wird auch heute

Der nördliche Teil der Küstenstraße R17 erschließt eine der großartigsten und abwechslungsreichsten Landschaften Norwegens. Über dem Holmsundfjorden ragt der Felskamm des Småtindan auf.

![Landschaft am Engabrevatnet mit Gletscher im Hintergrund]

Vor drei Jahrzehnten reichte die Gletscherzunge des Engabreen bis in den See Engabrevatnet. Zu Beginn unseres Jahrhunderts war sie 5 km länger und erstreckte sich bis zum Meer.

Tour auf einen Blick

a) Engabreen über dem Holandsfjorden

Zufahrt: Vom Südportal des Svartisen-Tunnels auf Straße R17 nach Holandsfjord und mit dem Motorboot nach Svartisen.

Wegverlauf: Bootsanlegestelle Svartisen (0 m) – Gletscherrand des Engabreen (ca. 50 m), 1¼ Std.

Leichte Wanderung.

Karte: 1928 II Svartisen.

noch von Kreuzfahrtschiffen besucht. Um aber das zurückgewichene Gletschereis zu erreichen, ist ein Landausflug notwendig. Einige Kilometer hat sich der Gletscher seither zurückgezogen, und erst 1950 entstand der leuchtend blaue Gletschersee Engabrevatnet.

Neben dieser berühmten und vielbesuchten Gletscherzunge des Engabreen, die nur wenig über dem Meeresspiegel liegt, besteht auch die Möglichkeit, die gewaltigen Gletscherströme zu besuchen, die der Engabreen östlich zu dem in 500 m Höhe gelegenen See Storglomvatnet entsendet.

Wegbeschreibung:

a) Engabreen über dem Holandsfjorden

Von der R17 am Nordufer des Holandsfjorden verkehrt in der Hauptsaison fast stündlich ein kleines Boot über den Fjord zum Südufer. Bei der Bootsanlegestelle beginnt die rund einstün-

dige Wanderung zum Fuß des Gletschers, vorbei am Gletschersee Engabrevatnet, an dessen Ufer im Juni viele Blumen und einzelne Birken gedeihen – ein reizvoller Kontrast zu dem blauweißen Gletschereis. Leider muß man zuletzt eine staubige Kraftwerksstraße benützen, auf der Gäste der Kreuzfahrtschiffe bis zum

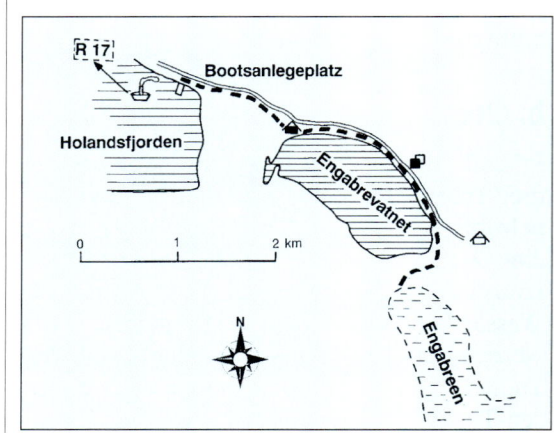

Felsen unter dem Gletscher gefahren werden. Nach einer Dreiviertelstunde erreichen wir die flachen, glattgeschliffenen Felsen unter dem Gletschereis und folgen eine weitere Viertelstunde den deutlichen Markierungen und Stegbrücken bis unmittelbar vor das Zungenende des Gletschers, der etwa 10 m dick als leuchtend weißblaue, zerklüftete Eiswand vor uns aufragt.

b) Gletscher über dem Storglomvatnet

Südlich von Glomfjord passiert die R17 gleich drei Tunnels kurz hintereinander. In der Tunnelröhre des mittleren Fikan-Tunnels zweigt eine Zufahrt zu dem gewaltigen Glomfjord-Kraftwerk ab („Svartisen anleggene"), das die Wasser des Svartisen anzapft und besichtigt werden kann. Am Tunnelausgang des Fikan-Tunnels, unmittelbar vor dem langen Svartisen-Tunnel, zweigt eine Kraftwerksstraße ab.

Sie führt zunächst am See Fikanvatnet entlang, passiert einen Tunnel und zieht hinauf zu dem ca. 530 m hoch, weit über der Baumgrenze gelegenen See Holmvatnet. Die Straße folgt dem See zu einer häßlichen und ökologisch bedenklichen Baustelle des Kraftwerkes, die zeigt, wie wichtig es war, große Gebiete des Svartisen unter Schutz zu stellen.

Umso großartiger ist der Blick auf den See Stormglomvatnet, zu dem gleich drei wildzerklüftete, mit zahllosen Eistürmen besetzte Gletscherzungen hinabfließen. Zwei kalben in den See, die dritte erreicht ihn nicht mehr.

Markierte Wege gibt es hier nicht. Man kann der Kraftwerksstraße folgen und zum Gletscher wandern oder, viel reizvoller, den Seeabfluß überqueren (Gummistiefel oder bloßfüßige Kneippkur) und hinter der winzigen Hütte den Berghang am Nordostufer des Sees mit prachtvollem Blick auf die gewaltigen Gletscherzungen weglos hinaufsteigen.

Tour auf einen Blick

b) Gletscher über dem Storglomvatnet

Zufahrt: Zwischen Fikan- und Svartisen-Tunnel südlich von Glomfjord von R17 auf Kraftwerksstraße zum See Holmvatnet.

Wegverlauf: Holmvatnet (ca. 530 m) – Bergrücken über Storglomvatnet (858 m), 1 Std.

Leichte Bergtour, weglos, Fluß zu durchwaten.

Karte: 1928 II Svartisen.

Über den wenigen Häusern von Falkflåget ragt der Doppelgipfel des Sandvasstindan auf. Das sehenswerte, von eleganten Felsspitzen begleitete Hochtal, ist von der R17 in einer kurzen Wanderung zu erreichen.

Tour auf einen Blick

Zufahrt: Südöstlich von Bodø auf der R17 über den Saltstraumen und zum Valnesvatnet.

Wegverlauf: Valnesvatnet (121 m) – Falkflåget (206 m), 1¹⁄₂ Std.

Leichte Wanderung.

Karte: 2029 III Saltstraumen.

93. Falkflåget – im Angesicht der Felsspitze Spisstind

Südöstlich von Bodø überquert die Reichsstraße Nr. 17 den berühmten Saltstraumen und erreicht gegen Süden nach etwa 14 km den nur einige Meter hohen Wasserfall Valnesfossen und den großen See Valnesvatnet, an dem unsere Wanderung beginnt.

Der markierte Weg führt in 9 Stunden zu der nicht bewirtschafteten Lurfjellhytta und ist nur geübten Bergwanderern zu empfehlen. Aber der erste Teil des Weges, eine 1¹⁄₂stündige Wanderung bis zu der aufgelassenen Siedlung Falkflåget, die heute nur von einigen Sommergästen bewohnt wird, ist auch als Familienwanderung geeignet.

Wegbeschreibung:

Wir folgen zunächst dem Ufer des Sees Valnesvatnet und kommen an einigen Bootshütten, Ferienhütten und einer kleinen Sandbucht vorbei. Eine etwa 80 m hohe Kuppe bricht mit einer felsigen Wand zum See ab und versperrt den weiteren Weg am Ufer. Der Steig folgt einem alten gebauten Weg hinauf auf die Kuppe, und schon nach einer halben Stunde genießt man einen wunderschönen Blick über den See mit den kleinen Inselchen, überragt von den Felszacken und Gletschern des Småtinden. Jenseits führt der Weg wieder zum See hinunter, vorbei an verkrüppelten Kiefern, die von einem Jahrhunderte dauernden Überlebenskampf erzählen.

Wir folgen wieder dem Seeufer auf dem alten verwachsenen Pfad und stellen plötzlich fest, daß der Weg auf einmal nicht mehr verwachsen ist und deutlich die Fahrspuren eines schmalen Fahrzeuges aufweist. Die Lösung des Rätsels ist einfach. Die neuen Besitzer der wenigen aufgelassenen Häuser in Falkflåget benutzen im ersten Teil nicht den alten Weg,

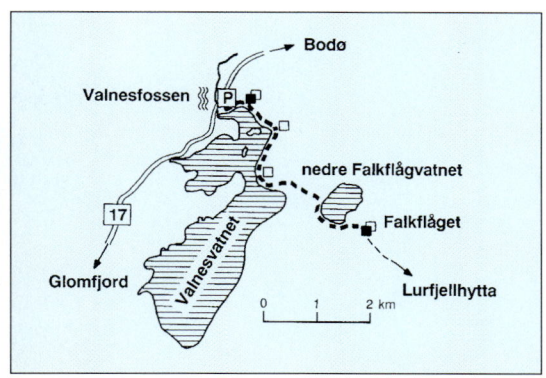

sondern fahren mit dem Boot über den See. Da sie nur Sommergäste sind, geht das problemlos.

Am Ende der Bucht Falkflågvika steigen wir über einen Felsriegel auf, und vor uns liegt ein wunderschöner Talboden mit dem von lichten Birkenwald gesäumten Karsee nedre Falkflågvatnet. Besonders eindrucksvoll aber sind die dunklen Felsspitzen, die so glatte Flächen, so dolchscharfe Spitzen aufweisen, als hätte man sie aus Metall geschmiedet. Der Spisstind („Spitzer Gipfel"), der Falkflågtindan und der elegante Sandvasstindan fesseln den Blick.

Wir wandern den See entlang und sehen schon bald die Häuser von Falkflåget. Auf den wenigen, nicht mehr bewirtschafteten kleinen Feldern und Wiesen wachsen Trollblumen und Storchschnabel. Blumenliebhaber werden bei dieser Wanderung das Gemeine Fettkraut, das Schwarze Berufskraut, den Alpenhelm und verschiedene Knabenkräuter entdecken. Das Zweiblütige Veilchen, die Silberwurz, der Felsen-Ehrenpreis und der Wundklee, die am Wegesrand stehen, sind auch in den Alpen zu Hause. Die Blauheide, der Schwedische Hartriegel, die Moltebeere und das Norwegische Wintergrün sind dagegen nur im Norden zu finden.

94. Kautokeino – zu Besuch bei den Lappen

Norwegen ist ein so weitläufiges Land, daß es unmöglich ist, alle Wandergebiete von Süden bis Norden in einem Buch vorzustellen. Schwerpunkt dieses Buches sind die beliebten Tourenregionen Mittelnorwegens. Die Vesteralen und die nördlichsten Provinzen Troms und Finnmark konnten aus Platzmangel nicht einbezogen werden. Nur eine sehr typische Region des hohen Nordens, die Finnmarksvidda mit Kautokeino, dem Zentrum der Samen (Lappen), wird kurz vorgestellt.

Die Finnmarksvidda ist, wie schon der Name

„vidda" andeutet, eine weite, relativ ebene Landschaft. Das riesige Gebiet besteht zum größten Teil aus eiszeitlichen Ablagerungen, in die sich einige Flüsse tief eingegraben haben. Den 500 m tief eingeschnittenen Svatso-Canyon, den größten Europas, hat die E-Wirtschaft in dem sehr umstrittenen Alta-Projekt, das heute als Fehlplanung erkannt wird, ertränkt. Der Alta-Canyon blieb erhalten und kann in einer unschwierigen Wanderung besucht werden.

Die innere Finnmarksvidda hat ausgesprochen kontinentales Klima mit jährlichen Niederschlagsmengen von nur 300 bis 500 mm, warmen Sommern mit Julimaxima von über 30° C und sehr kalten Wintern mit Extremwerten bei minus 50° C. Endlose Moore und Birkengehölze prägen die Landschaft, und in den schneearmen Gebieten bedeckt vor allem die Rentierflechte, die Winternahrung der Rene, den Boden. Die Rentiere scharren die Schneedecke weg, um zu den Flechten zu gelangen. Manchmal wühlen sie metertiefe Gänge in den Schnee, in denen sie fast verschwinden. Seit alters her ist die Finnmarksvidda ein wichtiges Winterweidegebiet für die Rentierherden.

Nur rund 10 Prozent der Samen leben heute noch von der Rentierzucht. In den langen Wintern halten sie sich mit ihren Herden in der Finnmarksvidda auf und leben in modernen Holzhäusern, vor allem in Kautokeino und Karasjok. Im Sommer entfliehen sie den Mücken und ziehen mit den Herden hinunter an die fruchtbaren Küsten, wo die Tiere sich ihren Winterspeck anfressen. Das Rentierfleisch verkauft sich als Delikatesse sehr gut. Aber die in Prospekten und Büchern dargestellte

Tour auf einen Blick

a) Ostern in Kautokeino

Zufahrt: Von der E6 in Alta auf der Straße Nr. 93 nach Kautokeino (ca. 305 m).

Wegverlauf: Schiwandern in alle Himmelsrichtungen.

Karte: 1833 II Kautokeino.

b) Alta-Canyon

Zufahrt: Von der E6 in Alta auf der Straße Nr. 93 Richtung Kautokeino. Zur Gargia-Fjellstue (119 m) abzweigen und noch 4,5 km bis Parkplatz.

Wegverlauf: Parkplatz (ca. 410 m) – Aussichtsplatz (ca. 330 m) über dem Alta-Canyon, 2$\frac{1}{2}$ Std. (von der Fjellstue 1 Std. länger).

Leichte Bergtour, einige Watstellen.

Karte: 1934 IV Gargia.

In der Osterwoche tragen alle Lappen in Kautokeino ihre alten Trachten und reichen Silberschmuck.

Die Karwoche ist in Kautokeino die Zeit der kirchlichen und der Familienfeste. Bei Hochzeiten und Firmungen kann man die farbenprächtigen Trachten bewundern. Getrennt von den Burschen versammeln sich die Mädchen zur Firmung.

Romantik der mit Zelt und Renschlitten wandernden Lappen gehört der Vergangenheit an. Motorschlitten, Allradautos, Funktelefone, genossenschaftliche Fleischverwertung und moderne Outdoor-Bekleidung prägen heute das Leben der Lappen. Zelte werden nur noch teilweise bei den Wanderungen verwendet.

Die kleine Minorität der Samen gewinnt zunehmend an Selbstbewußtsein, sie pflegen ihre Kultur und Tradition. Die Osterwoche, wenn die Sonne nach dem langen eisigen Winter schon spürbare Wärme spendet, ist seit jeher dem alten Brauchtum gewidmet. In dieser Zeit tragen alle Samen in Kautokeino die wunderschönen farbenprächtigen Trachten – erste leuchtende Frühlingsboten in der noch vom Winter und Schnee beherrschten Landschaft. Hochzeiten, bei denen man den prächtigen Silberschmuck bewundern kann, und Firmungen finden nach alter Tradition in der Karwoche statt.

Den wenigen Touristen, die zu Ostern hierherkommen, werden in alten Lappenzelten typische Speisen serviert. Die Winterzelte sind kegelförmig aus Torfziegeln erbaut und mit Grassoden gedeckt. Am höchsten Punkt befindet sich ein Loch, damit der Rauch des Feuers, das in der Mitte brennt, abziehen kann. Auf außerordentlich dichten und warmen Renfellen lagert man um das Feuer, genießt heiße Suppe aus Renknochen, Renfleisch und Kaffee. Man kann luftgetrocknetes, im Rauch geselchtes Renfleisch in den Kaffee tauchen oder Zucker dazunehmen. Daß ich den angebotenen Zuckerwürfel im Kaffee versenkte, trug mir den Tadel der Samenwirtin ein. Man nimmt das Zuckerstück in den Mund und läßt den Kaffee darüberfließen, klärte sie mich auf.

Ein besonders wichtiges Ereignis in der Karwoche ist das Schlittenrennen mit Rentieren. Zu dieser Veranstaltung kommen auch die Samen aus dem benachbarten Finnland und Schweden, denn als stolzer Preis ist – wohl ein Symbol der Zeit – ein Motorschlitten zu gewinnen.

Auf einem mit Bändern abgesteckten Rundkurs laufen die Rene eine Runde. Schon das Anschirren ist eine Prozedur, die nur mit vielen kräftigen Armen gelingt. Einige Rene legen sich dann in den Schnee und weigern sich zu laufen. Die meisten schießen, sobald sie losgelassen werden, so rasch davon, daß der Fahrer sich blitzartig auf den Schlitten werfen muß, sonst läuft das Rentier ohne ihn. Und auch am Ende der Strecke muß man sich den Tieren entgegenwerfen, um sie aufzuhalten. Es ist beeindruckend, wie harmonisch und energiesparend sich Rene in freier Wildbahn bewegen. Beim raschen Laufen aber verausgaben sie sich völlig und schnaufen noch lange nach dem Rennen mit weit heraushängender Zunge.

Wegbeschreibung:

a) Ostern in Kautokeino

Wer zu Ostern die lange Anfahrt nach Kautokeino auf meist schneebedeckten Fahrbahnen vermeiden will, kann das Flugzeug nach Alta benützen und mit dem Bus nach Kautokeino fahren. Ein Touristenhotel und eine einfache Wirtschaft (Kro) stehen als Unterkunft zur Auswahl. Mit Motorschlitten kann man sich von den Renbesitzern zu ihren Herden bringen lassen, die irgendwo in der riesigen Vidda die Flechten unter dem Schnee hervorscharren. Langlaufschier ermöglichen es, selbst über die endlose weiße Hochfläche zu wandern. Der Himmel ist in dieser Jahreszeit meist wolkenlos, aber neben Temperaturen um 0° C kann man auch noch Kälteperioden mit −10° bis −20° C erleben.

b) Alta-Canyon

In den Sommermonaten ist die Finnmarksvidda ein schönes Wandergebiet. Besonders sehenswert ist der Alta-Canyon, der von der Reichsstraße 93, die Alta mit Kautokeino verbindet, zu erreichen ist. Eine Nebenstraße bringt uns zur Gargia-Fjellstue. Auf einer schmalen Schotterstraße kann man noch

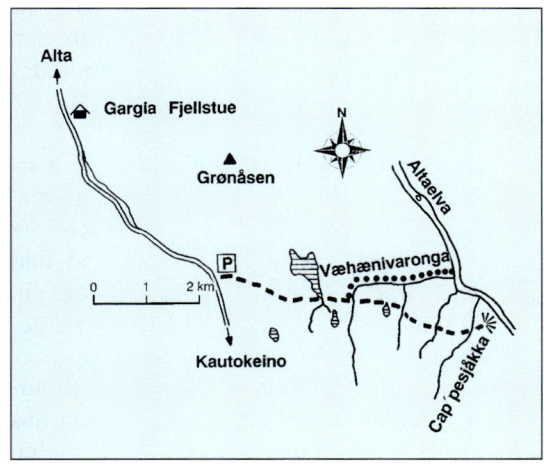

4,5 km weiter zu einem kleinen Parkplatz fahren (Wohnwagen und große Wohnmobile parkt man am besten schon bei der Fjellstue). In 2 Stunden erreichen wir auf deutlich sichtbarem Weg, der erst im zweiten Wegabschnitt mit roten Farbklecksen sporadisch markiert ist, einen Aussichtsplatz über dem Canyon. 300 m unter uns schlängelt sich das Silberband der lachsreichen Altaelva im Schluchtgrund. Einige Bäche, die zu durchwaten sind, und morastige Stellen erfordern Stiefel oder wasserdichte Schuhe mit hohem Schaft. Auf einem vor allem von Anglern benützten Steig kann man durch das Tal des Nebenflusses Væhænivaronga in das Tal der lachsreichen Altaelva absteigen (Variante).

Tips für Radfahrer

TOUREN AN DER E6

Das urige Røvassdalen, vorbei an dem langen See Røvatnet und die Weiterfahrt zum See Svartisvatnet, wo die Tour zum Gletscher (s. S. 157) beginnt, ist eine lohnende Radtour. Vom großen Parkplatz nahe der E6 beträgt die meist ebene Strecke ca. 21 km. Etwa die Hälfte ist asphaltiert.

Eine besonders aussichtsreiche Radtour führt von der E6 bei Bognes 6 km auf einer Asphaltstraße am Tysfjorden entlang nach Korsnes (s. S. 164). Vorbei an Sandbuchten, die an die Karibik erinnern, leitet eine einsame Schotterstaße an der Nordküste der Halbinsel ca. 5 km weiter nach Tysnes (s. S. 164).

TOUREN AN DER R17

Von der R17 bieten sich traumhaft schöne, völlig einsame Radtouren auf Nebenstraßen an, die zu den mehrseitig vorgelagerten Halbinseln und Inseln führen: z. B. die 25 km lange Strecke von Kjøpstad an der R17 nach Alsvik auf der Insel Sandhornøya; ein Besuch der Insel Amøya (knapp 40 km) von Halsa an der R17 oder eine 14 km lange Fahrt entlang des Kvarøyfjorden nach Tonnes 5 km südlich der Fähranlegestelle Kilboghamn.

An der R17 selbst gehört die ca. 26 km lange Strecke am Glomfjorden von Reipa nach Glomfjord zu den landschaftlich schönsten Gebieten. Die Straße führt eben an der Küste entlang und besitzt über weite Strecken einen parallel zur Straße verlaufenden Radweg. Prächtige Aussicht auf die Gletscher des Svartisen genießt man vom nördlichen Ausgang des Svartisentunnels (Tunnel für Radfahrer gesperrt!) auf der 12 km langen Strecke entlang des Nord- und Holandsfjorden mit mäßigen Steigungen (s. S. 165).

Tour auf einen Blick

a) Ostern in Kautokeino
Zufahrt: Von der E6 in Alta auf der Straße Nr. 93 nach Kautokeino (ca. 305 m).

Wegverlauf: Schiwandern in alle Himmelsrichtungen.

Karte: 1833 II Kautokeino.

b) Alta-Canyon
Zufahrt: Von der E6 in Alta auf der Straße Nr. 93 Richtung Kautokeino. Zur Gargia-Fjellstue (119 m) abzweigen und noch 4,5 km bis Parkplatz.

Wegverlauf: Parkplatz (ca. 410 m) – Aussichtsplatz (ca. 330 m) über dem Alta-Canyon, $2^1/_2$ Std. (von der Fjellstue 1 Std. länger).

Leichte Bergtour, einige Watstellen.

Karte: 1934 IV Gargia.

Lofoten – ein Traumziel

95. Lofoten – Naturwunder und Eldorado der Fischer

Über 1000 m ragen schwarze, glattpolierte Felspyramiden unmittelbar aus dem Meer empor. Wie ein saphirblauer Kristall leuchtet das Wasser in manchen Buchten, gesäumt von schneeweißen Stränden. Ein unglaublicher Kontrast – ein Naturwunder, daß jeden in seinen Bann zieht.

Die rund 200 km lange Inselkette der Lofoten ist durch den breiten Vestfjorden vom Festland getrennt und besteht aus den Hauptinseln Austvågøy, Vestvågøy, Flakstadøya und Moskenesøya. Die Inseln sind durch Brücken und einen mautpflichtigen Tunnel, der unter dem Meeresarm Nappstraumen verläuft, verbunden. Die gut ausgebaute Straße E10 durchzieht die Inselgruppe und erschließt die atemberaubende Schönheit dieser Landschaft.

Die Inselkette der Lofoten besteht aus geologisch sehr alten, vulkanischen Gesteinen des Kaledonischen Gebirges. Zu beiden Seiten der Gebirgskette ist das Land abgesunken, und die Gletscher schürften mächtige Kare in das harte Gestein und modellierten messerscharfe Einzelgipfel und glatte Felswände. Einen reizvol-

len Kontrast zu diesen Felsgiganten bilden die Ebenen der Küstenplattform mit malerischen Sandbuchten.

Die Lofoten waren schon den Wikingern im 11. Jahrhundert ein Begriff. Nicht wegen der großartigen Landschaft, sondern wegen des berühmten Lofotfischfanges. Der Hochseekabeljau zieht alljährlich vom Nördlichen Eismeer und der Barentssee in den Vestfjorden, um hier im Spätwinter zu laichen. Gegen Ende des 19. Jahrhunderts wurden während der Hauptfangsaison mehr als 30.000 Lofotfischer gezählt, und 1930 wurden als Rekordergebnis 140.000 t Kabeljau aus dem Meer geholt. Moderne Fangmethoden haben die Zahl der Fischer, aber auch die Erträge erheblich verringert. Ein Teil des Fanges wird heute noch auf riesigen Holzgestellen zu Stockfisch getrocknet.

Die Fischer lebten während der Fangsaison in kleinen, auf Holzpfählen am Ufer errichteten Hütten, den Rorbuer. Diese meist rot gestrichenen Holzhäuschen mit dem Boot vor der Haustür prägen das Landschaftsbild der Lofoten. Heute werden die meisten Rorbuer an Touristen vermietet und sind in der Hauptsaison meist ausgebucht.

Die Lofoten besitzen einen zwar kleinen, aber sehr rührigen Wanderverein, der einzelne Wege markiert hat. Einige Touren leiten hoch über dem Meer die Küste entlang, andere führen zu Gipfeln und Aussichtspunkten und vermitteln im wahrsten Sinne des Wortes atemberaubende Perspektiven.

96. Kolfjellet – leicht erreichbare Aussichtskanzel

Auf der Insel Moskenesøya verdichtet sich die urgewaltige Landschaft der Lofoten zu einem wohl einzigartigen Naturwunder. Die meisten berühmten Lofotenbilder sind hier entstanden. In dem Ort mit dem denkbar kürzesten Namen Å endet die Straße E10; der südlichste Zipfel der Insel ist nur mit dem Boot erreichbar. In Å ist das Fiskeværsmuseet, das norwegische Fischereisiedlungsmuseum, das 23 Gebäude aus dem 19. Jahrhundert umfaßt, die unter Denkmalschutz stehen, sehenswert. Die meist

Die Rorbuer, auf Holzpfählen ins Meer gebaute Holzhütten, wurden früher von den Fischern auf den Lofoten während des berühmten Kabeljaufanges im Spätwinter bewohnt. Heute sind sie begehrte Ferienhütten, vor allem auf der landschaftlich einzigartigen Lofoteninsel Moskenesøya.

In Hamnøy auf der Lofoteninsel Moskenesøya brüten die Dreizehenmöwen nur wenige Meter neben der Straße und auf den Fenstersimsen der Häuser.

Tour auf einen Blick

Zufahrt: Auf der Straße E10 nach Sørvagen auf der Lofoteninsel Moskenesøya.

Wegverlauf: Sørvagen (5 m) – Stuvdalsvatnet (80 m) – Kolfjellet (316 m), 1 Std.

Leichte Wanderung.

Karte: 1830 I Lofotodden.

rot gestrichenen Holzhäuschen beherbergen u. a. eine Bäckerei, einen Kaufladen, eine Schmiede, ein Gebetshaus und Rorbuer.

In unzähligen kleinen Inselchen und den Inseln Værøy und Røst, wo große Kolonien von Seevögeln brüten, setzt sich der Bergkamm der Lofoten gegen Süden fort. In den Sommermonaten verkehrt von Moskenes ein Fährschiff und von Å ein Schnellboot zu diesen Inseln. Brütende Dreizehenmöwen sind im Juni und Juli auch an der Südküste der Insel Moske-

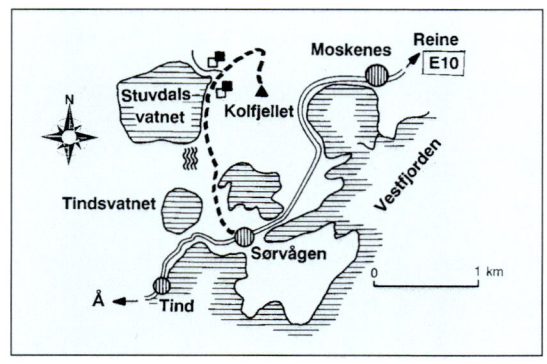

nesøya zu beobachten. Sie brüten bei Hamnøy in einem steilen Felsen direkt über und neben der Straße. Die auch nur halbwegs ebenen Nistplätze sind sehr rar und werden energisch verteidigt. Gut kann man das Begrüßungsritual des futterbringenden Altvogels beobachten und die lautstarke Aufforderung des brütenden Partners, das Futter auszuwürgen. Einige Paare errichten ihre Nester auch auf schmalen Fenstersimsen. Die Bewohner dulden es nicht ganz uneigennützig, denn Möweneier sind eine begehrte Delikatesse.

2 km nördlich von Å führt von dem Ort Sørvågen ein markierter Wanderweg auf das Kolfjellet, eine Aussichtskanzel mit prächtigem Blick hinunter zur Küste, zu der Vogelinsel Værøy und den monumentalen Felsgipfeln.

Wegbeschreibung:

Die Wanderung beginnt direkt an der Straße E10 in Meereshöhe und führt zunächst über flache, glattgeschliffene Felsplatten, vorbei an einem Wasserfall, über dem der eindrucksvolle Felsgipfel der Støvla aufragt. Nach einer Viertelstunde erreichen wir den See Stuvdalsvatnet in 80 m Höhe. Eine Tafel belehrt uns, daß es ein Trinkwassersee ist; jede Verunreinigung und auch das Schwimmen im See sind verboten. Das Schwimmverbot trifft hier wohl nur sehr abgehärtete Typen.

Der breit ausgetretene Weg führt am Ostufer des Sees entlang zu einigen Ferienhütten, bei denen der schmale, mit Steinmännern deutlich markierte Steig hinauf zum Kolfjellet abzweigt. Wir erreichen einen Sattel zwischen dem landseitig gelegenen Berg Kjølen und dem meerseitigen Kolfjellet, zwei vom Gletscher abgerundete, mit Flechten und Moosen überzogene Felsgipfel.

Ein Wegweiser zeigt, daß es geradeaus weiter nach Moskenes und rechts hinauf zum Kolfjellet geht. Wie auf einem Teppich erreichen wir nach einer Stunde die breite Kuppe des 316 m hohen Kolfjellet.

Beim Abstieg kann man vom Sattel den nahegelegenen Moskenesvatn, ebenfalls einen Trinkwassersee, besuchen.

97. Reinebringen – Lofoten aus der Vogelperspektive

Der kleine Fischerort Reine auf der Lofoteninsel Moskenesøya ist auf einer Halbinsel ins Meer hinausgebaut, eingebettet in eine monumentale Landschaft, die viele Maler inspirierte. Weit greifen die Fjordarme ins Lan-

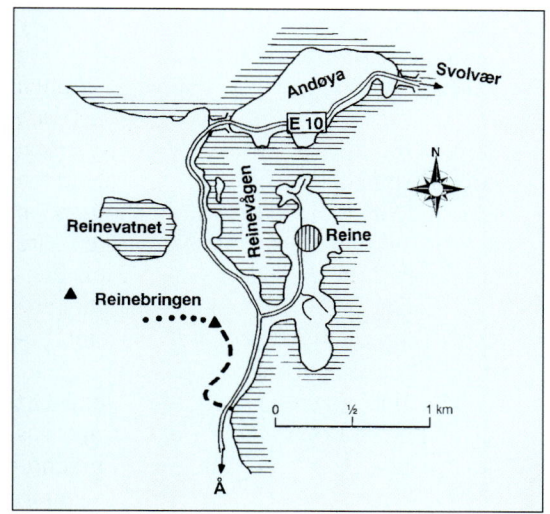

desinnere. Über ihnen ragen dunkle, glatte Felswände empor, tief ausgeschürfte Kare sind von Felsspitzen flankiert. Die Gletscher haben hier Landschaftsformen geschaffen, die man nie zuvor gesehen hat, die einen beim ersten Anblick in sprachloses Staunen versinken lassen. Südlich von Reine ragt die fast senkrechte Felswand des Reinebringen über der leuchtend blauen Meeresbucht des Reinevågen auf – ein Bild von faszinierender Schönheit. Das Bild wird noch großartiger, wenn man den Reinebringen ersteigt und aus der Vogelperspektive auf diese unglaubliche Landschaft hinunterblickt. Von Süden ist der Reinebringen über einen sehr steilen Grashang zu erreichen. Der Anstieg ist nur geübten und trittsicheren Bergsteigern mit Bergschuhen, die gute Profilsohlen haben, zu empfehlen. Er ist zwar technisch unschwierig, kann aber vor allem nach längerem Regen recht glitschig sein, so daß Stöcke sehr hilfreich sind.

Wegbeschreibung:

Der Steig beginnt direkt an der Straße E10 in Meereshöhe. Er leitet nicht markiert, aber erkennbar zunächst über einige kleine, bei Nässe rutschige Felsplatten und dann immer steiler werdend neben einem Rinnsal durch niedriges Buschwerk aufwärts. Die meisten Besucher benützen die wenigen Sträucher, um sich hinaufzuziehen.

Wir verlassen die schmierige Rinne, und ein gut ausgetretener Steig führt über den extrem steilen Wiesenhang in einen kleinen Sattel, wo sich urplötzlich eine atemberaubende Aussicht bietet. Zu unseren Füßen bricht lotrecht die Felswand des Reinebringen 400 m zum Meer ab. Häuser und Fischerboote von Reine wirken wie ein Spielzeughafen in einer grandiosen Umwelt. Felszacken, dunkle Felswände, Bilderbuchkare und Fjorde beherrschen das Bild.

Mit wenigen Schritten erreicht man über unschwierige Felsschrofen vom Sattel den meerseitigen, 448 m hohen Gipfel des Reinebringen, der eine noch umfassendere Aussicht bietet. Ein breiter felsiger Rücken zieht vom Sattel in entgegengesetzter Richtung zum 660 m hohen Hauptgipfel. Es lohnt sich, wenigstens ein kurzes Stück dem Steig zum Hauptgipfel zu folgen, bis man den zwischen mächtigen Felswänden eingebetteten Karsee Reinevatnet überblickt (1¼ Stunden insgesamt).

98. Solbjørnvatnet – See des „Sonnenbären"

Der Solbjørnvatnet, was wörtlich übersetzt „See des Sonnenbären" heißt, ist der größte See der Lofoten auf der Insel Moskenesøya. Er ist vom winzigen Fischerdorf Mølnarodden, das nur aus einigen Häusern und Gestellen zum Trocknen der Stockfische besteht, in einer einstündigen leichten Wanderung zu erreichen.
Berühmt ist die reiche Flora dieses Gebietes. Im Juni und Juli wandert man durch Orchideenwiesen, in denen vor allem das Gefleckte Knabenkraut auffällt. Die duftigen weißen Blüten der Moltebeere bilden ganze Teppiche, und die Gemsheide blüht an den Ufern des nur 81 m hoch gelegenen Solbjørnvatnet.

Wegbeschreibung:

Das winzige Fischerdorf Mølnarodden liegt an dem Kåkersundet, der die Inseln Moskenesøya und Flakstadøya trennt. Im kleinen Dorf steht dicht an der Straße E10 eine Informationstafel, auf der die Wanderwege der Insel Moskenesøya eingetragen sind und auch in deutscher Sprache ausgeführt ist, daß der Weg zum Solbjørnvatnet eine vielfältige Flora („Naturpfad") bietet.
Wir wandern über einen flachen Felsrücken durch blumenreiche Wiesen kurz aufwärts und erblicken einen schmalen Fjordarm. Dieser verengt sich auf wenige Meter und setzt sich in einem felsigen, schluchtartigen und trockenen Tal fort, denn das Wasser fließt durch ein Rohr, das ein kleines Kraftwerk antreibt.
Wir folgen diesem Tal schluchtaufwärts, vorbei an einem eindrucksvollen Strudeltopf und weniger eindrucksvollem Kraftwerksmüll auf deutlich sichtbarem Steig und erreichen einen kleinen Stausee, in dem das Wasserrohr verschwindet. Ein breites Felsband bringt uns zum Ufer des Solbjørnvatnet und nach einer Dreiviertelstunde stehen wir vor einer kleinen, rot gestrichenen, nicht bewirtschafteten Hütte, die

Tour auf einen Blick

Zufahrt: Auf der Straße E10 nach Reine auf der Lofoteninsel Moskenesøya.

Wegverlauf: Parkbucht an E10 bei Reine (8 m) – Reinebringen (448 m), 1¼ Std.

Unschwierige Bergtour, extrem steile Wiese, Trittsicherheit erforderlich.

Karte: 1830 I Lofotodden.

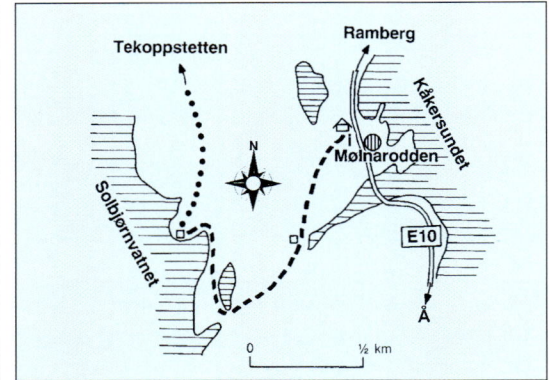

winzig in dieser monumentalen Landschaft wirkt. Noch großartiger wird der Blick, wenn man den nur 40 m über dem See liegenden Fjellriegel hinter der Hütte weglos in ca. 10 Minuten ersteigt. Als blau glitzerndes Juwel liegt der riesige See unter uns, eingefaßt von mächtigen Felsbergen, die bis weit in den Sommer hinein Schneereste tragen.

Tour auf einen Blick

Zufahrt: Auf der Straße E10 zum Fischerdorf Mølnarodden auf der Lofoteninsel Moskenesøya.

Wegverlauf: Mølnarodden (10 m) – See Solbjørnvatnet (81 m) – Fjellriegel über dem See (120 m), 1 Std.

Leichte Wanderung.

Karte: 1031 III Moskenesøya.

99. Moskenesøya – Traumstrände am offenen Meer

Den felsigen Bergkämmen der Lofoten ist gegen das Nordmeer eine sehr seichte Küstenplattform vorgelagert, und an den Nord- und Westküsten der Insel, die gegen das offene Meer gerichtet sind, liegen wunderschöne Sandbuchten. Der fast weiße Sand und das leuchtende blaue Wasser bilden einen fast unwirklichen Kontrast zu den schwarzen Felsgiganten. Karibik und dunkle Felswildnis begegnen sich hier.

Nur einige dieser Traumbuchten sind auf Straßen erreichbar. Aber in längeren oder in kürzeren Wanderungen kann man diese Buchten besuchen, einige sogar auf markierten Wegen. Unvergeßlich sind Wanderungen in der Zeit der Mitternachtssonne. Norweger nehmen

manchmal Schlafsäcke mit in die einsamen Sandbuchten und erleben das Schauspiel der Mitternachtssonne über dem offenen Meer. Wir haben es nachgemacht und in völliger Einsamkeit und Stille, die nur von dem sanften Geräusch der auflaufenden Wellen unterbrochen wurde, die Mitternachtssonne, die eine goldene Bahn über das ruhige Meer zog, erlebt. Vom Selfjorden, der die Lofoteninsel Moskenesøya im Nordosten begrenzt, sind zwei nach Norden offene Sandbuchten in einer längeren und kürzeren Wanderung zu erreichen.

a) Kvalvika

Die Wanderung beginnt am Selfjorden in Meereshöhe, führt über die Wasserscheide eines Tales und endet an der offenen Meeresküste bei der einsamen Sandbucht Kvalvika. Man erreicht nur eine maximale Höhe von 100 m bei dieser etwa 1³/₄ Stunden dauernden Wande-

rung und hat doch den Eindruck, wie im Hochgebirge durch ein wildes Felsental zu wandern.

Wegbeschreibung:

Von Finnbyen, südlich von Ramberg an der E10 gelegen, erreicht man über zwei elegante Bogenbrücken den Ort Fredvang am Nordzipfel der Insel Moskenesøya und auf einer einsamen Straße den nur aus wenigen Häusern bestehenden Weiler Marka am Selfjorden. Hier öffnet sich ein breites Tal gegen Norden. Der mit Steinmännern markierte, immer deutlich sichtbare Steig bringt uns durch teils mooriges Gelände zum großen See Markavatnet. Durch ein Trümmerfeld riesiger Steinblöcke, auf und zwischen denen sich eine üppige Vegetation mit malerisch verkrüppelten Birken angesiedelt hat, folgen wir dem Ostufer des Sees. Leicht ansteigend erreichen wir eine offene, kleine Steinhütte auf einer Almwiese und wandern über einen weichen Teppich aus Moosen,

Blick vom Reinebringen auf der Lofoteninsel Moskenesøya in die urgewaltige Landschaft. Zu dem kleinen Ort Reine bricht der Berg mit einer fast senkrechten Wand ab, aber von der Rückseite ist er über einen steilen Grashang ersteigbar.

Tour auf einen Blick

a) Kvalvika

Zufahrt: Von der E10 bei Finnbyen (südlich von Ramberg) nach Fredvang und Marka am Selfjorden.

Wegverlauf: Marka (10 m) – Wasserscheide (ca. 100 m) – Kvalvika-Strand (0 m), $1^3/_4$ Std.

b) Mulstøa

Zufahrt: Wie bei a) nach Fredvang und dann nördlich nach Ytresand.

Wegverlauf: Straßenende (Wendeplatz) bei Ytresand (5 m) – Sandbucht Mulstøa (0 m), $^1/_2$ Std.

Leichte Wanderungen.

Karte: 1031 III Moskenesøya.

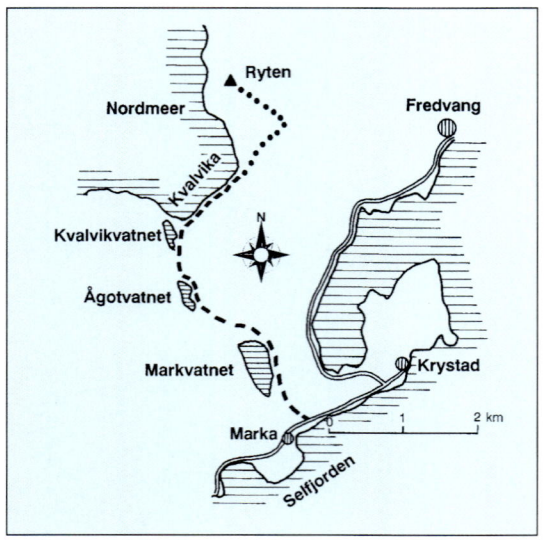

Flechten und Beerensträuchern zur Wasserscheide. Der Schwedische Hartriegel bildet im Juni weiße Blütenmeere und im Herbst eine Farborgie aus feuerroten Beeren und rot-violetten Blättern.

Das Tal wird enger, die Felswände brechen steil zum See Ågotvatnet ab. In dem wilden, fast schluchtartigen Tal verläuft der Steig wenige Meter oberhalb des Sees. Bis in den Sommer hinein sind hier Schneefelder zu queren. Wir steigen nochmals kurz an und haben plötzlich freien Blick zum offenen Meer. Unter uns liegen der See Kvalvikvatnet und die erste Sandbucht. Etwa $1^1/_4$ Stunden sind wir bis zu diesem in 100 m Höhe liegenden felsigen Sattel gewandert. Der Kvalvikvatnet ist im Abstieg rasch erreicht. Noch eine Viertelstunde folgen wir der Küste, um zur Traumbucht Kvalvika zu gelangen. Von dort kann man weglos, aber unschwierig in $1^1/_2$ Stunden den 540 m hohen Berg Ryten ersteigen (Variante), der mit einer Felswand zum Meer abbricht.

b) Mulstøa

Es ist nur eine winzige Sandbucht am offenen Nordmeer, aber dafür kann man sie in einer halben Stunde auf ebenem Weg erreichen, und sie bietet Kurzentschlossenen bei plötzlichem Aufklaren sehr schnell das Erlebnis der Mitternachtssonne. Als wir einmal im Juni kurz vor Mitternacht zur Bucht kamen, vertrieben wir unbeabsichtigt einen ganzen Schwarm Eiderenten, die mit ihrem schwarzweißen Gefieder besonders auffallend sind.

Wegbeschreibung:

Wir fahren, wie oben unter „Kvalvika" beschrieben, nach Fredvang und weiter zum winzigen Ort Ytresand, der, wie schon der Name sagt, an einer riesigen Sandbucht liegt, wo man fast immer Vögel, vor allem Austernfischer, beobachten kann. Am Wendeplatz am Ende der Straße beginnt die Wanderung der Küste entlang auf einem alten, einst mit viel Mühe gebauten, verwachsenen Fahrweg. Bald ist der Nordostzipfel der Insel Moskenesøya erreicht. Wir folgen kurz der Nordküste und erblicken plötzlich vor uns ein idyllisches Plätzchen. Eine kleine Sandbucht, dahinter eine Wiese mit riesigen Steinbrocken und einer kleinen Fischerhütte. In der Wiese leuchten rosarote Polster des Stengellosen Leimkrautes. Diese Hochgebirgspflanze an der Meeresküste zu entdecken, erinnert daran, wie hoch im Norden wir uns befinden.

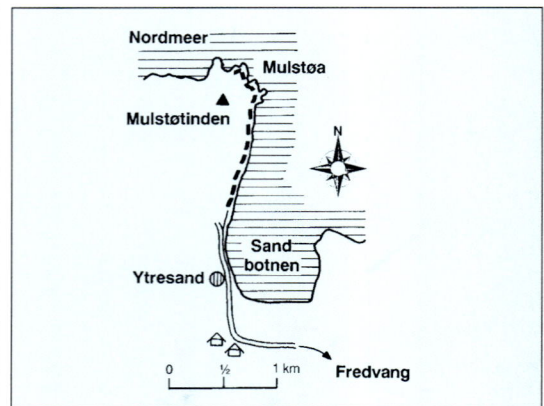

100. Mosestinden – höchster, leicht erreichbarer Lofotengipfel

Über einen Mangel an attraktiven Bergzielen muß man auf den Lofoten nicht klagen. Die überwiegende Zahl der eleganten Felsspitzen ist allerdings Kletterern oder zumindest versierten Bergsteigern vorbehalten. Ein Problem stellen die Moose und Flechten dar, die die glattgeschliffenen Felsen überziehen und extrem rutschig sein können. Aber ein Gipfel, der Mosestinden auf der Insel Flakstadøya, ist von jedem Bergsteiger auf einem zwar spärlich, aber bei guter Sicht ausreichend markierten Steig leicht zu erreichen.

Die Bergtour beginnt in dem traditionsreichen Fischerdorf Nusfjord, in dem einige alte Hafengebäude und Fischerunterkünfte, die Rorbuer, unter Schutz gestellt und in die UNESCO-Liste der erhaltenswerten Kulturdenkmäler aufgenommen wurden. Die alten, meist rot gestrichenen Häuser sind verwachsen mit einer urgewaltigen Landschaft. Mächtige Felswände flankieren den schmalen Nusfjorden. Die Rorbuer sind teilweise über dem

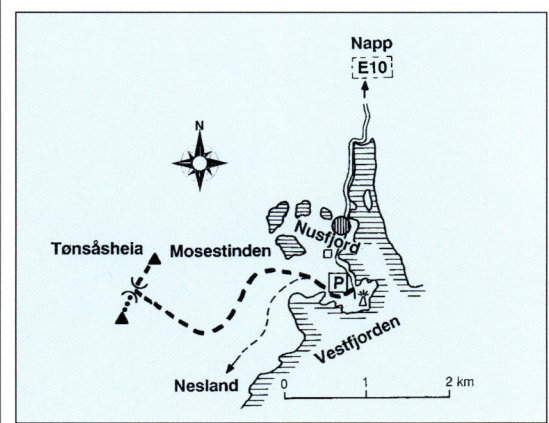

Meer an die Felswände gebaut, Möwen brüten auf den Felsen mitten in dem winzigen Hafen. Der teilweise helle Grund des Fjordes läßt das Wasser wie einen Saphir leuchten.

Wegbeschreibung:

Auf Meeresniveau im stillen Fischerdorf Nusfjord beginnt unsere Wanderung; über uns erblicken wir die elegante Felsspitze des Mosestinden, der genaugenommen nur ein Vorgipfel der Tønsåsheia ist, auf die unser Weg führt. Wir steigen über einen bewachsenen Felsriegel an. Unzählige Heidel-, Preisel- und Moltebeersträucher säumen im Herbst den Weg.

Wir queren unter dem Felsaufschwung des Mosestinden und wandern über grasiges Gelände, in dem viele aus den Alpen bekannte Blumen blühen. Mit jedem Schritt wird die Aussicht prächtiger. Rechts öffnet sich ein ge-

waltiges Kar, zu dem glattgeschliffene Wände wie Riesenrutschbahnen abbrechen. Wie Spielzeug verlieren sich die wenigen Häuser am Nusfjorden. Abgerundete Felsbuckel glänzen am Ufer und bilden den Übergang zum silbrigen Meer.

Die einsame Sandbucht Kvalvika, an der Nordmeerküste der Lofoteninsel Moskenesøya, ist ein lohnendes Tourenziel. Der Berg Ryten, rechts im Bild, bietet eine weite Aussicht.

Tour auf einen Blick

Zufahrt: Von der E10 auf der Lofoteninsel Flakstadøya zum Fischerdorf Nusfjord.

Wegverlauf: Nusfjord (2 m) – Mosestinden (769 m), 2 Std.

Leichte Bergtour.

Karte: 1031 II Leknes.

Wir erreichen, einigen Steinmännern folgend, den breiten Rücken, der vom Mosestinden (Tønsåsheia) herabzieht, und wandern über Polster aus Gemsheide, Flechten und Moosen in knapp 2 Stunden zum 769 m hohen Gipfel. Die Höhenangabe kann kaum beeindrucken, aber die Aussicht von diesem Gipfel braucht einen Vergleich mit dem Blick von den höchsten Bergen unserer Alpen nicht zu scheuen. Auf kleinstem Raum wechseln tief eingeschnittene Fjorde und Karseen mit fast senkrecht darüber aufragenden Felsspitzen. Bis weit in den Sommer leuchtet Schnee auf den Bergen. Flechten verleihen den dunklen Felsen einen grau-grünen Schimmer, und erst im Herbst überzieht ein Hauch von gelb-grüner Farbe die dunklen Wände und läßt sie freundlicher erscheinen. Eine Landschaft von solcher Intensität und Vielfalt auf engstem Raum erlebt man selten.

Die alten Hafengebäude in dem traditionsreichen Fischerdorf Nusfjord auf der Lofoteninsel Flakstadøya wurden in die UNESCO-Liste der erhaltenswerten Kulturdenkmäler aufgenommen.

101. Der Flakstad-Pfad – Küstenwanderung hoch über den Nappstraumen und Vestfjorden

Die Lofoteninsel Flakstadøya wird durch den Nappstraumen von der viel größeren Insel Vestvågøy getrennt. Die Straße E10 verbindet die Inseln durch einen Tunnel, der unter dem Nappstraumen hindurchführt. In Napp, beim westlichen Ende der Tunnelröhre, beginnt ein alter Fischerweg, der Flakstad-Pfad („flakstadstien"), der über Kilan und Nusfjord nach Nesland führt und die kulturell interessanten Gebiete der Insel Flakstadøya berührt.
Das landschaftlich schönste und meistbegangene Teilstück des Weges führt hoch über den Vestfjorden mit schöner Aussicht von Nusfjord nach Nesland.

a) Von Nusfjord nach Nesland – eine Küstenwanderung

Der Weg beginnt auf Meeresniveau im malerischen Fischerdorf Nusfjord (s. S. 178) und führt der Küste des Vestfjorden entlang zu dem nur aus einigen Häusern bestehenden Fischerdorf Nesland. Da die Küste stellenweise mit steilem Fels zum Meer abbricht, muß man vom Meeresniveau einige Male auf- und absteigen, maximal bis 120 m Höhe. Einige rote T, rote Farbkleckse und Steinmänner markieren den Weg bei guter Sicht ausreichend.

Wegbeschreibung:

Wir wandern, begleitet von einigen Ebereschen und angepflanzten Fichten, eine Rarität auf den fast baumlosen Lofoteninseln, gegen den Leuchtturm am Ausgang des Nusfjorden zu. Hier beginnt der Weg parallel zur Küste teils durch mooriges Gelände anzusteigen. Über der Bucht von Lyrvika liegt der steilste Teil des Weges, der durch eine schottrige Rinne aufwärts zu einem prächtigen Aussichtsplatz führt. Wie die riesigen grauen Körper von Walen tauchen die Schären aus dem Meer, und der Blick schweift an klaren Tagen bis zur zackigen Bergsilhouette des Festlandes.

Im Zickzack geht es wieder abwärts über Schuttbänder zu einer Wiesenmulde mit einigen Birken. Wir queren über eine schräge Felsplatte und erblicken unter uns die wildzerrissene Felsnase des Hessurdholman. Auf und ab, Felsnasen umgehend, zwischen riesigen Blöcken und Wiesenmulden schlängelt sich der Weg der Küste entlang, an der oft Seeadler ihre Kreise ziehen. Ein Schneehase hoppelte rasch davon; Anfang Juni waren Bauch, Pfoten und Ohren noch weiß. Erika, Wacholder, Moose und Farne dominieren; das Alpenfettkraut kommt mit dem mageren Boden gut zurecht, da es zur Not mit einem klebrigen Sekret auch Mücken fangen und so den Speisezettel bereichern kann.

Nach einer Stunde Gehzeit führt der Weg hinunter zur Küste in eine kleine Bucht, steigt wieder an und führt jetzt als fast ebener Spazierweg über dem Meer nach Nesland, dem Ziel der 1½stündigen Wanderung.

b) Von Nusfjord nach Kilan – wo die Lachse herkommen

Wegbeschreibung:

Von Nusfjord zieht der Flakstad-Pfad nach Norden. Das erste Teilstück bis Kilan ist viel begangen und teilweise markiert. Man folgt zunächst der Straße ca. 2,3 km nach Norden,

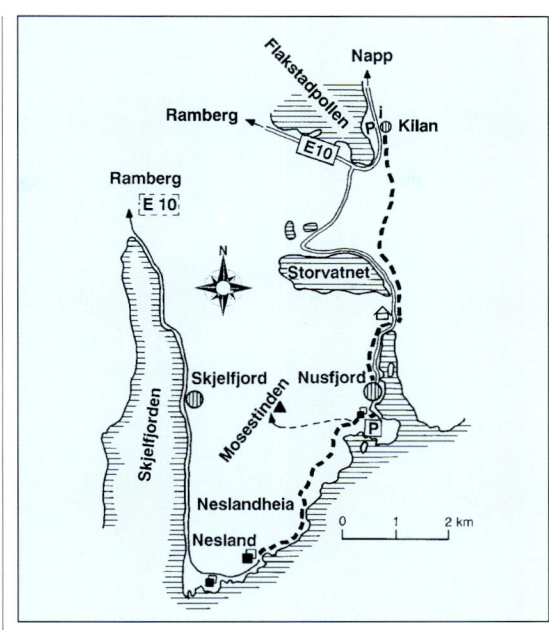

den immer schmäler werdenden, von glattpolierten, senkrechten Felsplatten begrenzten Fjord entlang.

Bald erreicht man die riesige Lachszuchtfarm, wo die jungen Lachse in Bottichen herangezogen werden, um dann in Netzkäfigen, die im Meer hängen, ausgesetzt zu werden. Auch im Nusfjorden hängen einige kreisrunde Käfige. Zur Fütterung der Lachse fährt alle paar Stunden ein Mann mit dem Motorboot hinaus. Hinter der Lachszuchtfarm zweigt der Wanderweg von der Straße ab. Wir steigen rund 120 m zu einem Kamm auf und genießen ein kontrastreiches Panorama. Gegen Süden überblicken wir den engen Nusfjorden, und unter uns liegt der See Storvatnet, von dem das Süßwasser zur Aufzucht der Lachse in dicken Schläuchen zur Farm geleitet wird. Über dem See ragt der Stjerntinden auf, der in einer monumentalen Arena aus polierten Felsplatten zum Tal abbricht. Gegen Norden öffnet sich der Blick zu der seichten Meeresbucht Flakstadpollen – bei Flut ein grün schimmerndes, von weißen Stränden gesäumtes Juwel. Bei Ebbe fallen große Küstenstreifen trocken und locken viele Vögel an, die Kleintiere aus dem Sand und Schlamm picken.

Beim Abstieg erreichen wir nach etwa 2stündiger Wanderung einen Parkplatz mit Informationstafel an der Straße E10 bei dem winzigen Dorf Kilan.

c) Von Kilan nach Napp

Auf dem oben erwähnten Parkplatz bei Kilan beginnt der letzte Wegabschnitt des Flakstad-Pfades, für den man mindestens 5 bis 6 Stunden einplanen sollte. Der 13 km lange Weg ist

Tour auf einen Blick

a) Nusfjord – Nesland

Zufahrt: Wie bei Tour Nr. 124 nach Nusfjord.

Wegverlauf: Nusfjord (2 m) – Küstenwanderung mit Auf- und Abstiegen (ca. 220 m) – Nesland (5 m), 1½ Std.

b) Nusfjord – Kilan

Zufahrt: Wie bei a).

Wegverlauf: Nusfjord (2 m) – Bergrücken (ca. 140 m) – Kilan an E10 (5 m), 2 Std.

c) Napp – Andopen

Zufahrt: Auf E10 nach Napp auf der Lofoteninsel Flakstadøya.

Wegverlauf: Napp (2 m) – Andopen (10 m), 1½ Std.

Leichte Wanderungen.

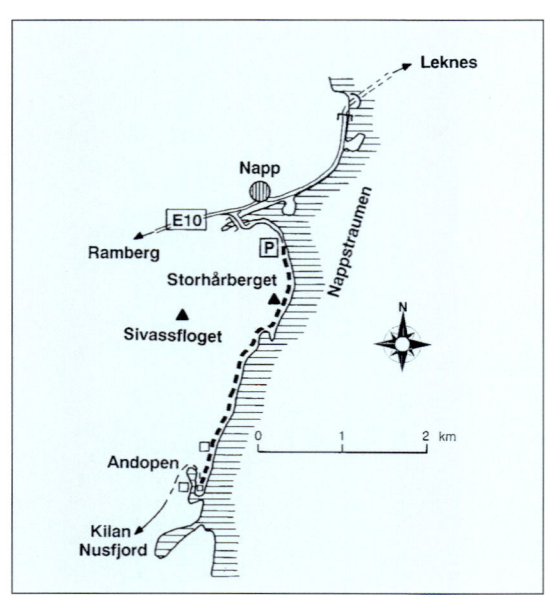

Der Gegensatz zwischen dunklen Felsbergen und leuchtend blauen Meeresbuchten verleiht den Lofoten einen eigenen Reiz (Insel Vestvågøy).

Wegbeschreibung:

Der Weg durchquert das Landesinnere und erreicht den Nappstraumen, der, wie schon der Name sagt, an der Engstelle bei Napp während des Gezeitenwechsels eine starke Strömung zeigt, denn ein Teil des Wasseraustausches zwischen dem Vestfjorden und dem offenen Meer erfolgt durch diesen Meeresarm.

Der „flakstadstien" folgt der Küste des Nappstraumen und passiert die steinzeitliche Wohnhöhle Storbåthalleren. Die hier gefundenen 6000 Jahre alten Geräte sind im Museum in Tromsø zu sehen. Vorbei an den verlassenen Häusern von Andopen und Hårberget erreichen wir Napp an der E10.

Als Familienwanderung sehr gut geeignet ist der letzte Streckenabschnitt. Von Napp aus wandern wir rund $1^1/_2$ Stunden bis Andopen, je nach Gelände direkt am Ufer oder etwas oberhalb des Nappstraumen. Menschen wird man selten begegnen, aber immer Schafen, die dafür sorgen, daß der Steig gut ausgetreten ist. Bis Andopen gibt es auch Stege über die Bäche.

zwar mit Farbklecksen markiert, aber vor allem im Frühsommer sind Bäche mit hohem Wasserstand zu queren, so daß diese Tour als allgemeiner Wanderweg nicht unbedingt zu empfehlen ist.

Tourenübersicht

Die vorgeschlagenen Touren sind in zwei Gruppen gegliedert:
1. Wanderungen im leichten Gelände mit geringem Höhenunterschied (bis maximal 700 m) und kürzeren Wegstrecken.
2. Bergtouren in alpinem Gelände.
Für jede Tour ist die durchschnittliche Gehzeit (Anstiegszeit) und bei Rundtouren die Gesamtgehzeit (G) angeführt.
Angegeben ist außerdem die gesamte Höhendifferenz. V nach der Tourennummer kennzeichnet eine Tourenvariante.

1. Wanderungen

Seite	Tour		Gehzeit in Stunden	Höhen-differenz in Meter	Charakterisierung
35	2	Prekestolen	$1^3/4$	400	Gipfel, leicht, gut markiert
39	4	Gaustatoppen	2	660	Gipfel, leicht, gut markiert
41	5	Lågen	$1/2$ (G)	80	Rundweg, Spazierweg, Naturlehrpfad
42	6	Jonsknuten	$1/2$	180	Gipfel, leicht, viel begangen
44	7	Andersnatten	1	320	Gipfel, leicht
48	9	Kalhovd	1	240	Gipfel (Mårsbrotet), leicht
49	10	Sedalsbrotet	2	300	leicht, Gipfelanstieg weglos, teils moorig
49	11	Vøringsfossen	$1/2$	100	Talwanderung, leicht, viel begangen
51	12	Viveli	2	300	Tal- und Höhenwanderung, leicht, teils moorig
54	14	Reinsnosvatnet	$3/4$	100	Seewanderung, leicht, teils unmarkiert
59	17	Feigum-Wasserfall	$1/2$	200	Fuß des Wasserfalles, leicht
63	20	Raudberget	2	220	Gipfel, leicht, teils unmarkiert
64	21	Ottadalen	2	200	kurze Talwanderungen, Höhenwanderung, leicht
65	22a	Panoramaweg Adlerkurve	$1^1/4$	400	Höhenwanderung, leicht, Bachdurchquerung u.U. schwierig
66	22c	Storseterfossen	$3/4$	220	Wanderung zu Wasserfall, leicht
67	23	Insel Runde	2	210	Plateauwanderung, leicht, Vogelfelsen
70	24	Ålesund	$1/2$	180	Treppenweg, Spaziergang
71	25	Peer Gynt veien	$1^1/4$	50	Höhenwanderung, leicht
71	25a	See Furusjøen	1–3	20	Seeuferwanderung, leicht; ev. mit Bootsfahrt
72	25b	Hovdepiggen	$1/4$	100	Gipfel, leicht
72	25c	Nordre Geitberget	1	310	Gipfel, leicht
23	26a	Tørrisknattane	$1^1/4$	280	Gipfel, leicht
74	26b	Ormtjørnskampen	1	290	Gipfel, unschwierig, unmarkiert
77	28a	Buhø	$1/2$	150	Gipfel, leicht, weglos
80	31	Bygdin-See	$3^1/2$	60	Seeuferwanderung, leicht
82	32	Nedre Leirungen	2 (G)	20	Seeuferwanderung, leicht, Rundtour
87	35	Besstrondfjellet	$1/2$	180	Wanderung zu Moorsee, leicht
88	36	Stuttgonglia	$2^1/2$ (G)	50	Naturlehrpfad, leicht
88	37	Sjodalen	$1/4$	–	Kurzwanderungen, leicht

Seite	Tour		Gehzeit in Stunden	Höhen-differenz in Meter	Charakterisierung
89	38a	Glitterheim	$1^1/_2$	90	Fahrweg
91	39a	Prestesteinshøgda	$^1/_2$	190	Gipfel, leicht, unmarkiert
91	39b	Krosshø • Bøvertun	$1^1/_4$ • 4	360	Gipfel • Höhenwanderung, leicht
92	39c	Fannaråkbreen	$1^1/_2$	20	Höhenwanderung zu Gletscher, leicht
93	41a	Vettisfossen	$1^1/_2$	250	Wanderung zu Wasserfall, leicht
94	41b	Vettismorki	2	580	Aufstieg zu Hochebene, leicht
94	41c	Avdalen	$^3/_4$	280	Wanderung zu Bergbauernhof, leicht
101	46	Bergsetbreen	$1^1/_4$	120	Talwanderung zu Gletscher, leicht
103	47	Nigardsbreen	1	140	Talwanderung zu Gletscher, unschwierig
104	48	Tungestølen	$1^1/_2$	150	Talwanderung zu Gletscher, leicht
106	50	Brigsdalsbreen	1	200	Talwanderung zu Gletscher, leicht
108	51a	Bødalseter	1	120	Talwanderung zu Gletscher, leicht
108	51b	Kjenndallsbreen	$^1/_2$ • $1^1/_2$	160 • 210	Talwanderung zu Gletscher, leicht
110	53	Maihaugen	2	40	Freilichtmuseum
111	54	Neverfjellet	$1^1/_4$	270	Gipfel, leicht
114	56	Rondvassbu	$1^1/_2$	90	Hüttenwanderung, Fahrweg
116	56V	Rondvassbu (Rørosveien)	$5^3/_4$ (G)	250	Rundweg über Hochfläche, leicht
119	59	Store Ula	2	180	Flußwanderung, leicht
121	60	Kvitskriuprestene	$^1/_4$	60	Aufstieg zu Erdpyramiden, leicht
123	61a	Peer Gynthytta	1 • $2^1/_2$	160 • 310	Hüttenwanderung, leicht • ab Smuksjøseter
126	63	Tal der Atna	2	150	Hüttenwanderung, Fahrweg
128	64a	Rondvatnet	3	180	Talwanderung, leicht
130	65a	Skranglehaugan	$^1/_2$	40	Wanderung zu Toteislöchern, leicht
134	68a	Vårstigen	$1^1/_2$	100	alter Königsweg, leicht
135	69	Fokstumyra	2 (G)	20	Rundweg, leicht, Vogelschutzreservat
135	70	Falketind	2	740	Gipfel, leicht
135	71	Knutshøa	$2^1/_4$	790	Gipfel, leicht
139	73a	Gjevilvatnet	2	50	Seeuferwanderung, leicht
141	74	Jøldalshytta	$1^1/_2$	50	Hochfläche, teils moorig, leicht (Jøldalsh. $2^1/_2$ Std.)
141	75a	Gråsjøen	1	30	Seeuferwanderung, leicht (Trollheimsh. $4^1/_2$ Std.)
142	76a	Innerdalen	1	150	Hüttenwanderung, Fahrweg
145	77	Reinsvatnet	$1^1/_2$	30	Seeuferwanderung, leicht
146	78	Trollstigen, Paßhöhe	$1^1/_2$	170	alter Saumpfad, leicht
147	79a	Bispevatnet	$^3/_4$	300	Aufstieg zu Bergsee, leicht, unmarkiert
153	82a	Familienpark Trones	2	10	Besuch der Tiergehege
153	82b	Namskogan	$^1/_4$	10	Naturlehrpfad
153	83	Simskarhytta	1	90	Talwanderung, leicht, unmark. (Simskarvatn 3 Std.)
154	84	Leirskardalen	$2^1/_2$	360	Tal- und Höhenwanderung, leicht
157	86	Austerdalsisen	$^3/_4$	130	Wanderung zu Gletscher, leicht

Seite	Tour		Gehzeit in Stunden	Höhen-differenz in Meter	Charakterisierung
159	87	Stormdalen	1–3	170	Talwanderung, teils moorig, leicht
159	88	Junkerdalen	1	290	Höhenwanderung, leicht (Lønsdal 4 Std.)
164	90b	Tysfjorden	$^3/_4$	30	Küstenwanderung, leicht
164	90c	Herøyvatnet	$^1/_2$	150	Höhenwanderung, leicht
164	90c	Korsnesheia	1	330	Gipfel, leicht, teils unmarkiert
164	90V	Moldvika	1	160	Küsten- und Höhenwanderung, leicht, unmarkiert
165	92	Engabreen	$1^1/_4$	50	Wanderung zu Gletscher, leicht
168	93	Falkflåget	$1^1/_2$	190	See- und Talwanderung, leicht
173	96	Kolfjellet	1	310	Gipfel, leicht
175	98	Solbjørnvatnet	1	120	Aufstieg zu See, leicht
176	99a	Kvalvika	$1^3/_4$	100	Tal- und Küstenwanderung, leicht
178	99b	Mulstøa	$^1/_2$	20	Küstenwanderung, leicht
180	101a	Nusfjord – Nesland	$1^1/_2$	220	Küstenwanderung, leicht
181	101b	Nusfjord – Kilan	2	140	Fjord- und Höhenwanderung, leicht
181	101c	Napp – Andopen	$1^1/_2$	30	Küstenwanderung, leicht
183	102	Eggum	$2^1/_4$	60	Küstenwanderung, leicht

2. Bergtouren

Seite	Tour		Gehzeit in Stunden	Höhen-differenz in Meter	Charakterisierung
37	3	Svarvarnuten	$2^1/_2$	710	Gipfel, leicht, teils unmarkiert
48	9	Kalhovd	6	340	Gipfel und Höhenwanderung zur Hütte Mårbu, leicht, teils moorig, Rückfahrt mit Boot
53	13	Husedalen	$2^1/_2$	800	Tal- und Höhenwanderung, leicht
55	15	Nasafjellet	2	760	Gipfel, leicht, unmarkiert
60	18	Nosi	2	800	Aussichtskanzel, leicht
66	22b	Preikestolen	2	540	Aussichtskanzel, leicht
75	27	Skaget	$1^1/_2$	560	Gipfel, leicht, unmarkiert, viel begangen
78	28b	Oskampen	$2^1/_2$	500	Gipfel, leicht, teils unmarkiert
78	28c	Vangstulkampen	$3^3/_4$	620	Gipfel, leicht
79	30	Synshorn	$1^1/_4$	410	Gipfel, leicht
83	33a	Besseggengrat	5	910	Gipfel- und Gratwanderung, leicht
85	33b	Memurubu – Gjendebu	5	660	Höhenwanderung, leicht, teils gesichert
85	33V	Russvatnet	3	370	Höhenwanderung, leicht
85	34	Sikkilsdalshø	3	810	Gipfel, leicht
85	34V	Sikkillsdalsseter	11 (G)	940	Gipfel und Hütte, Rundtour, leicht

Seite	Tour		Gehzeit in Stunden	Höhen-differenz in Meter	Charakterisierung
89	38b	Glittertind	$4^{1}/_{2}$	1360	Gipfel, mäßig schwierig, teils Gletscher (ab Glitterheim 3 Std.)
90	38c	Austre Hestlagerhø	$3^{1}/_{2}$	660	Gipfel, leicht, teils unmarkiert (ab Glitterheim 2 Std.)
92	40	Fannaråken	$3^{1}/_{2}$	1120	Gipfel, leicht, oft Schneefelder
95	42a	Kyrkjeglupen	$1^{1}/_{2}$	100	Talwanderung, leicht, oft Schneefelder
96	42b	Høgvaglen	1	120	Höhenwanderung, leicht, oft Schneefelder
96	42b	Hütte Olavsbu	4	270	Höhenwanderung, leicht, oft Schneefelder
97	43	Galdhøppigen	$2^{1}/_{2}$	630	Gletschertour; Gletschererfahrung oder geführte Tour
98	44	Spiterstulen	5	430	Talwanderung, leicht, oft Schneefelder
104	49	Marabreen	$2^{3}/_{4}$	900	Aufstieg zu Gletscher, unschwierig, teils gesichert, Trittsicherheit und Schwindelfreiheit erforderlich
107	50V	Kattanakken	2	700	Aufstieg gegen Gletscher, mäßig schwierig
116	57a	Storronden	4	1060	Gipfel, leicht (ab Hütte Rondvassbu $2^{1}/_{2}$ Std.)
117	57b	Rondslottet	6	1240	Gipfel, mäßig schwierig, Blockwerk, (ab Hütte Rondvassbu $4^{1}/_{2}$ Std.)
119	58	Veslesmeden	$4^{1}/_{2}$	840	Gipfel, leicht; Blockwerk (ab Hütte Rondvassbu 3 Std.)
124	61b	Bråkdalsbelgen	$3^{1}/_{4}$	940	Gipfel, leicht
125	62	Muen	1	370	Gipfel, leicht, Blockwerk
129	64b	Rondhalsen	5	600	Hüttenübergang, leicht
130	65b	Høgronden	$4^{1}/_{2}$	1060	Gipfel, unschwierig, Bäche zu durchwaten
131	66	Stygghøin	$1^{3}/_{4}$	580	Gipfel, leicht, teils unmarkiert
140	73b	See Kamtjørnin	3	500	Hüttenübergang, leicht
141	75b	Snota	$5^{1}/_{2}$	1220	Gipfel, unschwierig, Firnfelder
144	76b	Gilkingdalsvatnet	$2^{1}/_{2}$	480	Tal- und Seewanderung, leicht
146	78	Trollstigen	3	650	Trollstigen (Klövstien), teils gesichert, leicht
149	79b	Bispen	2	760	Gipfel, unschwierig, einige leichte Kletterstellen
149	80a	Trolltindane	$2^{1}/_{2}$	840	Aussichtspunkt, leicht, Firn- und Blockfelder, spärlich markiert
150	80b	Breidtind	$3^{1}/_{4}$	1100	Gipfel, leicht, Firn- und Blockfelder, teils unmarkiert
157	86V	Austerdalsisen	$1^{3}/_{4}$	530	Felsrücken, leicht, kaum markiert
161	89	Storskogvatnet	$3^{3}/_{4}$	250	Tal- und Höhenwanderung, leicht
167	92b	Storglomvatnet	1	320	Bergrücken, leicht, unmarkiert, Fluß zu durchwaten
171	94b	Alta-Canyon	$2^{1}/_{2}$	100	Plateauwanderung, leicht, Bäche zu durchwaten, spärlich markiert
174	97	Reinebringen	$1^{1}/_{4}$	440	Gipfel, unschwierig, extrem steile Wiese, Trittsicherheit erforderlich
178	100	Mosestinden	2	770	Gipfel, leicht

Pflanzen

deutscher Name / *lateinischer Name*

Alantdistel / *Cirsium heterophyllum*
Alpenazalee, Gemsheide / *Loiseleuria decumbens*
Alpenbärentraube / *Arctostaphilos alpinus*
Alpenkatzenpfötchen / *Antennaria alpina*
Alpenmilchlattich / *Cicerbita alpina*
Alpenpechnelke / *Viscaria alpina*
Alpensäuerling / *Oxyria digyna*
Alpenstragel / *Astragalus alpinus*
Alpenscharte / *Saussurea alpina*
Bärenlauch / *Allium ursinum*
Behaarter Mauerpfeffer / *Sedum villosum*
Blauheide / *Phyllodoce caerulea*
Buschwindröschen / *Anemone nemorosa*
Crantz' Fingerkraut / *Potentilla crantzii*
Echtes Mädesüß / *Filipendula ulmaria*
Einköpfiges Berufskraut / *Erigeron uniflorus*
Europäischer Siebenstern / *Trientalis europaeus*
Feldenzian / *Gentiana campestris*
Felsenehrenpreis / *Veronica fruticans*
Fettblattsteinbrech / *Saxifraga cotyledon*
Fetthennensteinbrech / *Saxifraga aizoides*
Fieberklee / *Menyanthes trifoliata*
Fjellbirke / *Betula tortuosa*
Fleischfarbenes Knabenkraut / *Dactylorhiza incarnata*
Frühlingsanemone / *Anemone vernalis*
Geflecktes Knabenkraut / *Dactylorhiza maculata*
Gelbe Schwertlilie / *Iris pseudacorus*
Gelbe Teichrose / *Nuphar lutea*
Gemeine Pechnelke / *Lychnis viscaria*

Gemeines Fettkraut / *Pinguicula vulgaris*
Gemsheide, Alpenazalee / *Loiseleuria procumbens*
Gletscherhahnenfuß / *Ranunculus glacialis*
Grüne Hohlzunge / *Coeloglossum viride*
Heidekraut / *Calluna vulgaris*
Heidelbeere, Blaubeere / *Vaccinium myrtillus*
Heidewacholder / *Juniperus communis*
Karlszepter / *Pedicularis sceptrum-carolinum*
Kleiner Klappertopf / *Rhinanthus minor*
Kleines Wintergrün / *Pyrola minor*
Krautweide / *Salix herbacea*
Lappländischer Rhododendron / *Rhododendron lapponicum*
Lappländisches Läusekraut / *Pedicularis lapponica*
Löwenzahn / *Taraxacum officinale*
Maiglöckchen / *Convallaria majalis*
Moltebeere / *Rubus chamaemorus*
Moosglöckchen / *Linnaea borealis*
Moosheide / *Cassiope hypnoides*
Nordischer Hahnenfuß / *Ranunculus hyperboreus*
Nordischer Wickenstragel / *Astragalus lapponica*
Nordlandmohn / *Papaver radicatum*
Nördlicher Eisenhut / *Aconitum septentrionale*
Norwegischer Beifuß / *Artemisia norvegica*
Norwegisches Ruhrkraut / *Gnaphalium norvegicum*
Norwegisches Wintergrün / *Pyrola norvegica*
Oeder's Läusekraut / *Pedicularis oederi*
Polstersteinbrech / *Saxifraga cespitosa*
Preiselbeere / *Vaccinium vitis-idaea*

Purpurroter Enzian / *Gentiana purpurea*
Rentierflechte / *Cladonia stellaris*
Rosenwurz / *Rhodiola rosea*
Rote Nachtnelke / *Silene dioica*
Rote Waldnelke / *Melandrium rubrum*
Roter Steinbrech / *Saxifraga oppositifolia*
Rundblättrige Glockenblume / *Campanula rotundifolia*
Scheuchzers Wollgras / *Eriophorum scheuchzeri*
Schmalblättriges Weidenröschen / *Chamaenerion angustifolium*
Schnee-Enzian / *Gentiana nivalis*
Schneefingerkraut / *Potentilla nivea*
Schwarze Krähenbeere / *Empetrum nigrum*
Schwarzes Kohlröschen / *Nigritella nigra*
Schwedischer Hartriegel / *Cornus suecica*
Sibirische Aster / *Aster sibiricus*
Silberwurz / *Dryas octopetala*
Skandinavische Schlüsselblume / *Primula scandinavica*
Stengelloses Leimkraut / *Silene acaulis*
Sternsteinbrech / *Saxifraga stellaris*
Storchschnabel, Wald- / *Geranium sylvaticum*
Torfwollgras / *Eriophorum angustifolium*
Trollblume, Europäische / *Trollius europaeus*
Waldstorchschnabel / *Geranium sylvaticum*
Wundklee / *Anthyllis vulneraria*
Zweiblütiges Veilchen / *Viola biflora*
Zwerghahnenfuß / *Ranunculus pygmaeus*
Zwergbirke / *Betula nana*

Literatur

Bernhard Pollmann / Thomas Keuchel: Norwegen – Wandern in grandioser Urlandschaft. Verlag J. Berg, München 1992.

Bernhard Pollmann: Norwegen, Trekkingführer Jotunheimen – Rondane. Bergverlag Rudolf Rother, München 1991.

Gerd Scheuble: Wandern in Norwegen, S & B-Wanderführer. Verlag Scheuble und Baumgartner, 1989.

Michael Möbius / Annette Ster: Lappland, Norwegen – Finnland – Schweden, „Richtig wandern". DuMont Buchverlag, Köln 1991.

Michael Möbius / Annette Ster: Lofoten – selbst entdecken. Regenbogen-Verlag / Stromer, Zürich 1992.

Alexander Geh: Westnorwegen, Fjordland, selbst entdecken. Regenbogen-Verlag, Zürich 1992.

Eckart Pott / Werner Küpker: Südliches Skandinavien, Reiseführer Natur. BLV Verlagsgesellschaft mbH, München 1991.

Olav Gjærevoll / Reidar Jørgensen: Gebirgsblumen in Skandinavien. F. Bruns Bokhandels Forlag, Trondheim 1979.

Ewald Gläßer: Norwegen, Natur- und Kulturlandschaften vom Skagerrak bis nach Finnland. DuMont Buchverlag, Köln 1991.

Werner Rau: Quer durch Norwegen, Reiseführer. Werner Rau Verlag, Stuttgart 1989.

Zeitschrift Berge, Heft Nr. 46 Norwegen. Olympia Verlag GmbH, Nürnberg 1989.

Register

Zahlen geben Buchseiten an; **fettgedruckte** beziehen sich auf Abbildungen.
Die norwegischen Buchstaben æ, Å und å wurden wie a, die Buchstaben Ø und ø wie o ins Alphabet eingeordnet.

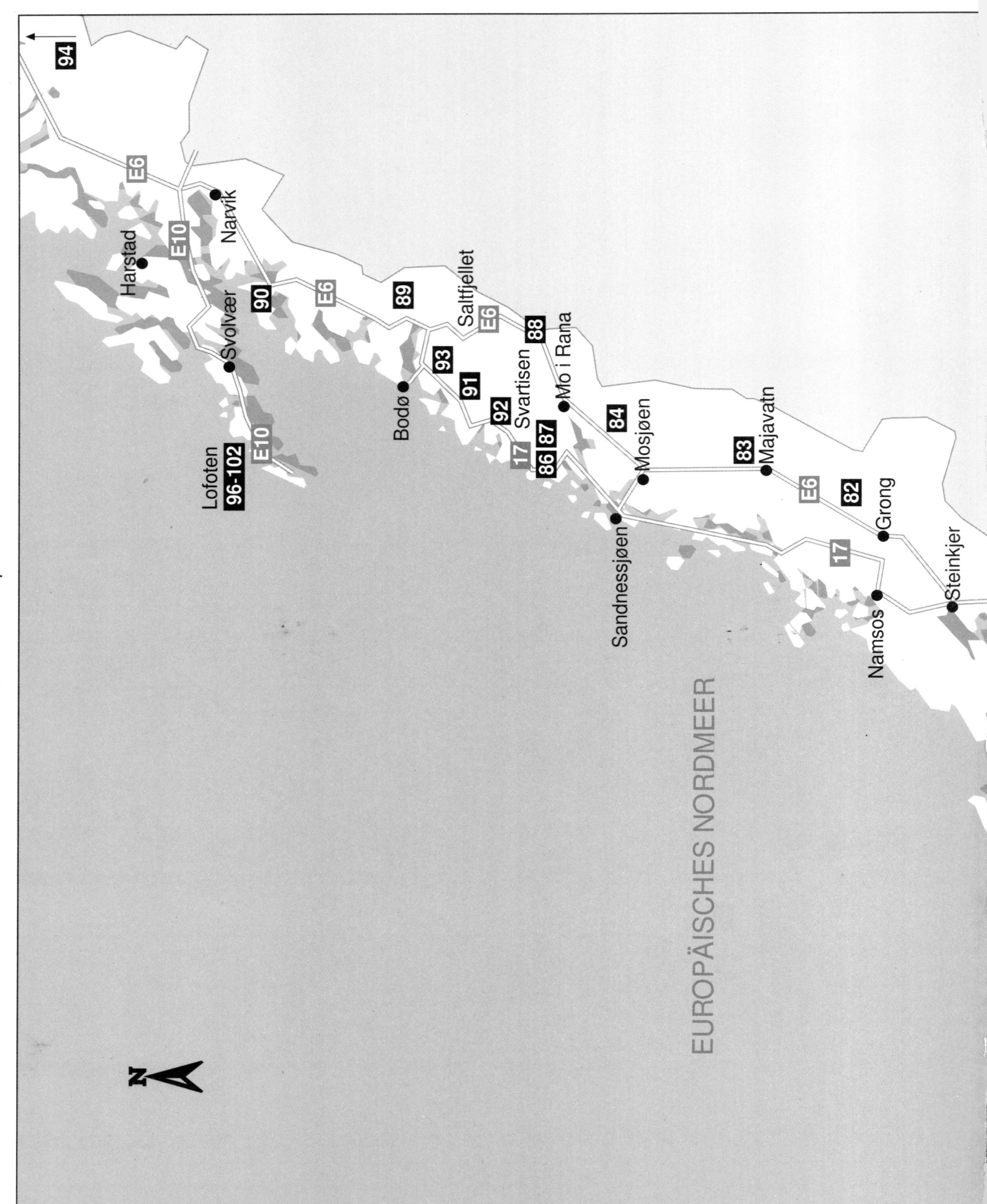

N

94

E6

E10

Narvik

Harstad

E10

90

Svolvær

E6

89

Saltfjellet

E6

93

Bodø

88

91

Svartisen

Mo i Rana

92

Lofoten

E10

96-102

17

86 87

84

Mosjøen

Majavatn

Sandnessjøen

83

E6

82

17

Grong

Namsos

Steinkjer

EUROPÄISCHES NORDMEER